穿越寒冬:
2018中国车市故事

◎汽车产经网 著

机械工业出版社
China Machine Press

这场寒冬，虽在意料之中，但"灰犀牛"来时，还是让不少市场上的玩家大惊失色。

本书记录了2018年中国市场主流车企的精彩故事，同时，在展现车企个例之前，我们也放眼整个行业，从行业大事中管窥变革之趋势。这一年，合资股比限制被打破，宝马成为先例；中美贸易战开打，让陷入困境的福特、林肯备受挑战；新造车企业进入交车元年，也开始经历生死考验……

大盘缩水，寒冬长夜里，每个人都在拼命奔跑。法系车、韩系车、美系车正在调整战斗姿势。相比之下，拔尖的中国品牌、主流日系品牌以及豪华品牌正在加速行军，趁机扩大地盘。寒冬之下，伴随着技术变革的电光石火，对决也变得更加激烈。

本书由易车公司旗下汽车产经网精心策划和编写，以汽车行业新闻媒体的视角记录2018年汽车行业及企业的那些故事，在时代脉搏的跳动中，试图缕清一些思路。如果您能从这本书中看到未来可能发生的一些"小趋势"，对于我们来说，将是写作此书的最大意义。

本书适合汽车及相关行业的企事业单位管理者，产业研究者以及关注汽车产业和车企发展的媒体、广告公关人员和车主阅读。

图书在版编目（CIP）数据

穿越寒冬：2018中国车市故事 / 汽车产经网著. — 北京：机械工业出版社，2019.3
ISBN 978-7-111-62169-0

Ⅰ.①穿… Ⅱ.①汽… Ⅲ.①汽车－国内市场－概括－中国－2018 Ⅳ.① F724.76

中国版本图书馆CIP数据核字（2019）第039110号

机械工业出版社（北京市百万庄大街22号　邮政编码100037）
策划编辑：赵海青　　**责任编辑**：赵海青
责任校对：李新承　　**责任印制**：张　博
北京东方宝隆印刷有限公司印刷
2019年3月第1版第1次印刷
169mm×239mm・18.25印张・1插页・233千字
0001—3000册
标准书号：ISBN 978-7-111-62169-0
定价：88.00元

凡购本书，如有缺页、倒页、脱页，由本社发行部调换

电话服务	网络服务
服务咨询热线：010-88361066	机 工 官 网：www.cmpbook.com
读者购书热线：010-68326294	机 工 官 博：weibo.com/cmp1952
010-88379203	金 书 网：www.golden-book.com
封面无防伪标均为盗版	教育服务网：www.cmpedu.com

序言一

中国车市走向成熟期的四大机会

王侠
中国国际贸易促进委员会
汽车行业分会会长

在已经过去的2018年,中国汽车已经连续10年位列世界汽车产销量第一,却也经历了自1990年以来的首次产销量负增长。负增长让人感受到了市场的寒意,但是我们也应该意识到,中国汽车市场进入变革调整期,这是行业现状,也是行业共识。

一个市场长期处于高增长期,偶尔出现回调,或者市场趋于饱和,总量停滞不前,这都是正常的经济发展规律。市场的停滞或者下行,是对我们的基本功是否过硬、抗打击能力是否强大、资源整合能力是否扎实的综合考验。

正如本书主书名《穿越寒冬》所总结的,寒冬固然冰冷,但能穿越寒冬的企业,必将在春天生长得更快,在秋天收获得更多。现在的车市寒冬,正是考验我们内功的好时候。从寒冬走到暖春,我们越早抓住转型的机会,中国汽车市场就能发展得越健康、越有秩序。

归结起来说,这个转型期,亦可说是新的历史时期,存在四大机会。

首先,消费升级和消费分级同时作用带来产品结构调整机会。中国消费者购买能力总体提升是不争的事实,消费者对汽车的需求正在逐渐从中低端向中高端转移。与此同时,一二线市场和三四线以下市场的消费需求差异化明显,消费分级也要求车企能够有效地调整产品结构,以满足消费者的不同需求。

其次,汽车功能的拓展带来产业价值的提升机会。汽

穿越寒冬：
2018 中国车市故事

车的电动化和智能网联化趋势越来越明显，由此带来了汽车功能上的极大丰富。在交通工具之外，汽车还可以成为工作伙伴、娱乐场所、社交工具，甚至是数据采集和能量传输的平台，这给汽车的附加值创造了巨大的上升空间。而5G技术的应用、语音和人脸识别、智能驾驶等新技术的不断迭代，给人带来新的想象空间。因此，即使是同样的销量，但价值的提升同样可以拉动汽车产业向纵深发展。

第三，从提供产品到提供出行服务带来盈利模式转换的机会。当产品的性能和品质逐渐趋同，差异化的用户体验和完整的出行服务解决方案就会变得更有价值。如何做好服务这篇大文章，不仅要做好传统的产品服务，还要做好以出行为纽带的延伸服务，让消费者真正得到最好的用车体验，这是车企必须面对的战略转型，也是车企新的盈利空间所在。

最后，全球化带来的出口机会。虽然2018年中国国内市场销量下滑，但出口依然保持增长。尽管有中美贸易摩擦，但全球化依然是国际主流声音。中国汽车在拉美、北非、东南亚、中东等地区经过多年的培育，已经具备了比较深厚的市场基础。而目前出口总量只有100多万辆，与国内销量比几乎可以忽略不计。从欧美日韩汽车产业的实践经验来看，中国汽车出口一定会有巨大的发展空间。

中国始终是世界经济增长的稳定动力源，也始终在世界汽车变革中扮演着关键的角色。基于中国汽车市场的总结和呈现，对中国经济发展趋势乃至全球经济研判都有着重要的参考意义。

汽车产经网所著的《穿越寒冬：2018中国车市故事》出版，是一桩值得欣慰的好事。它以全面而独到的视角、缜密却易懂的逻辑还原了中国汽车市场这跌宕起伏、独有魅力的一年。我们回想2018年的过去，也正是要为中国汽车产业的今天和未来的前进增添一分经验和力量。

我反复阅读书里的这些总结和感想，谨向广大读者郑重地推荐这本书。

序言二

穿越寒冬

张序安
易车公司 CEO

"寒冬"似乎是 2018 年中国车市最重要的关键词。在经历过 20 多年的销量持续增长以后,中国乘用车市场首次出现了年度销量下滑。在高歌猛进的增量市场阶段过去之后,随着存量市场的到来,中国车市迎来了新变化,也进入了新时期。

2018 年,中国汽车普及率接近每千人 160 辆。一般而言,当一个国家的汽车保有量达到每千人 160 辆时,汽车销售的长期高增长会转变为缓慢增长。这种转变曾发生在 1925 年的美国、1965 年的英国、1970 年的日本、1990 年的韩国,也于 2018 年在经济正呈现 L 形增长的中国上演。

这一年,对于中国车市而言,无疑是具有特殊意义的一年。我们经历着市场寒冬的考验,也在学习着如何面对新形势,迎接新挑战。

这一年,对于一直伴随中国车市发展的易车而言,也是值得纪念的一年。自 2000 年诞生,到 2018 年时,易车度过了它的 18 岁生日。

在寒冬中成长,不可避免会经历挫折和阵痛,但在寒冬中成长,也能让勇敢者变得更加坚强,更加进取。

2018 年,车市哀鸿遍野,整个易车集群营业收入突破 100 亿元,汽车金融累计交易量突破 100 万台。在流量红利逐渐消失的当下,我们正在努力通过创新,颠覆自己,穿越寒冬。

穿越寒冬：
2018 中国车市故事

这一年，易车推行了全新的"1234"战术。"1"就是一个账号，将经销商端、厂商端、服务端等 B 端账号体系与 C 端用户账号打通，实现更高效的人与人连接。"2"就是两维数据，持续扩大"人+车"数据维度，新引入二手车估值申请、车务代办受理、线上线下对话人数等数据。"3"就是三屏一体，在占据电脑端、手机端优势的同时，我们尝试跟战略股东一同思考，如何让车机这第三块屏与厂家、经销商建立起更好的互动。"4"就是"新四化"，在年轻化、娱乐化、场景化、社群化方面，以年轻化的 IP、数百场线下车展、易车 App 改版等，紧密地连接用户。

这一年，我们除创新之外，也对此前的项目进行了优化和回顾。在 AI 战略项目"擎天柱"计划推出一年多之后，我们再次发布了易车 AI 开放平台，将核心引擎、大数据技术与能力开放给全行业，供合作伙伴使用。此外，在创易计划 1.0 阶段签约、孵化 54 家 IP，覆盖粉丝超过 7000 万之后，我们的内容营销战略也从提升营销声量升级到构建汽车内容营销生态链，以大数据为基础，实现内容精准分发。

当然，这些创新也包括这本《穿越寒冬：2018 中国车市故事》。这是易车旗下汽车产经网继《巨变前夜：2017 中国车市故事》之后，第二次以纸质图书的形式回顾过去一年中国汽车行业经历的点滴变化。在移动化、碎片化、快餐化阅读的时代，能有这样一部内容饱满、文字精美的作品认真梳理行业大势，显得弥足珍贵。

2017 年，《巨变前夜：2017 中国车市故事》一经推出，就曾引起不少业内人士的关注。如今，又是新的一年，中国车市还在向前发展，车市故事还在继续。我们相信，在穿越寒冬之后，中国车市定能重新发现商业与未来。

前言

告别青春

陈昊
汽车产经网主编

告别青春，总是难免令人伤感，但又充满希望。

青春是什么？青春是不顾别人的眼光，放肆生长；青春是没有不可能，信仰下的一切皆有可能；青春是别管我，我就这样；青春是做什么都是对的。

然而，青春总归会变成美好的回忆，成熟不可避免。

回首过去，2018年就是中国汽车产业告别青春的第一年。

这一年，中美贸易战搅动全球汽车产业格局。在特朗普的任性下，中美双方关税摩擦升级，欧洲与日本加速牵手，全球经济格局都为之动荡。长远来看，中美贸易战带来的不仅是进口车市场的波动，它对中国经济的冲击，对各大跨国企业的决策，都将产生深远的影响。

这一年，消费萎缩带来了国内汽车市场寒冬。2018年成为了中国汽车市场连续17年高速增长的终结年，这也意味着中国车市彻底进入低速增长阶段，"存量竞争"将成为下一阶段的主流。

这一年，中国汽车产业合资股比放开正式定调。宝马成为首个获得中国政府许可的，持有超过50%在华合资公司股份的外国汽车制造商。在国家政策保护伞下舒服了24年的中国汽车工业，不管有没有准备好，和外资汽车品牌真正交锋的日子已经到来。资本的世界就是如此直白，

穿越寒冬：
2018中国车市故事

在躁动的远不止BBA（奔驰、宝马、奥迪）。

这一年，中国新能源汽车销量突破100万辆。如果说以往只是迟疑和试水，这一年外资汽车品牌开始在中国玩真的了，真正国产已经开始，未来3~7年内将上市的新能源车型阵容已经列出，各大跨国汽车品牌看到了中国在新能源汽车技术路线上的坚定，在战略和实际行动上也展示出了重视。

这一年，"新造车势力"继续上演"生死时速"。贾跃亭的FF（Faraday Future，法拉第未来）命悬一线，背后就是悬崖；拜腾通过背负债务获得了生产资质，然而诸多问题还悬而未决；车和家、小鹏、电咖、爱驰都在这一年召开了各自迄今为止最为盛大的发布会，但总的来说，大多数新造车势力还在未成形的产品或者量产的泥沼里攀爬。李斌和他的蔚来汽车作为新造车势力的领头羊，在这一年里交付了1万辆汽车，还在纽约交易所成功上市。看起来光环最大的同时，遭遇的质疑也最多。这场肇始于2014年的新造车运动，在掀起一波小高潮之后正在向岸边拍去。谁能继续弄潮？谁会被无情淘汰？

这一年，所有车企都开始重视汽车的智能网联功能。如果一款车没个"你好，××"的唤醒智能车机（车载信息娱乐）系统，恐怕都不好意思说自己是新出来混江湖的。然而，现实的消费者使用场景却离真正的"智能"二字还相差甚远，"现在的智能车，还都只是两三岁的小孩"，谁能在智能汽车之路上胜出，还有很远的征途。

这一年，铃木彻底告别中国汽车市场。对于铃木的离开，很多人惋惜，但也都评价在意料之中。动作迟缓，车型更新慢，设计尺寸不符合市场需求……铃木退市大概在五六年前就已经埋下了伏笔，只是在2018年市场大环境的特殊和艰难下，才有了压倒骆驼的最后一根稻草。与铃木命运相似的品牌还有很多：海马、幻速、比速、斯巴鲁、DS……今年那颗击中你的子弹，也许早在好多年前就已经射出了枪膛。

这一年，庞大集团遭遇现金流危机。卖地、关店、卖股，庞大集团董事长庞庆华的这一年过得极为坎坷。这个曾经在中国排名第一的汽车经销商集团的困境，反映出汽车经销商在车市下行冲击下的生存压力。传统经销商重资产、高负债的模式，在车市进入低谷时，暴露出了极为脆弱的一面。

这一年，车圈"黑公关"事件几乎包办了整整两个月汽车人的朋友圈。长城和吉利这两家中国自主品牌车企的领军者，造就了最让汽车圈期待和瞩目的和解。

这一年，"最煎熬"的合资品牌，可能非长安福特莫属。销量近乎腰斩、利润下滑、全球业务调整、产品平台缩减、中国市场"直辖"……这些喜忧参半的消息，一次次将福特和长安福特推到风口浪尖，有唱衰者，有质疑者，问题多多，危机重重，如何重振，期待新生……

这一年，吉利入股戴姆勒，成为戴姆勒最大单一股东；这一年，长城汽车合资宝马，魏建军毅然转身，更开放、更年轻、更国际化成为长城新时代的关键词；这一年，长安开始把自己归零，重启艰辛的"第三次创业"；这一年，比亚迪的新能源汽车销量首次超过了燃油车；这一年，奇瑞股改大幕正式拉开；这一年，红旗开始卸下历史包袱，俯身趴在地上开始倾听市场的声音……

告别青春，也许我们并不应该伤感。因为青春只是漫漫人生路的一个最初阶段，青春的结束，只不过意味着我们不得不告别过去，告别那些可以在家长的庇护下的岁月。

有些事情的发生，我们本身根本无法控制，只有控制自己。股比放开后，我们要更多地面向全球市场，参与全球竞争是不得不面对的事实，而且中国汽车品牌们也已经在这么做：吉利、长城、广汽传祺……走出去，中国车企的远方是星辰大海。

2018年，也许是最坏的一年，但也可能是最好的一年。从这一年开始，我们不得不更加坚定地走向成熟。

穿越寒冬：
2018 中国车市故事

目录

序言一　中国车市走向成熟期的四大机会 / 王侠
序言二　穿越寒冬 / 张序安
前　言　告别青春 / 陈昊

一、汽车行业篇

2 / 车市"众生相"

10 / 消失的品牌

17 / 经销商，活下去

24 / 中美贸易战：不只是一剂车市"佐料"

31 / 合资股比放开"初体验"

38 / 走出去，中国车企的远方是星辰大海

45 / 车市向左　新能源向右

53 / 爱恨新能源

62 / 豪华电动车元年

68 / 造车新势力的生死时速

75 / 汽车智能网联：
　　　眼下的"生意"　未来的"蛋糕"

二、外资品牌篇

84 / 奔驰：驶入无人区

91 / 宝马：扩建中国朋友圈

99 / 奥迪：下个三十年

105 / 日系豪华车：换档加速的机遇

112 / 沃尔沃：体系先行 水到渠成

120 / 捷豹路虎：重整旗鼓

126 / 大众：SUV 承上　新能源启下

134 / 丰田：三好学生的新考题

141 / 通用汽车的"中国棋局"

150 / 福特自救

164 / 本田：自我救赎

173 / 东风日产：先人一步

180 / 北京现代：品牌向上的 N 种可能

186 / 偏执狂马自达

192 / 三菱："铁婚"六年甜蜜蜜

三、自主品牌篇

199 / 吉利汽车：高筑墙　亦开放
207 / 长城汽车：野蛮生长　久炼成钢
216 / 红旗：大干一场
221 / 东风大自主：以差异寻求突破
230 / 长安汽车：坚韧的创业者
236 / 上汽乘用车：从黑马到黑豹
243 / 广汽传祺：从独木到森林
252 / 北汽：取舍中前行
258 / 奇瑞的股改风云
264 / 比亚迪的"改革"和"开放"

后记

273 / 在最好的时代记录美好

一、汽车行业篇

穿越寒冬：
2018 中国车市故事

2

车市"众生相"

■ 文 / 黄持 于杰

2018 年的中国汽车市场，人们都习惯用一个词来形容——寒冬。

"今年的车市简直像 2008 年的时候。"

2018 年成都车展前夕，东风集团产业发展研究中心负责人陈斌波，对汽车产经网记者发出了这样的感叹。

2008 年，我国汽车销量超过 938 万辆，同比增长 6.70%，但增速相比 2007 年同期回落 15.14 个百分点。那一年，也是中国车市 10 年来增速首次低于 10%。

10 年后的 2018 年，我国汽车产销分别完成 2780.92 万辆和 2808.06 万辆，同比分别下降 4.16% 和 2.76%。近几年一直高歌猛进的 SUV 市场的增长停滞更是让汽车行业变得手足无措。

2008 年，全球经济形势紧张、银根缩紧以及其他经济环境的变化，加剧了汽车发展的难度。

10 年后的 2018 年，楼市、股市、债市同时遭遇挑战，居民消费能力被压抑，车市也没能独善其身。

如果说 2008 年中国车市还站在增长的浪头上，10 年后的今天，中国汽车市场却迎来了有史以来的首次"负增长"！

这一年，车市"众生"经历了哪些不同的故事？

一、汽车行业篇

庞大"卖店"忙，经销商频"爆雷"

"前些年有过规定，各店的收入每天都要上交集团，店里财务自己没有钱。涉及进车、员工工资，还有报销的费用，都是集团统一拨款。不过，现在好多店都自己留钱了，集团都不给发工资，店也说卖就卖，谁敢交啊。"一位庞大集团员工这样"吐槽"。

庞大集团的资金短缺早已不是秘密。

2018年5月，庞大集团发布公告以12.53亿元的价格将旗下5家奔驰4S店转让给广汇汽车，交易全部以现金方式支付，预计为庞大集团带来6.16亿元的收益。而公告显示，这5家奔驰店在2017年贡献利润超过1亿元，占庞大集团2017年净利润2.12亿元的一半。

尽管庞庆华亲自出面解释这只是企业正常的资产买卖，并非庞大集团陷入资金困难。但若不是遇到紧迫的资金问题，为何要使用抛售优质资产这种"断臂求生"的手段？

庞大集团2018年前三季度财报显示：净利润为-2.34亿元，同比减少170.70%。

2017年，庞大集团因涉嫌违反证券法规被证监会调查，极大地影响了融资情况，而车市销量下滑又进一步加剧了庞大集团的困境。2018年，包括斯巴鲁、上汽通用五菱等主营品牌的销量都出现下滑，合资品牌也并未给庞大集团带来足够利润。在庞大集团转让的十几家4S店中，仅一半处于盈利状态，即使经营一汽-大众品牌的济南庞大一众在2018年1—6月也亏损了437.76万元。

利润下滑的不止庞大一家。

2018年前三季度，庞大、国机、永达、亚夏、广汇五大经销商集团中4家利润下滑，仅有广汇"一枝独秀"——营业收入1204亿元，同比增长7.38%。但据了解，广汇的新车销售毛利率也在持续下降，目前的业绩增长只能依靠汽车后市场和衍生业务。

穿越寒冬：
2018 中国车市故事

4

中国汽车流通协会发布的汽车经销商库存调查结果显示：2018 年 11 月经销商库存预警指数为 75.1%，达到历史最高。12 月稍有缓解，但仍远高于警戒线。

而在 2018 年年中，中国汽车工业协会的发言人就预测：高库存将成为下半年车市的不稳定因素。

面对库存高企、利润节节下滑的境况，大经销商集团尚能凭借规模效应弥补单店亏损，而小型经销商则要加入更为严酷的生存淘汰赛。

由于 4S 店建店成本高，小经销商都依靠贷款生存，抵御风险能力较低，一旦新车滞销、厂家压库，就极易"出事"。近来，频频曝出经销商抗议、退网的新闻，也是这种压力传导下的结果：

- 2018 年 8 月初，河南东安汽贸集团下属 3 家沃尔沃经销商在上海沃尔沃总部前拉维权横幅，称沃尔沃不兑现返利承诺。而厂家方面予以否认，双方各执一词。
- 东风标致北京 9 家核心经销商被曝申请退网，法系车销量不断下滑，同时售后保养业务流失，众多经销商在重压之下难以为继。
- 35 家 Jeep 品牌经销商围堵 Jeep 上海总部，抗议厂家压库、搭售滞销车型及配件，导致经销商库存系数高企，面临资金链断裂的风险。维权组长王荣振表示目前 90% 的经销商处于亏损状态，上半年已有 20 家退网。
- 众泰 20 余家经销商集体到山东维权，痛骂众泰为"流氓企业"。众泰随后发表声明表示因市场环境因素，销量未达预期。目前已与经销商积极沟通达成一致，共同解决问题。

车企销量榜单上的"负数"

位于京藏高速辅路旁的博瑞汽车园区，博瑞祥云奥迪 4S 店依然是入口处的"招牌"，但园区内曾经的东风雪铁龙与东风标致店却已悄然改头换面。

2017 年 10 月，充满北欧风的沃尔沃新店开业，替代了原先曾获"全国优秀经销商"称号的东风雪铁龙 4S 店；奔驰店、标致店、DS 店，过去曾并排而列，如今，奔驰一家变两家，标致"蓝盒子"被用作奔驰的新展厅，原奔驰店的功能被重新定义为售后服务，而这家北京地区首批开业的 DS 品牌店，

一、汽车行业篇

成了东风标致的临时展厅。

一线渠道频繁洗牌,这样的变化仿佛就是2018年车市的一个妥帖的背景。

仅在2018年中的几个月里,就先有北汽幻速被传工厂停工,后有纳智捷大7 SUV停产、"保时泰"SR9销量仅两位数、陆风X7同比下滑80%……

许多曾在车市高速增长时昙花一现的车型,如今却在销量排名上踪迹难寻。

销量下滑的"负数"还不只属于"小众"品牌。

包括长城、长安在内的自主品牌"旗手"们,2018年全年销量都基本上是下滑路线,仅有吉利的销量足够坚挺。但即便如此,在2018年的最后两个月,吉利汽车的市场销量也没能坚守住阵地,尤其旗下中高端子品牌领克全面下滑。

此外,拥有众多热销车型、品牌号召力在国内市场排名第一的一汽-大众,也承受着市场下滑的压力。

2018年,一汽-大众最为重要的车型——T-ROC探歌,从预热到上市贯穿了整个上半年,获得的关注度理应是年度最高。而作为一款SUV,T-ROC探歌也被认为是补足一汽-大众产品线短板的重要一环,各家经销商也都制作了统一的展具,将展车放在最为醒目的位置。但即便如此,在T-ROC探歌上市一个月后,已有经销商报出降价5000元的优惠。

2010年,大众品牌首款SUV途观上市后,持续保持"加价"数年,途观L和途昂在上市初期,也都呈现"一车难求"的景象。相比之下,同样顶

▼(左)新建的奔驰展厅、(右)曾经的DS店已变成标致临时展厅

着"大众品牌 SUV"光环的 T-ROC 探歌在车市下滑的压力下,却不得不降价应战。

在品牌影响力和产品方面逊于德系、日系的其他合资车企,遇到的是更为惨烈的下滑:北京现代、长安福特在 7 月的销量降幅都超过 40%,神龙汽车下滑 37.5%、广汽菲克下滑 28.1%。现代领动店内优惠超过 2 万元,最低售价仅 7 万余元,而福特翼虎优惠后售价不足 16 万元,但依然无法获得市场的认同。

不管是大众品牌还是小众品牌,无论是合资企业还是自主企业,甚至不论是正在增长中还是正在经历下滑的车企,都避无可避地感觉到了 2018 年车市的寒意。

成都车展上,吉利汽车副总裁林杰谈了对 2018 年车市的预期,"今年能正增长就不错了。"彼时,吉利是 2018 年为数不多的保持大幅增长的品牌,但到了年底,也没能幸免。

SUV 与轿车之间的"消费转移"

经销商的困境、车企的利润压力,有终端消费能力"不给力"的影响,但更值得一提的是,汽车市场消费结构自我调整的"助力",最明显的就是 SUV 与轿车消费发生转移的现象。

2018 年 12 月,SUV 市场销量为 98.2 万辆,同比减少 16.3%,累计销量 999.5 万辆,同比下跌 2.5%。SUV 全年累计销量同比首次下滑,也是近几年以来的首次累计下滑。

曾有不少专家预测 SUV 的市场占比将在 2018 年超过轿车,但截至 2018 年年底,轿车的市场份额依然明显高于 SUV,而且从 5 月开始的连续 7 个月内,SUV 的增速都低于轿车。

如今多数车企,尤其是自主品牌车企都极度依赖 SUV 市场的增长。SUV 增长戛然而止,自然阻断了自主品牌的好日子,而最近几年不断加码 SUV 的众多合资品牌,也不怎么好过。

为什么市场不景气的时候 SUV 和轿车的销售走势却有如此明显又微妙的不同？其实不难解释。

经济不景气的时候，对价格敏感的入门级产品的消费群体会最先做出反应。

虽然入门级轿车与 SUV 的价格相差并不大，都集中在 10 万～15 万元（SUV 价格略高一些），但是 SUV 的百公里油耗却普遍比轿车高 1～2L。

消费力被压制的价格敏感期，用车费用的差异和车辆本身的价格差，必然会导致消费者把目光转向更经济的车型上。因此，SUV 和轿车的消费转移成了一种必然。

"榨菜指数"高了吗？消费降级了吗？

2018 年 7 月中旬，汽车产经网记者走访北京宝马 4S 店时发现，即便是工作日也有很多看车的客户。店内工作人员介绍，周末到店的客户经常超过 100 组，刚刚上市不久的全新 X3 处于供不应求的状态，甚至店内的展车也都被卖出，而且没有任何优惠，现在订车最快也需要等待一至两个月的时间。

"一开始展车是不想卖的，后来实在没办法了。门口那辆是准备交车的，你还可以看看外观，现在好多人来了都不看，直接下订单。"销售顾问这样说道。

这也是 2018 年车市中另一个有意思的现象：豪华车市场热度不减。

数据能说明一切：2018 年，一二线豪华品牌几乎全线增长。其他包括奥迪、宝马、奔驰、雷克萨斯等在内的一二线豪华品牌的同比增速甚至全部是两位数的。

从 SUV 和轿车的消费转移上，以及 SUV 的增长停滞上，似乎可以捕捉到一些"消费降级"的信号。但是豪华车市场的稳中有升，却又让人对这个结论有些怀疑。

根据国家统计局发布的数据显示，2018 年，国内社会消费品零售总额增速创下 15 年以来的最低值。与此相反的是，涪陵榨菜净利润同比增长 77.52%，股价一年暴涨 200%，生产二锅头的顺鑫农业股价也飙升了

200%。

　　一时间，这一现象被民众调侃为"榨菜指数"。而榨菜指数，也直指经济下行带来的"消费降级"。那么，在中国车市，是否存在"消费降级"？或者，消费升级和消费降级同时存在？

　　根据统计，目前中国中产阶层人数大约有3.85亿，他们既是汽车消费的主力，同时也是受经济环境影响最大的人群。

　　有专家判断，目前中国的财富正以前所未有的速度向前1%的人群集中。如果不采取措施，中国未来可能不是穷人和富人都是少数的"两头小中间大"的橄榄型，而是贫富差距大的"两头大中间小"的沙漏型。而这也与当前车市的形势相契合：高端与低端车型销量相对平稳，而中端品牌（10万～15万区间）受影响最大。

　　另外，对于偌大的中国汽车市场来说，地域性差异也形成了不同甚至迥异的消费购买偏好。这些都不是用一个简单的"消费降级"就能概括的。

房市、股市、车市；今年、明天、未来

　　2015年，北京市民张先生准备买一辆中级轿车，他曾在帕萨特和君威之间犹豫，但最终他仍然决定把购车预算的30万元放进股市里，转眼变成了80万元。在那年，中国股市经历了一波"大牛"市，沪指最高一度冲到5178点，无数人为之疯狂。

　　但当农民弃地炒股、学生逃课炒股的新闻屡现报端时，等待他们的是持续一个月的阶段性暴跌，沪指指数跌去了三分之一。而把钱放进股市期待奥拓变奥迪的购车者们，甚至输得连奥拓都不剩。

　　2015年3月，经销商库存预警指数为67.5%，比2月上升了16.6个百分点；而到了4月，中国汽车销量为199.45万辆，同比下滑0.49%。

　　2015年4月5日，彼时还未更名的上海大众率先宣布官方降价，全系车型最高优惠1万元，虽然之后14家车企先后跟进，但依然未能拉动车市——当年7月汽车销量为150万辆，同比下跌7.1%，1—7月汽车销量为1335万

辆，同比仅增长0.4%。

接下来两年多，购置税优惠政策的到来让车市止跌回升。但3年之后的2018年，许多人的钱依然在股市中"套牢"，政策的刺激也提前透支了大量的新车购买需求。

"缓刑"的中国车市终究遭遇到了比3年前更加复杂的环境。

根据易车研究院的报告，2018年房地产市场的萧条、房贷压力的增加以及P2P的频繁"爆雷"，已经严重影响到居民日常消费，北方和四五线城市的下滑最为严重。而国家统计局发布的数据显示，2018年5月社会消费品零售增速再次创下新低，名义增速降至8.5%，扣除价格因素后增速近6.8%。这是自2003年4月以来增速最低的一个月，刷新了15年来的纪录。

而全国乘用车联席会（简称乘联会）的市场分析也指出，在整体经济增速放缓、中美贸易摩擦等复杂环境的影响下，消费者的消费信心逐渐减弱。

老百姓手里的钱，被楼市、股市和P2P用光后，"隐形贫困人口"火了，车市"冷"了。

车市再度遇冷，呼吁减税的声音也再度响起。也有车企高层呼吁，希望国家在税收政策上做一些调整以真正地刺激经济，不是像过去那样的通过使用资金杠杆来刺激经济，而是要通过更准确的方式来刺激经济。

从国家经济层面看，救市成为一种刺激增长的手段。而对单个车企来说，经历暂时的低谷却并不全是坏事。市场的低速甚至负增长加速了企业的淘汰，却也让一些人、一些品牌发现了新的机会。

2018年广州车展上，长安汽车总裁朱华荣说："这对很多企业可能是灾难，但是对于像长安这样的企业更是机会。"

2018年，长安提出了第三次创新创业，由于品牌调整的战略需要，长安选择性地放弃了一些低端产品线，导致销量进一步下滑。另一边，长安又不惜投入大量的人力财力来打造中高端车型，大有置之死地而后生的勇气。

长安的未来我们无法预测，其他车企如何度过寒冬，甚至能否度过寒冬，我们也无法预测。汽车市场的明天依然迷雾重重，让我们静观以待。※

穿越寒冬：
2018中国车市故事

10

消失的品牌

■ 文 / 于杰

在中国车市快速增长的"黄金十年"，一些车企借着SUV的市场红利水涨船高；但在2018年，当中国车市急转直下时，那些投机取巧或动作迟缓的汽车企业和品牌，注定将被淘汰出局。

2018年3月28日，中机车辆技术服务中心发布了"关于拟暂停部分企业《公告》的通知"，其中涉及34家汽车企业。企业《公告》是车辆的"准生证"，暂停《公告》也就意味着，公安机关交通管理部门将不予办理注册登记，相关企业将被取消汽车生产资质，退出行业。

对中国汽车市场来说，可能再也不需要这么多车企，也不需要这么多汽车品牌了。

长安汽车董事长张宝林曾在某论坛上表示，中国汽车产销量和美国相当，但在中国贡献这一数量的是国内多达168家的整车生产企业。而在美国市场，完成这些产销量实际上只需要通用汽车、福特汽车等5家企业。若据此计算，中国汽车行业集中度仅为美国市场的2.9%。

说了多年的"淘汰赛"，在2018年正式开始：

菲亚特克莱斯勒集团、福特等大型跨国企业已在中国市场步履维艰；刚刚诞生的新造车势力大半死在了襁褓里；过去几年已经式微的品牌，有些依然挣扎在生死线上，有些被迫消失……

铃木退市

2018年9月4日，长安汽车官网发布《关于收购重庆长安铃木汽车有限公司50%股权的关联交易公告》称，长安汽车以1元人民币收购日本铃木及铃木中国分别持有的长安铃木40%股权及10%股权。收购完成后，长安汽车持有长安铃木100%股权。

这件事对于铃木、对于中国汽车市场的意义就是——"小车之王"铃木品牌将彻底告别中国市场。

长安和铃木的合资期限是30年，原本应该延续到2022年结束。如今合资突然变独资，中日双方达成的协定是：在2022年之前，铃木将通过授权许可的方式保证长安汽车继续生产目前使用铃木商标的乘用车，所有的售后服务不变，保证现有的长安铃木用户不会有后顾之忧。

而在2022年之后铃木品牌将以何种形式存在于中国市场上，则不得而知。但可以肯定的是，届时如果中国汽车市场上出现铃木新车型，将与日本铃木品牌没有任何关系。

铃木在中国有两个合作伙伴，除了长安，还有昌河。

在铃木将自己在长安铃木的股份赠给长安之前，也早一步把昌河铃木的股份放弃了。2018年6月，昌河汽车对外宣布，日方股东将所持有的昌河铃木全部股权转让给了昌河汽车。

总之，今年9月4日的"1元收购"之后，铃木品牌就等于彻底告别中国市场了。

对于铃木的离开，很多人感到惋惜。但这一发展也在情理之中。

▲ 已经淡出中国市场的铃木车型

穿越寒冬：
2018中国车市故事

12

20多年前，在本田、日产还都没在中国市场施展拳脚的时候，铃木已经先到一步。1993年，铃木与长安汽车合资成立长安铃木，1995年与昌河汽车合资成立昌河铃木。

进入中国市场后，铃木很快凭借优势明显的小型车获得了认可。铃木奥拓曾是无数中国家庭的第一辆车；雨燕、北斗星等经典车型也记录了几代人的记忆。2005年，铃木在中国累计销量就已经超过了100万辆，带S标志的汽车风靡大街小巷。顶峰之时，长安铃木的年销量达到22万辆。

但2011年，铃木开始了刹不住的持续下滑。到2017年，长安铃木全年销量8.7万辆，同比锐减26%，年度亏损8482万元人民币。2018年，铃木前半年销量同比上一年几乎折半。

止不住的亏损迫使铃木最终决定放弃中国市场，就像2012年11月宣布退出美国市场一样，铃木将退出的原因归结为市场需求的转变。

"大约25年前，我们在中国推出了Alto，从那时起我们就努力培育中国市场。但是，由于中国市场转向大型车辆，我们决定将所有股权转让给长安汽车。"股权收购消息宣布后，铃木董事长对退出中国事件表了态。

但是，如果仔细追究铃木退出中国市场的真正缘由，并不是需求转向那么简单。

中国市场转向大型车辆确实是近几年市场需求转变的一大趋势，但这并不代表庞大的中国市场没有了小型车的地位。铃木退出中国市场，在外界看来，更多是因为铃木自身的原因。

在中国市场推出的车型更新慢，甚至多年不更新（2013—2018年一直没有新车上市），设计、尺寸不符合消费者预期和市场需求，造成了自身竞争力的下降，这也是铃木销量下滑的直接原因。

根本原因，可能还是对中国市场的不够重视。据了解，几年前，因铃木迟迟没有新车推出，长安方面曾向铃木多次提出引入新车的要求，但均被拒绝。

一、汽车行业篇

退市，还是退市

为什么铃木退市的打算在五六年前就埋下了伏笔，而最终选择在 2018 年退出？

或许 2018 年中国汽车市场大环境的特殊和艰难，成了压死骆驼的最后一根稻草。而 2018 年，与铃木命运相似的品牌还有很多。

◎ 菲亚特的二次退市

2018 年 6 月，时任菲亚特克莱斯勒联盟主席的塞尔吉奥·马尔乔内做出了关于"停止中国销售计划"的表态，释放出菲亚特即将退出中国的信号。

2018 年底，菲亚特在国内的很多在售车型在 4S 店都已经订不到了，更有传言说厂家已经不再生产。菲亚特第二次退出中国市场倒计时正式开启。

这不是菲亚特第一次退市。上一次是在 2007 年，当时各大合资品牌都开始发力中国市场，而把宝押在几款产品力老旧车型上的南京菲亚特，被淘汰出局实属意料之中。

2010 年，菲亚特重返中国市场，并且雄心勃勃，希望通过与广汽的合资站稳脚跟。当年的媒体报道中，搭载了 1.4T 发动机的菲亚特菲翔确实为菲亚特赢得了许多关注。但是好的开局没有延续下去，在随后 8 年里，菲亚特又陷入了上一次失败的怪圈里：车型少（8 年仅出了 3 款车）、更新慢、质量问题……

2016 年，广汽菲亚特在国内的销量仅为 7618 辆，2017 年跌至 2273 辆；2018 年的销量为：268 辆，其中菲翔 248 辆，致悦 20 辆。

◎ 国民车陨落

2018 年 4 月，天津一汽汽车销售有限公司总经理王志平首度公开宣告，曾经的"国民车"夏利品牌正式"离场"。

穿越寒冬：
2018 中国车市故事

14

与铃木相比，夏利品牌承载的国人关于汽车生活的记忆甚至更加深远。

32 年前，第一辆夏利轿车在天津汽车集团的生产线下线，中国汽车历史上第一款"神车"诞生；在夏利诞生后的 18 年里，它连续位居国内经济型轿车销量冠军宝座；2004 年，夏利成为国内首款累计销量突破百万的车型。

历史纵然辉煌，衰落却可能就在转瞬之间。

抛开一汽夏利的股权纷争，夏利这个品牌之所以在近几年加速陨落，直接原因是没有跟上消费升级的步伐。

夏利刚诞生的时候，相对于当时的消费水平来说算是高档轿车，许多人以拥有一辆夏利为荣，更多人只能望车感叹。而几十年来，随着国人消费水平的提升和更多更好的车型加入竞争，夏利已经从从前的高价车形象变成了廉价车形象。

究其原因，一方面，一汽夏利的技术开发能力和创新力弱；另一方面，在一汽内部，相对于奔腾、红旗等品牌，夏利的定位只能徘徊在低端车行列，发展受到轻视和抑制。

在定位和产品力的双重掣肘下，一汽夏利再努力也似乎收效甚微。

后来，骏派品牌接棒夏利。但在 2018 年，新推出的全新骏派 A50 轿车、骏派 CX65 跨界两厢车，市场反应都很普通。

销量节节下滑直接导致了一汽夏利的亏损。一度，一汽夏利试图通过股权转让、出售等方式缓解亏损压力，然而产品这个核心问题解决不了，所有表面的操作都注定无济于事。

财报显示，2013 年、2014 年，一汽夏利净利润分别亏损 4.8 亿元和 16.6 亿元；2015 年、2016 年，一汽夏利不得不靠出售资产实现会计上的盈利，但此后再陷亏损；2017 年，一汽夏利营收为 14.5 亿元，净利润 –16.4 亿元，同比下降 1110.64%；2018 年 1—9 月，一汽夏利营业收入为 9.42 亿元，同比下滑 5.49%；归属于上市公司股东的净利润为 –10.03 亿元。

11 月 22 日，一汽夏利 (000927.SZ) 发布公告，公司自 2018 年 3 月 1 日开始筹划向控股股东中国第一汽车股份有限公司出售持有的天津一汽丰田汽车有限公司 15% 的股权。本次股权转让完成后，公司将不再持有天津一汽丰田股权。本次交易后，一汽夏利将完全退出一汽丰田。

这不是一汽夏利 2018 年第一次出售资产。9 月 28 日，一汽夏利公告称，将全资子公司天津一汽华利汽车有限公司 100% 的股权以 1 元的价格转让给南京知行（拜腾汽车主体公司），一举甩掉华利公司 8 亿元债务及职工薪酬 5462 万元。

一汽夏利在无资产可卖的时候，剩下的一具空壳，将成为一个时代的标本。

而像一汽华利和拜腾这样造车新势力的结合，对于边缘传统车企来说，似乎也已经是最好的安排。有消息称，力帆将为理想制造代工，类似的还有东南汽车和电咖，海马汽车和小鹏……

那些还在生死线上徘徊着的……

如果说 2018 年车市环境的突然恶劣是加在铃木、菲亚特、一汽夏利背上的最后一根稻草，那么对于更多车企和品牌来说，2018 年，它们头上更像是悬着一把达摩克利斯之剑。

在中国这个全球最大的汽车市场上，它们依然能够看到许多活力和希望，但与此同时，突然加剧的市场竞争和行业变革又把它们推挤到了生死线的边缘。

能不能活下去？是个问题。

辉煌过的经典品牌尚且如此，一直在夹缝中生存的小品牌，不难想象，在 2018 年它们更加艰难。

比如从没有走进过主流的海马汽车。

继 2017 年海马汽车一口气亏掉过去 5 年的净利润之后，2018 年，这种亏损态势还在持续：10 月 27 日，海马汽车发布的三季度业绩报告显示，公司前三季度营收为 40.44 亿元，同比下滑 41.48%；归属于上市公司股东的净利润为 –4.77 亿元，同比下滑 660.27%。

穿越寒冬：
2018 中国车市故事

类似的，还有曾要扛起自主大旗的幻速和比速。

2018 年，幻速和比速销量继续大滑坡。更有媒体报道指出，2018 年年中该公司曾发出停工 40 天的通知。

也有在市场中一直处在若隐若现状态的外资品牌，比如斯巴鲁、DS。

2018 年斯巴鲁的销量不足 3 万辆，不仅与其 2011 年巅峰时期的 5.7 万辆渐行渐远，这个销量数字，也只完成了年度目标的不足三成。

长安标致雪铁龙 2018 年前三季度全品牌销售仅为 3408 辆，10 月其主打产品 DS 7 全国仅售出 133 辆，可谓惨淡至极，目前全国各地的终端经销商都出现大面积退网现象。

"不是活得好不好的问题，而是生死存亡的问题。"一位业内人士如此表示。

同样正在遭遇这个"生死存亡问题"的，还有华泰、陆风、汉腾、华晨、川汽野马……※

一、汽车行业篇

经销商，活下去

■ 文 / 魏微

草莽丛生，江湖风云际会，尽管传统渠道在2018年遇到了困难，但是放眼整个汽车流通领域，随着直营店和汽车电商的兴起，更加细化、个性化的服务给这个传统领域带来了生机和活力。

传统经销商重资产、高负债的模式，在车市进入低谷之时，暴露出它极为脆弱的一面。

资金链一旦断裂，就会像多米诺骨牌一样，产生连锁效应。庞大集团的故事，就是2018年传统经销商困境里最惨烈的案例。

直营模式，在2018年随着新造车企业的兴起而频繁曝光。坐落在繁华闹市的展厅，直接而热情，每一束灯光似乎都在真诚地说"欢迎光临"，相比环绕在郊区的4S店，这些店更让人愿意走进去了解，它们是好客的。

实际上，在流通领域也有新势力，比如京东汽车商城，它们的曝光度没有那么高，它们要做的事情也在一二线城市以外。苏宁、国美还没有做成的事，京东是否能后来者居上？

当我们回顾2018年中国车市里和经销商有关的那些事时，发现同样有很多好故事可以讲、可以看。

庞大"活下去"

"未来几年,我们要从700多家店瘦身到400家。"2018年11月3日,在一年一度的中国汽车流通协会年会上,庞大汽贸集团股份有限公司董事长兼总裁庞庆华对媒体表示。

这放在2017年都是不可想象的事情,在那年11月举办的中国汽车流通协会年会上,庞庆华获得"2017中国汽车流通行业风云人物奖",但此时的他显然已无心享受此殊荣带来的快乐,而在为资金链的问题焦头烂额。

早在2016年就有人质疑庞大集团在资本层面的频频操作,不过当时的庞庆华并不承认资金链层面出了问题,面对媒体,他说:"资金紧张是正常现象,去年我们建了100家汽车超市,还有一批新能源汽车专卖店,这些都是用钱的地方。银行的钱我们也照样还着,能有什么问题?"

最终,纸还是没有包住火,问题出现了。

2017年4月,庞大集团突遭证监会调查。一个月后,调查结果公布:

经查,庞大集团实控人庞庆华、庞大集团涉嫌未如实披露权益变动情况,未按规定披露关联交易,未披露自身涉嫌犯罪被司法机关调查等违法事实。中国证监会拟决定对庞大集团给予警告,并处60万元罚款;对庞庆华给予警告,并处以90万元罚款;对相关当事人武成、刘中英给予警告并处罚款。

这一纸罚单,成为此后庞大集团陷入资金链危机的第一张多米诺骨牌。庞大集团2017年年报显示,2017年1—12月公司实现营业收入704.85亿元,同比增长6.78%,归属于上市公司股东的净利润为2.12亿元,同比下降44.45%。

随后而来的,便是庞大关店、股权质押、卖地、经营困难等一系列负面消息接连被爆出。此时的庞庆华坦承:"从2017年10月开始,我们发现资金流不对了。"而根据媒体报道,那些之前庞庆华认为"没有问题"的银行,2017年、2018年(截至10月底)已经合计从庞大抽贷约220亿元。

不再遮遮掩掩的庞大集团开始积极自救,河北省有关部门也伸出援手成立"庞大风险化解领导小组",据悉,相关会议决定"各债权机构不得抽贷、停贷、压贷、断贷……"

"如果庞大活下来,无论对庞大还是对整个流通行业来说,都是鼓舞信心的一件好事。"中国汽车流通协会会长沈进军如是说。

毕竟,2018年中国车市进入低迷期,经销商承受的压力最大,而内忧外患之下,庞大活下去,很重要。

传统渠道 步入寒冬

车市寒冬到来,2018年汽车流通行业一年一度的盛会特意选在四季温暖的海口举行。

"越是在困难的时候,厂商之间越是要同舟共济,强化沟通和理解。经销商之间也要抱团取暖,共渡难关。不论是倒逼转型,还是主动拥抱互联网科技,都必须将核心的竞争力聚焦到提升运营效率、改善客户体验和提高客户满意度上。只有活下去,才有明天。"11月2日,在2018年中国汽车流通行业年会上,沈进军在演讲中表示。

活下去,这并非沈进军危言耸听。

中国汽车流通协会年会召开之前,庞大集团发布了前三季度业绩公告。报告显示,2018年前三季度公司营业收入为369.8亿元,同比下滑27.25%,净亏损2.3亿元,净利润同比下滑170.7%,而归属于上市公司股东的扣除非经常性损益净利润同比下滑幅度达到5184.56%。

其他上市的经销商集团的日子也没有好太多,国机汽车2018年前三季度营业收入为328亿元,同比下降12.8%,净利润4.9亿元,同比下降25.6%。连续两年业绩增长的永达汽车,2018年前三季度净利润为9.94亿元,同比下降11.1%。

尽管,国内最大的汽车经销商集团——广汇汽车继续保持龙头风范,前三季度实现营业收入1204亿元,同比增长7.4%;归属上市公司的净利润为31.5亿元,同比增长8.34%。但是,在2018年9月,其41%的股权被恒大集团以 144.9 亿元的价格收购，外界普遍认为这个价格太低了。

深陷泥淖的庞大，自救的方式还有将 5.51% 的股权转让给 58 同城，获得了 5.95 亿元"救命钱"。

但卖地、关店、卖股，这些拆东补西的方式顶多只是扬汤止沸，如何度过车市的冬天？对此，中国汽车流通协会对于汽车市场的发展提出了三点建议：第一，盘活存量，拉动增量；第二，通过大力发展汽车金融，来提高消费金融的渗透率，挖掘潜在的需求来扩大消费；第三，开拓农村市场，让农民通过购买商用车作为生产工具，实现致富。当生活水平提高后，刺激乘用车市场需求。

与经销商"唇亡齿寒"的主机厂，又做何感想？在广州车展上，上汽通用汽车雪佛兰品牌市场营销部部长吉祺炜认为，经销商从月度到季度再到全年的销售节奏一定要控制好，主机厂层面则要通过展厅改造、品牌营销投放等方式帮助经销商"过冬"。而此类举措，也几乎成为传统主机厂的共识。

直营店 新枝萌芽

一边是传统汽车经销商经历着内忧外患，另一边是随着新造车企业进入量产、交付而兴起的直营店模式开始萌芽。

当然了，这一枝上生长得最快的芽就是蔚来的 NIO HOUSE。

执着于将用户买车、用车以及周边体验做到极致的蔚来，没有将用户拱手让给经销商。在蔚来首款产品 ES8 还没进入公众视野之前，它的用户服务理念就已经开始广泛传播。

直营店的好处是什么？自然是让车企能够直接掌握和准车主、车主之间的沟通话语权，让品牌、营销的传播更为直接，服务的质量也尽在自己掌握。

就像蔚来，可以在自己的 NIO HOUSE 里让企业高管和准车主、车主进行面对面的交流，官方 App 对一些重要活动还会进行直播，不能到现场的用户还可以在线向管理层提问、提想法，管理层当场就可以给出回复。这让蔚

▲ 蔚来 NIO HOUSE 内景

来的形象、品牌、口碑，与 NIO HOUSE 的存在密不可分。

除此之外，作为直营店模式的代表，蔚来还对此模式进行了不太容易被复制的创新。此前，国内能够见到的汽车直营店以特斯拉为代表，但蔚来的创新点在于，NIO HOUSE 不只是为了卖车而存在，它是为了车主的生活方式而存在。围绕车主的需求，在蔚来的 NIO HOUSE 的二层空间，车主可以听一场有关人工智能的讲座，可以为孩子举办生日派对，可以在这里会见客户，也可以召集同事来这里开会，或者什么都不做就是喝着咖啡看看书。在 NIO HOUSE 里，不但有 EP9、ES8 的实车展示，也有围绕着车、生活方式而开发的一系列周边产品，当然，这些周边产品只能通过蔚来官方 App 进行购买。

NIO HOUSE，不仅仅是蔚来产品、形象的展示空间，在高度统一的理念指导下，它也成为蔚来的流量明星，叠加效应早已超出了汽车直营店的范畴。

也正是因为蔚来 NIO HOUSE 取得的效果如此显著，2017 年 11 月，当蔚来在寸土寸金的北京王府井建了第一家 NIO HOUSE 的时候，很多人认为蔚来是在作秀；2018 年 11 月，当蔚来已经在国内开了 12 家 NIO HOUSE 时，直营店几乎已成新造车企业的标配，甚至如传统车企里的新品牌吉利领克，也将直营店纳入渠道体系之中。

不过对于直营店，来自传统汽车流通领域的人也在关注，但更多的是冷

穿越寒冬：
2018 中国车市故事

眼旁观，毕竟新造车企业一年卖出去的车，还不到大经销集团一个月销量的零头。在他们看来，直营店不过是车企量产规模过小的产物，一旦量产规模突破，售前与售后、保养业务分离的直营模式便不可持续。

传统主机厂习惯了与经销商的批售关系，依然将传统渠道当作重中之重。尤其在车市进入微增长新常态的阶段，他们更是纷纷表示传统经销商依然是最主流的渠道。

随着其他新造车企业像小鹏汽车、威马汽车、爱驰汽车等步入量产、交付季，更多的直营店将开设起来，直营店这一枝新芽在这一季寒冬中，独显出了其新生的蓬勃姿态。而这些新店，毫无疑问也将为传统车企销售新能源汽车带来有价值的启发。

电商渠道 仍在探索

汽车电商平台仍在摸索。

2018年，京东汽车商城低调地与长城欧拉、合众新能源等品牌签了订单，在京东汽车商城CEO、前东风标致总经理李海港的带领下，京东卖车终于突破了线上一端，走向线下。李海港的设想是，京东汽车商城要打造三至六线市场一站式规范化的汽车消费共享渠道平台，给主机厂提供一站式的营销解决方案。

京东汽车商城虽然是新面孔，但是不少关注渠道创新的业内人士认为它与苏宁、国美曾试探过的汽车超市模式有些相似，然而，后两者的探索至今并未让外界看到更多成果。

2016年，马云提出"新零售"的概念，让天猫、淘宝的线上业务向线下转移、向实体转移，从而完成对线下实体店的互联网改造，让线上、线下融为一体。受此启发，苏宁、国美等线下卖场和线上渠道，也开启了自己的"新零售"创新，卖车，就成为商城版图上最想填补的一块。

按照苏宁、国美的构想，各种品牌的汽车可以集中在其一层展厅，凭借着它们在城市购物区的布点和客流量，让卖车不止于地处偏远的 4S 店。这个构想是美好的，但现实却有些残酷。货源成了头等难题。主机厂的主要产品依然以传统经销商渠道为重，只将一些库存车批发给苏宁、国美，当季的新车只能来自于 4S 店，于是，成本也毫无疑问将成为负担。因此，苏宁和国美的汽车超市、商城，至今还没有找到更好的创新模式能够助它们突围。

京东汽车商城能否成功呢？有 20 年汽车销售经验的李海港认为："家电的购买场景与汽车完全不同，以加盟商为例，我们要求它必须在汽车商圈，这也更加符合汽车消费者的购买习惯。"京东汽车商城 2018 年对加盟店的目标预计为 500 家，并实现 5 万辆的销售目标，而到 2020 年，这两个数字则要分别达到 1500 家和 20 万辆。

不过，也有人指出，类似京东汽车商城的渠道模式，尽管它们解决了企业渠道下沉的难题，但是对于消费者的售后服务细节还需要给出一个更好的模式来解决。

此外，还有一波有创新模式的汽车销售"新势力"，来自深度融合线上、线下的新模式，比如易鑫集团。易鑫集团所打造的淘车 App、易鑫车贷线下体验店，车源来自厂家集中采购，在业务层面和 4S 店保持一定的合作，依靠易车、京东、腾讯、百度等互联网巨头，通过线上线下结合，为购车者打造丰富的购车金融套餐方案。在成本、传播以及业务创新上，都很好地和传统渠道做了区隔，具有明显的特色。

发端于互联网的易鑫希望将科技与大数据的优势发挥到极致，构建汽车交易生态闭环，和上下游协同建立平台模式，易鑫金融创始人兼 CEO 张序安曾表示，易鑫的核心思路始终非常明确，即在平台交易规模超过百万辆之后，"我自己做 10 万、20 万辆，以此来建立一条（易鑫的）护城河，剩余的 80%、90% 由供应链、渠道及银行共同参与进来，易鑫来做桥梁，让大家都能够在这个过程中盈利。"

售前、售中和售后三者关系如何解决，是每一个渠道模式创新的原点。电商渠道走到线下，他们的探索还在继续；主机厂与经销商的你来我往，未来也将有更多故事可讲。※

中美贸易战：不只是一剂车市"佐料"

■ 文 / 于杰

> EPA达成、特斯拉"出走"、林肯国产、宝马加大在华投资……贸易战正一步步改变全球汽车市场的格局。

美国："300亿"，中国："我跟！"
美国："500亿"，中国："我跟！！"
美国："2000亿"，中国："我跟！！！"

这是2018年中一度在网上流行的段子。虽略带调侃，却恰如其分地描述了中美贸易摩擦最激烈的时候，中美两国的对峙状态。

2018年，因大环境的因素造成的车市动荡，比以往更多、更复杂。如果说在国内市场，消费萎缩带来了中国汽车市场的寒冬，那么，在全球范围内，中美贸易摩擦则是全球汽车市场动荡的一大推手。

一次史无前例的博弈

北京时间3月23日0时50分左右，从美国华盛顿传来震动全球市场的消息：美国总统特朗普在白宫正式签署对华贸易备忘录。特朗普当场宣布，将有可能对从中国进口的600亿美元商品加征关税，并限制中国企业对美投资并购。

如果说在这一天之前，中美贸易摩擦还只是处在调查、谈判和试探阶段，那么从这一天之后，"中美贸易摩擦"开始向"贸易战"演变。

北京时间7月6日12点01分，美国对中国340亿美元进口商品加征25%关税的措施正式生效。中国迅速对等反制340亿美元。

这标志着中美贸易战打响了第一枪，贸易战进入了实质性阶段。

北京时间8月23日12:01，美国对中国160亿美元进口商品加征25%关税的措施正式生效，中国随即对等反制160亿美元。

中美贸易战第二轮开打。

9月18日，美国政府宣布实施对从中国进口的约2000亿美元商品加征关税的措施，自2018年9月24日起加征关税税率为10%，2019年1月1日起加征关税税率提高到25%。

对此，中方不得不对已公布的约600亿美元清单商品实施加征关税措施。同时发布了《关于中美经贸摩擦的事实与中方立场》白皮书。中美贸易摩擦再度升级。

中美贸易战"你来我往"进行了以上三轮"加价"后，12月1日，在阿根廷首都布宜诺斯艾利斯举办的二十国集团（G20）领导人峰会上，中美两国元首举行会晤，双方决定暂停升级关税等贸易限制措施。

12月14日下午，国务院关税税则委员会发布公告：从2019年1月1日起，对原产于美国的汽车及零部件暂停加征关税3个月。

而暂停3个月之后如何，还要取决于双方下一轮谈判席上的结果，但可以肯定的是，谈判将非常艰苦。

进口车市场"动荡"

在贸易战的直接受害者中，就包括全球汽车业。

上文提到，为了应对第二轮贸易战，中国在7月6日起对原产于美国的545项约340亿美元进口商品加征25%的关税。其中，汽车类商品涉及28项，范围涵盖越野车、小客车、货车、变速器及零件等，燃油车、混合动力电动车（非插电及可插电）、纯电动车等类别均有涉及。

而原本，中国已于7月1日正式降低汽车整车及零部件进口关税，根据最新的进口汽车关税税率，汽车整车税率降至15%。但是由于受到中美贸易战影响，不得已在5天之后，将美国产的汽车关税从15%上涨到了40%（非美国产汽车不受影响，仍然执行15%的进口车关税税率）。

"短期来看，进口车市场变化巨大，从业者将会面临十多年发展史上最大的挑战。2019年，如果国际环境进一步恶化，中国进口汽车市场或将下滑5%以上。"来自国机汽车的报告这样预测。

2017年中国汽车进口量达到125万辆，其中28万辆来自美国工厂，占据全年进口车销量22.4%的份额。

2018年1—9月累计进口汽车84.7万辆，同比下降4.2%。经销商交付客户进口车（AAK）销量为62.2万辆，同比下降6.4%。其中，美产车遭受了"精准打击"。

据统计，1—9月总体上美国产的进口车进口量下滑27.8%。最受影响的豪华品牌是林肯，1—9月进口量下滑30%。而宝马则利用7月1日—8月23日之间的低税窗口期，大量报关新款宝马X5，前9个月累计报关4.57万辆。

与美产车对比，德产车和日产车在下半年降关税福利的照顾下，整体处于增长态势。其中以雷克萨斯和奥迪表现最为出众，雷克萨斯NX在1–9月内进口量增长80%。

被关税制裁的"林肯们"

关税上调后，美国车企受到直接影响。

2018年9月26日，福特汽车首席执行官韩恺特（James Hackett）表示，美国总统特朗普对钢铁和铝征收的进口关税已经耗费福特汽车大约10亿美元的利润。要知道，今年的福特正处在自救的关键时刻，10亿美元的损失无异于雪上加霜。

特斯拉 2017 年在中国销售了不到 2 万辆车；福特向中国出口销售约 8 万辆，而且这 8 万辆也并非全部来自美国本土生产。虽然进口到中国市场的美系车总量并不大，但是，对于特斯拉和林肯等本来就比较小众的品牌来说，却已经是一场灾难。

回顾林肯过去 4 年在华的历程，和第一次入华时取得的成就，已不可同日而语。2015 年，林肯销量为 1.1 万辆；2016 年，销量暴涨至 3.2 万辆，同比增长 180%；2017 年，势头放缓，但涨势依旧喜人，最终销量为 5.4 万辆，同比增长 66%。连续三年时间里，林肯一次次创造着新纪录，这些纪录，或许是第一次入华铩羽而归后的林肯不曾想象的。

但就在外界期待着林肯销量继续提速，跻身 10 万辆规模的豪华品牌第二阵营，和老对手凯迪拉克掰掰手腕时，林肯在华发展突然失速了。

2018 年，林肯品牌累计销量为 5.53 万辆，仅实现了 2.2% 的同比增幅，这是林肯近年来不曾有过的成绩。

销量走低，加征关税的政策一出，对于全系依赖进口的林肯来说，可谓一次重击。在林肯家族中，虽然产于墨西哥埃莫西约工厂和加拿大奥克维尔福特工厂的 MKZ、MKX 车型没有受到加税影响，但是在美国本土生产的另外三款车型，恰恰就包括了 MKC 和大陆两款在华销售主力车型。

本身没有太多价格优势的林肯，加上关税上浮，2018 年成为其在华最艰难的一年。显然，林肯已经认识到了问题的严重性，这也是林肯从奔驰挖来毛京波出任林肯亚太及中国区总裁一职"救火"的原因。

关税调整后，全系进口的特斯拉立即涨价约 25 万元，但林肯却选择了"硬扛"。虽然后期价格有"松动"，但低价策略仍然让林肯背负着不小的压力。林肯没法像特斯拉那样，把关税加在车价里，但即便是自己"硬扛"，林肯 MKC 等主力车型的价格在市场上也没有多少优势可言。

或许，毛京波和林肯所有人都在期待，期待国产到来的那一天。

2017 年初，林肯正式宣布 2019 年下半年将正式国产，并仅供中国大陆市场销售，而这款全新 SUV 车型将同林肯在华合资伙伴长安汽车于重庆生产制造。与此同时，特斯拉也加紧在上海建设工厂。

特斯拉"出走"

2018 年 7 月 10 日，特斯拉（Tesla）公司与上海临港管理委员会、临港集团共同签署了纯电动车项目投资协议。

特斯拉这么一个美国企业在中国独资建厂，对马斯克来说是里程碑式的一步，对中国投资政策也是里程碑式的一步。

在中美贸易摩擦升级关税不断被上调的时候，特斯拉被波及。由于产品上调价格，来自中国市场的大批订单遭弃让马斯克倍感郁闷。

接下来，就是特斯拉加紧国产的剧情。

就在特斯拉在中国独资建厂之后，特朗普紧急启动了对美国车企的调查。此次调查以"安全"之名对其他本土车企"变相施压"，或防止其在关税之战中"出海谋生"。

据外媒报道，除了财务、工厂、供应链等方面的信息调查，特朗普政府还要求被调查企业公布在 2020 年前的业务规划。而在工厂规划方面，则提出了是否扩建、减产、关闭等问题，并强调如果在海外贸易区建厂，必须给出合理解释。

除了特斯拉的出走，欧洲车企在特朗普加税的威胁下也已经做好了更加依赖中国市场的打算。

在与华晨集团庆祝 15 年合作庆典上，宝马公开宣布，将持续扩大投资，并将尽快国产 X5 车型（原来由美国工厂生产并进口到中国）。此外，宝马还增加了在华电动车工厂和电池基地的建设，追加投资预计超 30 亿欧元，为宝马纯电动 SUV iX3 生产做准备。

奔驰方面也加快了与合作伙伴北汽集团的协作，并将首款电动车型 EQC 引入中国，预计 2019 年将率先实现国产，并以此为基地，销往全球其他市场。

就像经济伙伴关系协定（Economic Partnership Agreement，EPA）的达成一样，特朗普的强势做法，正一步步改变世界汽车市场的格局。

日欧的抗议和"奶酪换汽车"

在这场贸易摩擦的漩涡中，德系品牌也很难独善其身。

事实上，从中国进口量上讲，在美国生产、出口至中国的汽车中，占比最多的并非美系而是德系车。

宝马美国斯帕坦堡工厂位于南卡罗来纳州，宝马高端SUV车型均由该工厂生产。宝马X3、X4、X5一直由美国工厂生产供货。2017年，中国总计进口宝马18.74万辆，其中近10万辆在美国工厂生产。另外，奔驰的GLS、GLE/Coupe也是在美国生产。

但是，欧洲企业的噩耗还远不止于此。

除了想要遏制中国制造的发展，特朗普也经常对欧美之间汽车关税的不平等抱怨连连。

2018年5月，美国政府表达了对日、欧等国家和地区的进口车加征税率的意向，特朗普表示正在研究新的汽车关税政策，不排除将对欧洲进口车征收25%关税的可能。

针对中国以外的其他国家加征汽车进口税，可以算是中美贸易战的附加篇章了。

面对特朗普的任性，日本、欧盟成员等40多个国家纷纷发声抗议美国可能对进口汽车和零部件加征关税的做法。

为了抵制特朗普这一决定带来的负面影响，欧盟和日本在7月17日达成了EPA。

尽管EPA的酝酿在2013年就开始了，但是这一事件被促成，特朗普还是有很大"功劳"的。

欧、日达成的这个贸易协定是全球有史以来最大的自由贸易协定——欧盟和日本作为排名第一和第四的全球经济体，在 EPA 达成后形成了一个覆盖 6 亿人口，约占全球经济总量 1/3 的世界最大自由贸易区。

另外，业界判断该协定生效后，欧洲包括奶酪在内的农产品和日本包括汽车整车、零部件在内的汽车行业将成为最大获益方，因此，EPA 又被媒体戏称是"奶酪换汽车"。

根据 EPA，欧盟将取消约 99% 对日本商品关税，日本将取消约 94% 对欧盟商品关税，未来几年内将逐步达到 99%。其中，欧盟将在 EPA 执行后的第 8 年取消对日本汽车征收 10% 关税，同时逐步取消汽车零部件 3% 关税。

结语

中美贸易战对中国汽车市场、全球汽车市场的影响仅是它影响中的一小部分，而中国受影响最大的也并非汽车行业，更有受到直接打击的高科技行业。高盛中国首席策略分析师表示，预计中美贸易战对中国的影响会在 2019 年上半年浮现，影响经济增长约 0.4 个百分点。

此外，美国贸易霸凌主义，针对的也不仅仅是中国，还有加拿大、墨西哥、欧盟……如果中美贸易战的战火继续燃烧，为此买单的是更多的国家及其民众。※

一、汽车行业篇

合资股比放开"初体验"

■ 文 / 于杰

有人说,如同加入 WTO 开启了中国汽车产业的"黄金十年",股比放开也将成为汽车业由"大"变"强"的新起点。我们就来说说这个"起点"上发生的事。

如果要列举 2018 年中国汽车产业最具里程碑意义的事件,下面这个,必定要排第一。

2018 年 4 月 10 日的博鳌亚洲论坛上,中国汽车产业合资股比加速放开的趋势被正式定调。一周后,也就是 4 月 17 日,国家发改委回应了汽车行业分类型实行过渡期开放的具体时间段:

2018 年取消专用车、新能源汽车外资股比限制;2020 年取消商用车外资股比限制;2022 年取消乘用车外资股比限制,同时取消合资企业不超过两家的限制。通过 5 年过渡期,汽车行业将全部取消限制。

合资股比的放开意味着,25 年前(1994 年)为了保护中国民族汽车工业而诞生的这个"根深蒂固"的政策——生产汽车、摩托车整车和发动机产品的中外合资、合作企业的中方所占股份比例不得低于 50%——将寿终正寝。

它还意味着,在合资股比的保护伞下舒服了 25 年(如果从 1984 年中德双方签订上海大众合资协议算起,已经有 35 年的历史)的自主品牌,不管有

穿越寒冬：
2018 中国车市故事

32

没有准备好，和外资品牌正面交锋的日子都已经到来。

它也很可能意味着，国内一些大型汽车集团"躺着挣钱"的日子将终结，中国汽车行业新一轮淘汰赛将拉开序幕……

而意料之外又情理之中的是，首先抢跑的是宝马。

宝马"抢跑"

"国家的战略格局变了，企业的布局也要变。"2018年11月中旬，祁玉民面对媒体说出了这句话。

有媒体描述，当时的祁玉民，一如既往的直爽，却显得不同以往的孤独。因为他实实在在体验了什么叫"时代抛弃你，可能连招呼都不打"。

彼时，距离宝马宣布收购华晨宝马25%的股份仅过去1个月；距离祁玉民辟谣宝马将收购华晨股份一事，过去了4个月。

先来回顾一下合资股比放开"第一例"的事件始末。

伏笔其实很早就埋下了。

2017年6月，时任宝马大中华区总裁兼首席执行官的康思远在接受外媒采访时透露："中国正在审核合资企业的关系，并准备进行改革，我们正密切跟踪进程并进行必要的商谈。"

2018年4月北京车展期间，宝马集团董事、负责中国事务的彼得博士在接受采访时又表示："宝马暂时不会考虑调整股比，而是与华晨讨论到底该在中国引入哪些车型。"

2018年7月12日，凤凰卫视柏林前方记者报道称，宝马将提高合资股比至75%。

随后德国《经理人杂志》也报道了此事，并评价：这将创造宝马集团的新历史，宝马或是首个获得中国政府许可的，持有超过50%的在华合资公司股份的外国汽车制造商。

消息一出，一片哗然。紧接着，华晨汽车出来"救火"，并在8月21日发布了公告辟谣。

但是仅隔几天,宝马集团政府事务副总裁托马斯·贝克(Thomas Becker)接受媒体采访时的表述再次令这一话题进入高潮。他说:"宝马将慎重考虑提高在华晨宝马中的股份比例的可能性。"

2018年10月11日,也就是华晨宝马成立15周年那天,宝马全球官网显示,宝马确定以36亿欧元收购华晨宝马25%的股份,交易完成后,宝马将在合资公司中占有75%的股份,而华晨宝马也成为第一个改变合资公司股比的企业。

至此,持续了小半年的"谣言"终于变成了掷地有声的"官宣"。翌日,华晨中国股价应声大跌27%。

合资股比放开第一例诞生了,宝马及其代表的外资品牌欢欣鼓舞;而华晨和祁玉民,则迎来了空前的压力和质疑——靠着合资品牌躺着挣钱的日子结束后,原本就羸弱的华晨自主板块,将何去何从?

这也是后合资时代留给自主品牌们的天问,因为华晨宝马只是合资股比放开的第一例,还会有第二例,第三例……

"别看现在很多人质疑我,等他们开始谈股比的时候肯定得过来向我请教门道。"祁玉民说。

是的,这确实只是个开始。

躁动的 BBA

2018年12月4日晚间,彭博社援引知情人士消息称,戴姆勒有意增持其在华合资公司北京奔驰所占股比,计划从现在的49%提升到至少65%。戴姆勒与北汽正在就此展开协商,目前处于探索阶段。

但北汽和戴姆勒双方很快做出了回应:我们对目前的合作关系表示满意,请理解我们无法对猜测性信息进行评论。

而有意思的是,戴姆勒方面的回应比北汽少了"没有此事"4个字。

> 穿越寒冬：
> 2018 中国车市故事

34

更值得玩味的是，戴姆勒方面的声明来源并不明晰，既非戴姆勒股份公司，也非戴姆勒大中华区。北京奔驰由北京汽车股份有限公司与戴姆勒股份公司、戴姆勒大中华区投资有限公司共同投资建设，德方声明理应由后两者发布。

有业内人士指出，朋友圈所传官方声明"不像是戴姆勒的回应"，戴姆勒增持一事可能也并非空穴来风。

其实在宝马成为中国政府放宽汽车行业股比限制的第一个受益者之后，就有人猜测北京奔驰可能会成为第二个，北京奔驰内部人士也曾面对媒体采访时对该话题笑而不语。

截至发稿前，北京奔驰股比调整一事还没有定论。但合资股比开放的"口子"首先被 BBA 撕开，却值得探讨一番。

过去 24 年中，在合资股比限制的保护伞下，与外资企业合资的中国本土车企绝大多数都是依靠外资品牌的营收和利润过日子。其中，又以 BBA 这样的一线豪华车企贡献的份额最高，因为豪华车单车利润较高。

以 2017 年业绩为例，华晨中国的净利润为 43.76 亿元，同期华晨宝马盈利 104.8 亿元，按 50% 的股比分配利润计算，华晨宝马对华晨中国净利润贡献为 52.4 亿元。这也意味着扣除华晨宝马净利润后，华晨其他业务是亏损的，亏损额达 8.6 亿元。

同样，2017 年，北汽股份全年营业收入为 1341.58 亿元，其中北京奔驰的营业收入超过千亿元，占比超过 75%。

利润分配上可能存在的分歧，加上这两年汽车行业处于特殊机遇期，便构成了 BBA 想要重新商榷合资股比的原动力：

一方面，核心的技术和品牌竞争力原本都是由外方提供的，加上这两年豪华品牌又卖得比较好，而在分配利润的时候，外方却总是只能分得一半；另一方面，这两年处在抢滩布局新四化的关键点上，BBA 对于资金的需求显然也要比以往强烈很多。

其实除了宝马和奔驰，奥迪也一直在为占有更多股比努力着：奥迪在一汽大众整车合资公司中最初只占有 10% 的股权，极力争取下，2014 年奥迪的股比提升到了 19%。2017 年以来，奥迪还不断"私会"上汽，实施了哪怕没有渠道也要进行合资等一系列操作，同样暴露了一颗躁动的心。

关于股比的博弈

"股比放开之争本质上是合资双方对市场的争夺。"中国汽车工业咨询委员会主任安庆衡表示，"为了获得更多话语权，争取更多利益，跨国车企自然希望放开合资股比。"

资本的世界是如此直白，在行动的远不止 BBA。

2017 年 6 月 1 日，在中、德两国总理的见证之下，江淮汽车与大众汽车（中国）在德国柏林签订了合资合同，双方拟共同出资成立江淮大众汽车有限公司。合资公司投资总额达 60 亿元，双方各占 50% 的注册资本总额为 20 亿元。

大众在中国第三家合资企业的成立，预示了合资政策的松动。

2018年7月10日，特斯拉与上海临港签署了投资协议，将在临港地区独资建厂，项目年产量达到50万辆整车生产规模。中国市场独资的大门，被马斯克一脚踢开，让合资股比限制显得更"鸡肋"了。

另外，尽管现阶段，包括丰田、日产、通用等多数合资企业释放更多的仍然是继续合作共赢的"善意"，但面对政策的调整和第一例以及有可能更多例的诞生，相信他们的心情也早就无法平静了。

但心情归心情，是否真的要增持，还需要权衡各种因素。

有专家分析指出，外资企业是否会相继增持股比，影响因素有很多，其中三大因素最为关键：一是合资车企当前的利润额大小，二是外资如果新建或者独资建厂的成本和难度大小，三是外资对合资企业的贡献度大小。

对这三个因素进行分析，不难理解为什么BBA增持的意愿最强烈，而其他合资品牌的外方还处在观望阶段。

2018年10月23日，某自媒体称收到内部人士爆料，福特想要增持长安福特，并指出福特正在与长安围绕增持长安福特股比展开对话。

但长安汽车董事长、长安福特董事长张宝林立刻就此事做出了回复："报道不实！长安与福特加强了战略协同，正在共同应对挑战。"

2018年是长安福特试图通过加强本土化工作来扭转在华局势的一年，也就是说，福特比任何时候都需要加强与长安的合作关系，此时谈股比调整一事并不现实。

因此，从长远看，尽管合资股比放开已成大势所趋，但具体到某个合资企业如何选择，还要从长计议。

自主的危与机

4年前，一汽、东风、长安、广汽四大国有车企一致公开反对放开合资股比。但吉利汽车董事长李书福却说，"只有股比放开，汽车行业才能有一个公平竞争的环境，而不是像现在这样，国有汽车集团与外资抱在一起与民营汽车企业竞争。车价也不会比国际市场贵。老百姓才能得到真正实惠。"

对外资来说，合资股比放开是件大好事，对中国本土车企而言，它可能带来的只是"成长的烦恼"，但更可能是一场"胜者为王"的生存游戏。

这也是为什么从合资股比限制诞生之日起，关于它是否应该取消的争论就从来没有停止过。反对股比放开的最大理由是，我国的汽车工业发展还不够成熟，需要保护。

例如：如果股比放开，外资涌入，为了与中国企业竞争，进一步压低产品价格，本土汽车企业压力会更大；一旦放开外资股比限制，大量的优良资产被外资控制……

中国汽车工业协会常务副会长董扬就曾是反对放开合资股比的"坚定保守派"，但是，在合资股比放开的方向定调后，2018年5月，董扬面对媒体，对于自主品牌给出了这样的观点："肯定会增加压力。但最可能的结果是，使得一些弱小的更早被淘汰，使得一些本来可以强大的就有更好的条件发展起来。"

董扬的改弦易调，或许是因为股比放开已成事实，又或许是因为他真的看到了自主品牌在近几年发展中展现出的向上的生机和活力——比如近两年迅速成长起来的长城、吉利、比亚迪这样的民营企业，以及相比合资板块发展并不逊色的上汽乘用车和广汽传祺品牌。

4年后的今天，自主品牌是否真的已经具备了足够的"抗击打能力"来应对股比放开带来的冲击？我们依然无法预料。但愿，如开篇导语中那位专家预言的：股比放开之后，中国汽车产业真的能由"大"走到"强"。※

走出去，中国车企的远方是星辰大海

■ 文 / 吴静

> 作为"全球最大的汽车市场"，却因为仅有100多万辆出口量，中国多了另外一个名号，"汽车出口比例全球最低的汽车大国"。但2018年，情况正在转变。

2018年，吉利入股戴姆勒成为其最大股东的新闻再次激起千层浪；入股德国加氢站运营商H2 MOBILITY后，长城也开始了氢能源的国际布局……

2018年，中国汽车出口量的曲线定格在了104.1万辆，同比增长16.8%，再次实现出口量的提升。

自2001年开始，中国车企尝试"走出去"到现在，已经快20年。跨国并购、建设生产基地、设立研发中心、铺开销售网点……中国车企的海外"攻城拔寨"之路，一路披荆斩棘，取得了令人欣喜的突破和进步。

曾经，中国全球化的"三剑客"——海尔、华为、联想在海外市场大获成功之际，让人们开始重新思考"中国制造"。如今，伴随着不断扩大的汽车出口量和"一带一路"的新机遇，中国车企已经不满足于单纯的产品"走出去"，如何让全产业链一起走出去，"走进去"甚至"走上去"，它们也在进行着新的尝试。

事实上，这也是中国车企的必然选择。在国内市场持续低迷的当下，开拓海外市场获得更大空间显得至关重要。中国汽车工业协会副秘书长师建华

一、汽车行业篇

▲ 2018年，汽车出口104.1万辆，比上年同期增长16.8%，继续呈现较快增长态势，增速较上年有所放缓。其中乘用车出口75.8万辆，比上年同期增长18.5%；商用车出口28.3万辆，比上年同期增长12.5%。

曾表示：对于中国车企来说，年销4000万辆的天花板是符合现实的，这也是所有人对中国汽车未来发展的美好愿景，但是这一数字的实现，需要国际市场提供极大的帮助，有赖于汽车出口的比重不断增加，单纯依靠国内的新车增长，这一目标实现的可能性很小。

走出去的诗和远方

诗和远方的背后，却是山高路远的现实。

2001年，中国加入WTO之后，中国企业纷纷"走出去"。在这一年，奇瑞汽车首次将10辆风云轿车出口到叙利亚，江淮开始着手在东南亚建厂。自此，便开创了中国自主品牌车企海外试水的先河。

2007年，当产能过剩的论调笼罩汽车业内，合资品牌开始向中国市场投

穿越寒冬：
2018 中国车市故事

2018年国内整车企业海外新建工厂一览表
（中国汽车人才研究会制表）

车企	投资金额	所在地	产能	投产产品
上汽集团	21亿人民币	印度	5万~7万辆/年	MG品牌
	7亿美元	印尼	12万辆/年	五菱Confero S
吉利汽车	3.2亿英镑	英国	3万辆/年	TX5增程电动车
	3.3亿美元	白俄罗斯	6万辆/年	SC7、LC
沃尔沃	11亿美元	美国	15万辆/年	S60
	/	印度	/	XC90
东风汽车	/	伊朗	KD[①]工厂	东风重、中、轻、微型商用车
	/	南非	KD工厂	东风重、中、轻、微型商用车
中国一汽	/	俄罗斯	KD工厂	奔腾X80
广汽传祺	/	伊朗	CKD[②]工厂	GS5、紧凑家轿GA3以及公务用车GA5
	/	俄罗斯	CKD工厂	GS5、紧凑家轿GA3以及公务用车GA5
比亚迪	1000万欧元	法国	200辆/年	大巴
	6000万美元	厄瓜多尔	300辆/年	纯电动公交
	2000万欧元	匈牙利	400辆/年	纯电动公交
	1亿美元	巴西	4000辆/年	比亚迪K9-电动巴士
奇瑞汽车	3.7亿美元	伊朗	16万辆/年	瑞虎5、瑞虎3、E5、风云2、新QQ等
	2.5亿人民币	马来西亚	2万辆/年	CKD工厂
长安汽车	8.2亿美元	巴西、俄罗斯、伊朗等	/	奔奔等
江淮汽车	14.52亿人民币	墨西哥	4万辆/年	江淮S2、S3
北汽集团	/	南非	10万辆/年	
	5000万美元	阿尔及利亚	5万辆/年	货车、客车、专用车
长城汽车	10亿美元	巴西	5万辆/年	皮卡、两款SUV

① KD 指散件组装。
② CKD 指全散件组装。

一、汽车行业篇

放低价产品时,以奇瑞、吉利、长城为代表的自主车企加速了海外建厂步伐。此时,自主品牌的工厂仍主要集中在亚非拉第三世界。

2011年,市场进一步被挤压的自主品牌车企,不得已再次加重海外市场砝码。这一次,除了亚非拉地区,他们将目光投向了巴西、俄罗斯这样的新兴市场。

虽然,自主品牌汽车出口海外有着或多或少的被动因素,但无可否认的是,从亚非拉到新兴市场,经过20年的摸索,自主车企已经不仅仅局限在产品走出国门这一维度,从海外直接投资设厂、设立研发中心输出技术到开展跨国并购……远走海外的中国品牌,其突围的步伐比预料中要快。

作为第一批走出国门的中国汽车企业,长城汽车自1998年出口以来,累计出口数量约60万辆。长城汽车董事长魏建军表示,中国车企的出口,已经和过去几年有了明显变化,比如"我们在俄罗斯投资的(年产)15万辆的工厂会在2019年4月投产,现在无论是研发、销售还是生产人员都一定是本地化的,一定是多文化融合的,更加包容、更加开放。"

中国汽车人才研究会理事长朱明荣在接受汽车产经网采访时,也表达了类似的观点,他说:"相比较过去十几年来说,中国车企的国际化已经有了很大的改善。目前,几乎所有的车企都在探索国际化的发展之路。从我们中国汽车人才研究会的调研来看,14家整车企业(含一家造车新势力蔚来汽车)在海外都建立了自己的研发中心,有12家在海外建设了自己的生产基地和KD或CKD工厂,国际化经营的布局初显雏形。"

但是,进步与差距并存。

与国际车企巨头相比,差距依然明显。2017年丰田全球销量1000万辆,而日本本土的销量仅为158万辆,海外市场占其全球市场的80%以上。相比之下,中国车企的销量普遍是大头在内、小头在外。

吉利集团董事长李书福曾对此愤愤不平,"我们要让吉利车走遍世界各国,而不是让世界各国的车开遍中国。"但2017年,为了降低出口市场的财务风险,吉利不得不收缩海外战线,全年出口销量同比下跌46%;而在2016年,

穿越寒冬：
2018 中国车市故事

吉利的出口同比 2015 年下降了 15.4%。

作为"全球最大的汽车市场"，中国因此还多了另外一个名号，"汽车出口比例全球最低的汽车大国"。

触碰北美市场

当初，家电企业海尔走出去选择的是"先难后易"的国际化路线。1990 年，海尔向欧洲出口了第一批冰箱，目标选择了堪称全世界冰箱水平最高的德国，开启了中国家电的全球化之路。

但在很多汽车人看来，自主品牌车企走出去还是应该先从亚非拉和新兴市场做起，然后逐步进阶，最后占领欧美，实现中国车企"走出去"的自我救赎。

如果说，"走出去"和"走进去"，中国车企在亚非拉市场已经达成初步目标，但在品牌真正"走上去"打开欧美市场这条路上，中国车企依然任重道远。有业内人士指出，目前对于中国品牌来说，欧美市场仍有相当高的技术门槛。

放眼全球，美国是一个高度成熟的汽车消费市场，与之匹配的是最严格的排放制度、最先进的审查机制以及最苛刻的汽车碰撞试验。没有登陆美国市场的汽车品牌，不能算是真正成功的全球汽车品牌。

自 2004 年开始，奇瑞就把目光盯向了美国。在此之后，包括华晨、众泰以及比亚迪在内的自主品牌车企便公开讨论进军美国市场的问题，上汽与长城汽车紧随其后。而广汽传祺也一直在摩拳擦掌、跃跃欲试。

在通往国际化的"赛道"上，广汽传祺不是起步最早的选手，但却是最努力的选手之一。借助"一带一路"建设带来的机遇，完成中东、东南亚、东欧、非洲、美洲五大板块 15 个国家落子布局的广汽传祺，为了进军美国市场，早在三年前就开始了布局。其位于硅谷的研发中心已于 2017 年 4 月正式运营，它承载着技术研发、设计以及产品企划等工作。而底特律研发中心和洛杉矶前瞻设计中心的筹建工作也在推进中。

2018 年年初，已经四度登陆北美车展的广汽传祺，宣布了进军北美市场的时间，计划在 2019 年年底正式登陆北美市场，首款产品为传祺 GS8。如果成功登陆，传祺也将成为自主品牌车企去美国市场"第一个吃螃蟹的自主品牌车企"。但谁料到 2018 年中美贸易摩擦升级，广汽赴美销售汽车计划只能推迟，外界推测，也许要等到 2020 年上半年再进入美国市场。

值得一提的是，比亚迪借助其新能源汽车，在进入美国市场方面却顺利很多。

从 1999 年进入北美市场至今，比亚迪已累计投入超过 3 亿美元。2017 年 10 月，美国首家中国独资纯电动大巴工厂——比亚迪兰卡斯特工厂正式竣工并全面投产。数据显示，截至 2018 年 10 月，比亚迪在美国已获得超过 700 辆纯电动大巴的订单，占美国纯电动大巴市场 50% 以上的份额。

目前，比亚迪还向日本、英国、澳大利亚等数十个国家和地区交付了数以万计的纯电动巴士，成为全球最大的纯电动巴士制造商之一。目前，比亚迪纯电动大巴等产品足迹已经遍布全球六大洲、50 多个国家和地区、200 多个城市，在伦敦、洛杉矶、悉尼、京都等城市皆获得数量可观的订单。

一向不服输的李书福，在吉利出口遇阻后，似乎准备高举高打，让领克充当走出去的急先锋。2018 年，领克 02 在阿姆斯特丹首发，随后，吉利宣布，领克 01PHEV 将在沃尔沃比利时工厂生产，计划于 2020 年上半年在欧洲市场上市销售；而未来，领克还计划登陆美国市场。

脚踏实地才够得着星辰大海

当前，全球正处在新一轮科技变革的漩涡当中，产业发展充满变数。

尤其是新能源汽车方面，2017 年中国新能源汽车的销量占到全球总销量的 50%，2018 年这一数据还在继续攀升。无论从产业机遇、市场需求还是宏观政策来说，中国车企恰巧遇到了一个走出去的契机。目前，包括蔚来、领克、比亚迪在内的一批中国汽车品牌，正以新能源汽车为突破口，开始新一轮的全球布局。

穿越寒冬：
2018中国车市故事

有业内人士表示，中国车企新的一波走出去，一定要戒骄戒躁，稳扎稳打，常思之前的失败教训。

曾经，在国际市场售后服务体系不完善的情况下，自主品牌车企盲目扩大出口，这种只顾销售不顾售后的"粗放式"营销模式，给中国自主品牌车企在国际上的发展带来巨大伤害。

以中国摩托车"败走"东南亚为例，在21世纪初的头几年，中国品牌摩托车在越南市场占有率一度达到80%，这个阶段被一些学者称为"中国冲击"。但这股"中国冲击"带来的"威力"，也因为中国企业自身问题和日本企业的卷土重来而减弱。仅仅10年的时间，日本摩托的市场份额便实现迅速赶超，超过80%。

当时，有业内人士分析认为，中国摩托越南败退，除了各厂家相互竞相压价、恶性竞争外，也与走私的组装车价格极为低廉、自毁市场有关。

在朱明荣看来，如今考量中国车企的"走出去"，必须要从全球汽车产业链的现状及发展出发。走出去需要融合全球汽车产业链的配套资源，并与之共生共赢。既要有配件供应的资源配套，也要有产品制造的资源配套，还要有销售服务的资源配套。要能把产业上中下游，甚至跨界的资源融合起来，作为一个整体去思考"走出去"的范围。

2018年，是中国车市急剧变化的一年。双积分政策正式实施，汽车关税下调，贸易战愈演愈烈，后合资股比时代即将到来。面对当今走出去的环境，朱明荣认为，现在中国车企的国际化面临着两大严峻的挑战：首先，短期内，中美贸易摩擦直接对汽车及其零部件的出口造成一定的困难，对企业的出口贸易会带来下行的压力；而从长期来看，也会影响中美汽车行业之间的技术交流，在一定程度上影响中国汽车某些核心零部件领域自主研发的进程。其次，国内双积分政策以及关税下调等政策的影响，对于原本就处于亏损平衡点的自主品牌来说，无疑是雪上加霜，为企业的持续性发展和经营带来很大的影响。

这是最坏的时代，也是最好的时代。中国车企走出去，等待它们的，依旧是星辰大海。※

车市向左　新能源向右

■ 文 / 董楠

> 暴增和夹生，扩张和犹豫，并存于2018年相对温暖的新能源汽车市场中。

-4.1%，61.7%。

这组带有强烈反差的数字反映的是2018年整体车市与新能源车市各自的增速。

相比于2018年整体车市同比下降4.1%，新能源汽车销量增速突破60%。

更加具体的反差体现在各车企2018年第三季度的财报上。

比亚迪第三季度以净利润环比178%的高增长横扫长城、长安，显示出了新能源汽车强大的盈利能力。受到2018年车市整体下滑影响，第三季度长城净利润腰斩一半，长安净利润由盈转亏。

车市寒冬中，新能源汽车成为唯一的希望。

2018年对于新能源汽车市场，是一个值得铭记的时间节点。2018年中国新能源汽车市场销量突破100万辆。这个市场所蕴含的能量，让所有车企虎视眈眈。

"世界比我们想象中变得快得多。"这是中国科学院院士欧阳明高在2018年末的一个行业论坛上所说的一句话，他认为新能源汽车会在未来几年

穿越寒冬：
2018 中国车市故事

46

有更大的突破，行业会经历比较大的变革，中国在新能源汽车领域的领先位置也有望凸显。

2018 年，在这个刚刚踏入 100 万辆门槛的细分市场中蕴藏着的暗流，也汹涌异常。

政策催化剂

2018 年，在新能源汽车市场表现出的异乎寻常的需求与技术升级，和政策催化有很大关系。

2017 年年底，一则消息打破了平静，北京市甚至出现了一股新能源汽车占号潮。

北京市 2018 年燃油车指标从 15 万缩减至 10 万个，新能源汽车指标保持 6 万个。一时间，限购之下的新能源车市出现的恐慌心理迅速爆发，从 2017 年 12 月底到 2018 年 2 月底，北京新能源汽车摇号人数在短短两个月增加了 7 万人。那些还在观望中的人迅速调转方向，加入"指标切换大军"。稍稍有些犹豫的人，转眼就已经要排号到 2026 年。

限购城市的新能源汽车抢购潮中，占号需求远高于真正的用车需求，政策催熟了这一市场，而其中刚需者占比多少，却很难讲清楚。

对于生产端，政策对技术转型提出要求。

2018 年 2 月，新能源汽车补贴政策最大的变化是续驶里程低于 150km 的电动车将不再享有补贴，300km 以上续驶里程的电动车补贴相比于 2017 年有所增加。

最直接的市场表现是，A00 级纯电动车销量大幅缩水。2018 年 6 月新补贴政策实施后，在这一细分市场具有较高市场占有率的北汽新能源 EC180、EC200 应声停产。

补贴政策调整后，我国新能源汽车销量的结构出现变化：从 2018 年前 9 个月来看，A00 级占比从 2017 年的 68% 下降到 51%，A0 级从 7% 增加至

15%，A级从25%增加至32%。

如果说新能源汽车补贴政策正在刺激着这个市场的繁荣，那么双积分政策则在倒逼着车企转型。

双积分政策以油耗积分和新能源积分并行的形式来倒逼车企降低燃油消耗，并增加新能源汽车产量。根据政策规定，2019年度开始设定新能源汽车积分比例要求。2019年度、2020年度，新能源汽车积分比例要求分别为10%、12%。同时，在油耗限制上，2020年我国乘用车产品平均燃料消耗量目标值为5.0L/100km。其中，新能源汽车正积分可以抵扣同等数量的平均燃料消耗量负积分。

政策对车企技术升级的推动最为直接，在新造车势力和合资品牌来势汹汹的夹击中，在新能源汽车市场占据优势的自主品牌车企的紧迫感也尤为强烈。

自主品牌"大干快上"

2018年瞬间涌入的众多竞争者，让自主品牌车企没有犹豫的时间。技术转型与降低成本的脚步必须加快。

开放与合作成为自主品牌车企技术转型和降低成本的第一步。

◀ 吉利帝豪GSE上市

穿越寒冬：
2018中国车市故事

48

5月，吉利董事长李书福在公开场合表示，吉利正在研发全新一代纯电动模块化架构并愿意共享。在开放的同时，吉利决定自己生产电池以降低成本。9月，吉利通过旗下子公司在武汉设立湖北吉利衡远新能源科技公司，主要生产动力电池。

6月，比亚迪董事长王传福在比亚迪上市发布会上宣布，将开放"e平台"所有技术。按照比亚迪的设想，"e平台"将被打造一个"开放"的技术生态圈，任何一家致力于新能源汽车行业的品牌都能够加入其中。

比亚迪与吉利，已经开始通过规模分摊成本。但是，它还不能在眼下得以实现。

事实上，早在2017年，吉利已经透露了一些共享电动模块化架构的信息。吉利所要共享的，是与沃尔沃联手开发的PMA电动架构，其尺寸、级别可以覆盖所有级别的电动汽车，在吉利的设想中，通过这一开放，将能够有效降低其他车企的造车成本及研发负担，并缩短研发周期。据了解，吉利基于这一新平台的纯电动车型最早将在2020年面世。

7月，长安与比亚迪牵手，共同成立动力电池合资公司，聚焦于动力电池生产、销售等业务板块。

这次合作是比亚迪开放的重要进展，同时，比亚迪也披露，正与国内外诸多汽车品牌洽谈进一步合作的可能。

中国电动汽车百人会副秘书长、清华大学汽车系教授王贺武指出，至少在目前，自主品牌车企所说的这一开放还无法做到真正的技术共享，真正的技术共享还涉及许多细节，当然，最重要的是，对于目前的自主品牌车企来说，在研发没有形成模块化平台之前，技术共享也无法真正实现。

在比亚迪与吉利展开开放设想时，占据中国最大纯电动车市场份额的北汽新能源则在探索新的商业模式。7月，北汽新能源正式面向私人汽车市场启动车电价值分离业务，即换电服务。而比北汽新能源更早开启这一服务模式的是新造车企业蔚来。

事实上，从行业角度来说，换电模式并不是一个新思路，在出租车等车辆运营业务中，也早已启动，在这一方面，北汽新能源开始得更早。

对于尚不够成熟的电动车市场来说，换电服务是吸引私人用户购买电动车的一种方式。在不具备安装充电桩的前提下，可以像去加油站加油一样，在换电站获得一块满电电池，并在几分钟内完成换装。北汽新能源依靠这种方式吸引了一部分私人用户。

然而，在北京这个推广纯电动车力度最大的城市，私人用户尝试换电模式的依然是少数。一方面，由于受到改造车辆方面的技术要求限制，以及电池接口大小不一，很难在短时间内推出大量换电车辆；另一方面，换电站的密度依然较小，当换电车辆较多时，换电站的运营将受到考验。

无论是吉利与比亚迪的开放，还是北汽新能源在服务模式上的创新，能够看到，这些在中国新能源汽车市场率先立足的自主品牌车企，对待这一市场的发展显示出了理性和创造性的一面：在研发上，已经开始正向研发；在服务模式上，也在基于痛点寻求创新。

当然，2018年合资品牌车企在新能源汽车开始崭露头角，也多少让这些本土新能源市场上的佼佼者们感受到了压力。

跨国车企入局

如果说政策是自主品牌车企转型的催化剂，那么在2018年，还有一个重要的现象：合资品牌车企正式入局。为什么说是正式？

首先，从各跨国车企已经发布的战略来看，2018年是新能源车型集中上市的第一年。

其次，双积分政策延期至2019年实施，在新能源车型国产化方面，跨国车企从之前的迟疑已经变得很认真了。

从新车来看，事实上，合资品牌车企前两年上市的新能源车型有试水的成分。2017年北京现代上市的伊兰特EV销量不足百辆。

轩逸纯电动成为跨国车企纯电动车型国产的首个重量级玩家。

穿越寒冬：
2018 中国车市故事

50

纯电动技术积淀深厚的日产，自然选择直接从纯电动技术路线切入市场。这一做法几乎领先了目前所有合资企业。在东风日产乘用车公司副总经理陈昊看来，轩逸纯电动汽车的上市是"领先半步"。这款车型在大规模合资企业国产纯电动汽车上市之前到来，事实上，同行们也都在关注其定价、成本控制、市场反馈。

事实上，在选择以哪款车型最先电动化上，日产也极为谨慎。轩逸燃油版在中国轿车市场的强大基数无疑为日产奠定了信心。

在电动车国产上，日产并没有将欧洲热销的聆风直接国产，而是将聆风的电动平台与轩逸结合，开发更适合中国市场的产品。

对于中国市场，跨国车企更为谨慎。他们了解中国市场的需求，一方面在努力降低成本；另一方面，则是在静待补贴完全退坡后的充分市场竞争。

在年初宣布"复活"富康的神龙，终于在 11 月推出了富康纯电动汽车，标志着这家在中国市场并不乐观的法系车企，在新能源汽车市场也并不懈怠。

另外，丰田在华首款插电式混动车型卡罗拉 PHEV 也在广州车展正式亮相，2020 年，丰田两款合资车型——奕泽、CHR 都将推出纯电动版本。福特也将在 2020 年国产一款纯电动 SUV。

和一汽丰田类似，更多跨国车企选择首先国产插电式混动车型。长安福特上市了蒙迪欧 PHEV，北京现代推出索纳塔 PHEV，而在市场上已经存在的宝马 5 系 PHEV、X1 PHEV 显现出竞争优势，别克 VELITE 车型 2017 年上市后，销量也开始爬升。同时，插电混动车型市场的高端化趋势也更为明显。

首先抢占插电混动市场，并将兄弟企业纯电动车型"国产"，其实也来自于双积分政策的直接影响。

丰田在 2018 年选择将其合资方车型引入自己的渠道销售。

广汽丰田在 2018 年上市了纯电动 SUV ix4。这款车型并不是来自于丰田现有车型，而是基于广汽传祺 GS4，销售渠道则在广汽丰田。

这种做法显然不是"技术派"丰田的风格，但来自于双积分的压力，让丰田做出妥协。

另一家日系车企本田，也在 2018 年推出首款纯电动车理念 EV，车型来自于其合资自主品牌理念，而非本田。

与日产不同，丰田与本田在新能源车型国产上，显示出了更加保守的态度。

然而，与曾经对中国新能源技术路线直接切入纯电动的怀疑态度不同，跨国车企在 2018 年看到了中国在新能源汽车技术路线上的坚定，在战略布局上也愈加重视。除了提前宣告未来 3~7 年内将上市的强大新能源车型阵容，2018 年，跨国车企为新能源车型的国产也已经在悄然布局。

在上海，两年后将迎来一次新能源汽车产能高峰。2018 年，大众以及特斯拉，都纷纷宣布了在上海建厂增加新能源汽车产能的消息。上汽大众规划的年产能 30 万辆的新能源汽车工厂正式开建，并将在 2020 年投产，届时，大众全新的 MEB 平台电动车将在这里生产。

对于所有国内车企来说，2018 年特斯拉宣布在上海独资建厂都堪称重磅。其投产时间表也定在 2020 年，产能将达到 50 万辆。

留给车企布局新能源的窗口期在 2018 年加速缩短。

催熟与夹生

无论是自主品牌车企还是跨国汽车集团，在新能源汽车战略和完成目标上，几乎都有一个明确的计划和量化目标。

日产将销量目标的时间节点设定得最早，到 2022 年，其在华新能源汽车销量目标为 78 万辆。

大众品牌的销量目标则是到 2025 年，新能源汽车销量达到 65 万辆，其中包括一汽–大众、上汽大众，如果加上奥迪、斯柯达和江淮大众等，这一目标将达到 150 万辆。

上汽通用的销量目标就在眼下，2020 年达到 15 万辆。而截至目前，其还没有一款月销过千辆的新能源车型。

自主品牌车企中，时任长安汽车副总裁龚兵在 2017 年底长安睿骋 CC

穿越寒冬：
2018 中国车市故事

上市发布会上表示，长安汽车计划在 2020 年实现新能源汽车销量 35 万辆，2025 年力争实现新能源汽车销量 115 万辆。

在产能方面，中国汽车工业协会副秘书长师建华曾计算过，各类车企已经公布的新能源汽车产能规模在 2020 年将超过 2000 万辆，是国家规划设定目标的 10 倍，其中包含着车企的盲目扩张。

在庞大的销量目标和产能规划背后，很多跨国车企新能源汽车的国产计划却在推迟。

2017 年底到 2018 年初，很多跨国车企公布了 2018 年新能源车型的国产计划，然而时至 2018 年最后一个月，这些车型仍然没有兑现上市的承诺。

比如，一汽－大众的宝来 EV，曾传出在 2018 年国产的消息，最终大众选择率先推出插电混动车型，而这款屡屡"被国产"的车型依然待定。

另一方面，作为国内两大新能源巨头，比亚迪与北汽新能源却各有纠结。

第三季度的财报对于比亚迪来说，并没有显示出更多的利好。前三季度，比亚迪的净利润同比下降 45.3%。

纯电动汽车销量第一的北汽新能源在 2018 年销量目标为 15 万辆，在最后一个月，北汽新能源加速完成目标。

与此同时，横亘在车企中的，还有巨额的补贴资金垫付。有消息称，目前新能源车企在销售新能源车型时，都要对国补和地补先行垫付，而像北汽新能源年销量过 10 万辆的新能源车企，一年的垫付资金高达百亿元以上，经销商也因此承受负担。

2018 年，观望、犹豫与种种不确定因素，夹杂在迅速扩张的新能源车市中。※

爱恨新能源

■ 文 / 魏微 于杰

> 一边是新能源汽车牌照可以免费申请和获得，感觉政府在大力推动新能源汽车的发展；另一边，要么是新能源汽车绿牌连排都排不到，要么是有了牌去买电动车，却是各种烦冗的环节和比燃油车更为苛刻的要求，又让人感觉政府是不是不希望那么多人来买电动车？

近几年，我国新能源汽车市场的发展只能用一个词来形容——突飞猛进，即使在车市寒冬之中，新能源汽车依然是最被看好的细分市场，没有之一。

于是，许多车企在政策的引导下愿意做"拓荒者"，花大力气开发新能源汽车，甚至"赔钱赚吆喝"；许多一二线城市，尤其是限购城市，为响应国家号召也推出了各种购买新能源汽车的福利政策。

当这些合力最终落到消费者身上时，我们自然会推论：既然政策鼓励，那么买一辆新能源汽车一定很容易吧？

当汽车产经网走访了北上广三地（新能源汽车销量最多、推广力度最大）的经销商和新能源汽车用户后，却发现现实并没有想象中那么美好：

望眼欲穿的轮候时间、动辄一个半月以上的申请流程、与物业和政府有关部门斗智斗勇的交涉，都让现阶段的新能源汽车成为一句歌词的主语——新能源汽车，不是你想买，想买就能买。

穿越寒冬：
2018 中国车市故事

2017年新能源汽车销量排名前10城市

数据来源：第一电动网

北京：排号已排到 7 年后

全国燃油车摇号最难的城市，业已成为新能源汽车指标申请最难的城市。

2018 年，北京市小客车指标年度配额为 10 万个，其中普通指标额度 4 万个，新能源小客车指标额度 6 万个（个人指标额度 54000 个，单位指标额度 3000 个，营运小客车指标额度 3000 个）。

截至 2018 年 10 月 8 日公布的最新数据显示，当前新能源小客车指标申请个人共计 393014 个有效编码、单位共 9119 家。

这意味着，假定北京市新能源汽车指标排号政策不变，根据 2018 年申请新能源车牌照指标的个人 + 单位已经达到了 40 万个，那么，不仅 2018 年的 6 万个指标不够用，明年、后年加起来也远不够用……掐指一算，按照每年发放 6 万个指标的节奏，等到 40 万个额度排完，大概要到 2026 年吧？

这还没考虑后续加入的申请者，以后的情况只会更"恐怖"。

回顾一下前几年北京新能源小客车指标的申请状况：

2016 年，北京小客车指标年度配额为 15 万个，其中普通指标额度 9 万个，新能源小客车指标额度 6 万个。

当年 8 月份，全年新能源小客车指标就派发完了，到年底新增的申请人数提高到了 1.7 万，这 1.7 万个轮候指标直接顺延到了 2017 年。

2017 年，北京小客车总指标额度、普通指标额度与新能源小客车指标额度的比例与 2016 年相同，刚到 4 月，全年的新能源小客车指标额度就已用尽。

到了 2018 年，指标发放规则微调后在 2 月份将全年 6 万个指标一次性发放完毕。

总之，在北京，想买车，燃油车摇号无望（中签比例为 1907∶1），退而求其次想买辆新能源车，至少也还要等七八年！

◎ "排到号、不买车"和"想买车、没有号"

轮候指标让人望眼欲穿，我们发现，现行的北京新能源小客车指标发放还存在一个问题：

在 2018 年这 40 万申请者当中，很多人并非想要一辆新能源小客车，只是想占个号，从而形成了新能源小客车指标申请火爆情况下的"高弃购率"。

怎么造成的？

很大一个原因是 2018 年普通小客车的摇号指标减少了 3 万个，导致许多原本打算买燃油车的人转向申请新能源小客车"绿牌"，与前两年比，2018 年北京新能源小客车指标的申请人数呈迅猛攀升之势。

北京对新能源小客车指标申请者有一项规定，即从获得指标开始，12 个月内如果不购车，指标作废，需重新申请。

然而部分排到新能源小客车号的人并不是想立即买车的人，要么赶在指标到期前才开始选购车辆"占号"，要么持续观望等待更满意的电动汽车上市，导致很多指标在申请者手里会闲置半年以上，甚至有的人由于没有及时买到车导致指标到期作废,这些因素间接造成了排号队伍"臃肿"的状况和"弃购率"的出现。

汽车产经网认为:如果能够采取2018年之前的实施办法,让新能源小客车指标有效时间改为半年,甚至像深圳一样,新能源小客车指标有效期只有一个月,北京的新能源小客车指标可以更好更高效地运转起来——让想买车的人缩短轮候时间,让不想立即买车的人减少观望时间,进而减少宝贵号源的浪费。

◎ **手续简单,但要排队、排队、排队**

如果你排号排得早,有幸拿到了"绿牌",那么购买电动车的过程中还有几个比较烦琐的步骤需要完成。

比如办理免税。

新能源小客车有免征购置税的优惠,但是北京市只有东城国税管理分局可以办理,北京市所有的电动汽车只能去这一个分局办理免税手续。

在采访中,有受访者认为,既然新能源小客车都不需要缴纳购置税,为何还非要耗费人力、物力去税务机构做一次缴费的"动作"呢?如果这一环节能够通过电子平台进行,对于税务机关工作人员和新能源汽车经销商办理人员来说,都可以节省不少精力。

再比如验车。

在验车场,燃油车和新能源汽车混排一队依次查验。由于电动车不涉及尾气排放等问题,审核项目比燃油车少很多,但本来只需要审核几个项目就能搞定的新能源汽车夹杂在燃油车当中,就导致效率极低。

上海:别样的不容易

在北京想买一辆新能源汽车要排到"遥远"的几年后,而在另一个限牌城市上海,买新能源汽车又有着别样的不容易。

◎ 买"绿牌"车先过资质关

上海燃油车号牌被当地人称为"大牌",想获得一张"大牌"要凭借运气和财力的双重加持,而不用竞拍、不用比拼运气的新能源汽车号牌,也就是免费"绿牌"的申请资质门槛却有点高。

除了有无上海市户籍和缴纳社保年限等基本要求,上海市对于申请新能源汽车指标还有一个更严格的要求——申请人员要信用状况良好、自申请之日前一年无道路交通安全违法行为记录。

要求信用良好无可厚非,或许上海市的政策导向是希望挑选更优质的新能源车主。但选好心仪的车型后,进入正式的购车资质审核环节,也就是俗称的"征信",着实有点麻烦。

征信先要审核社保缴费及诚信记录,从启动查询到反馈结果,一般需要10个工作日,但如果遇到提供的信息不准确,或者对反馈结果有异议,提出再次复查的话,需要的时间就会更长。异议申请首先要通过电话或网络进行预约,然后再到现场办理。

需要注意的是以上操作必须本人亲自办理,经销商不能代办。

这是在上海购买新能源车的第一关。

◎ 一根桩难倒"英雄汉"

有人说,在上海开着"绿牌"车的一定是本地的、有车有桩有车位的人,至少是有钱人。

为什么这么说?

因为社保和信用核查都通过之后,还有第二关,也是最关键的一关——安装私人充电桩。

在上海,购买新能源汽车有个硬性要求,就是必须要有固定私人充电桩,也就是通常说的"一车一桩"的要求。而有固定充电桩的先决条件就是你已经买了或长租了一个固定停车位。

穿越寒冬：
2018 中国车市故事

有了固定停车位，安装私人充电桩还要过两个关卡：

第一，物业。物业不同意，一切白搭。

即便有了固定车位，有些小区物业会因为担心充电桩的用电安全问题，或者电网的压力问题，不允许私人安装。

通常来说，一般家用慢充桩功率在 7kW，小区物业对比的态度都会极为谨慎。为了说服物业，许多新能源车的经销商会提供设备使用安全的证明文件来打消物业的顾虑。

而除了小区物业反对，新能源车主或许还会遭到来自隔壁车位车主的反对，理由同样是担心万一充电过程中出现漏电、起火等问题，会"殃及"自己的车……

第二，国家电网。

物业的章盖好了，车主还需要亲自去小区附近的国家电网营业厅申请加装车位电表。

通常从申请到安装大概需要一周到 10 天不等（也有一个多月没人管的情况，这一步可能要凭运气）。

车位电表安好后，4S 店就会联系充电桩安装公司去为车主安装充电桩，这一步就简单了。

总体上看，从选好一款想购买的新能源车起到安好充电桩，如果每个流

▼ 在上海安装私人充电桩需要三个章

程都一遍通过，需要 30 天左右的时间。一旦购车资质需要复核，或者向小区物业申请安装充电桩的环节不太顺利的话，可能就需要近两个月的时间了。

◎ **挂靠业务被催生，但治标不治本**

或许是发觉"一车一桩"的要求确实有点严苛，2017 年上海市追加了一条相关规定：允许挂靠公共充电桩。

一根公共充电桩上最多可以"挂靠"4 辆车，车主需要交一笔上千元的挂靠费。

那么"一车一桩"+ 挂靠，能解决充电问题吗？答案是并不能。

对比京沪两地新能源车的充电桩网络，可以很容易发现差异。

来自中国充电联盟的数据显示，截至 2018 年 8 月，北京市的公共类充电桩数量为 41646 个（其中直流桩 14484 个，交直流一体充电桩 8589 个），上海市公共类充电桩数 35310 个（其中直流桩 8228 个，交直流一体充电桩 2880 个）。

北京的公共充电桩中直流电、快充桩网点相对较多，因此很多纯电动汽车车主在公共充电桩即可满足充电需求，甚至有受访者表示买电动车两年以来一直使用公共快充充电桩充电。

而在上海，尽管公共类充电桩整体覆盖率并不低，但这些充电桩中一半以上是慢充桩。

被采访者余先生说："慢充的电费比快充便宜，但充一次电要花五六个小时以上，上海的停车费又贵，综合算起来，在停车场公共充电桩充一次电的费用也很可观了。"

或许上海市政府是希望通过增加私人充电桩来补足公共充电网络的不足，但是私人充电桩还有一个逾越不了的问题：

以现在居民小区的平均电力承载能力看，一个 1000 户居民的小区，如果有 100 家安装了充电桩，就会达到用电极限。

因此，一方面，私人充电桩的局限性过大；另一方面，一车一桩在一定

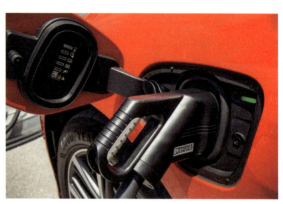

电动汽车充电问题还是消费者购车的主要顾虑（汽车产经网拍摄）▶

程度上也意味着资源的浪费。只有扩建、优化公共充电网络才是王道。

综上，汽车产经网认为，上海市新能源车购买中最大的问题是公共充电网络职责的缺席。

深圳：较 easy

除了上海和北京这两个较早开始限购、新能源车推广力度比较大的城市外，作为比较晚实施限购的城市，深圳市（2014年底开始限购）新能源汽车市场的发展状况也较有代表性。

据了解，深圳的新能源车指标发放使用免摇号的方式，只要符合条件的用户都可以申请，申请成功率基本上是100%。指标的有效期仅为一个月，这样就会减少占号的情况。

另外，在新能源车购买的审核环节，深圳也没有过多繁杂的要求，而且深圳地域面积小，更便于推广和管理。

不过深圳市的主要问题在于，目前充电网络的建设力度还有待加强。这是使用环节的问题，也会在一定程度上影响购买。

2018年10月部分省市公共充电基础设施总量（排名前十）

数据来源：中国充电联盟

结语

不同于燃油车全国统一的政策，国内8个限牌城市的新能源汽车政策却是"一城一策"，尽管这个状况暂时不可能改善，但是一些地方政府对于新能源汽车指标发放的不同标准确实造成了大家对新能源汽车的一个困惑：

一边是新能源汽车牌照可以免费申请和获得，感觉政府在大力推动新能源汽车发展；另一边，要么是新能源汽车绿牌连排都排不到，要么是有了牌去买电动车却是各种烦冗的环节和比燃油车更为苛刻的要求，又让人感觉政府是不是不希望那么多人来买电动车？

这样一种矛盾的感觉，在全国新能源汽车最多的北京和上海都存在着。

新能源汽车的推广在目前阶段还属于政策驱动式，其中限购城市作为首批表率，也确实为新能源汽车推广做出了巨大贡献，例如大力投入建设公共充电桩等。这是一种空前的探索，但在政策制定上还需要不断完善使其符合导向性。

汽车产经网希望通过这篇不算十分完备的调查，为地方新能源汽车政策的制定和实施提供一个参考。※

穿越寒冬：
2018中国车市故事

豪华电动车元年

■ 文 / 魏微

> 随着BBA重兵集结纯电动车，新能源车未来10年的路线之争似乎可以告一段落了。

奥迪e-tron将在2020年正式国产；宝马首款纯电动车iX3也确定2020年在沈阳投产；奔驰EQC将在2019年于中国上市；2018年4月上市的捷豹I-PACE已经交付首批中国车主……

不等2020年钟声敲响，豪华品牌尤其是BBA已经按捺不住将燃油车时代的战火烧至电气化时代，在全球最大的电动汽车市场——中国，"大战"之前的硝烟味已经开始弥漫。

捷豹I-PACE的上市，意味着豪华电动车的未来已来，BBA先后发布重磅电动车"预告"，则意味着巨头们对新能源汽车技术路线的认可已经趋于一致。2018年，是英国等欧洲国家宣布禁售燃油车的一年，也被视作豪华电动车征战中国市场的开元之年。

捷豹先行

2018年的北京车展，捷豹I-PACE正式在中国这一全球最重要的电动汽车市场亮相。家族式的前脸设计、更为简约的内饰设计都在告诉前来围观的

一、汽车行业篇

媒体：我依然是那只英伦的小豹子，但我也在做出改变。

在其他豪华品牌还在观望的时候，捷豹 I-PACE 的勇气为它赢得了很多赞美。纯粹，是外界对捷豹 I-PACE 的普遍评价。一方面是认可它作为第一款传承豪华品牌底蕴的量产纯电动汽车的身份，另一方面是指它是一款纯粹的电动汽车，没有走插电混动等中间路线。

没错，68.8 万元的售价豪华范儿十足，综合工况下 500km 的续驶里程也足以让它在纯电动汽车的行列里位居前茅。如果说在捷豹 I-PACE 之前，传统车企尚无一款真正投入市场的纯电动汽车，那么捷豹 I-PACE 所祭出的价位和续驶里程，也将成为后续豪华品牌电动车的起跑线。

不过，纯粹的捷豹 I-PACE 是否能够得到市场的认可？这款车原计划在 9 月开启交付，但是相关销量信息却秘而不宣。

实际上，捷豹 I-PACE 在推出时，并没有直接的竞争对手，如果一定要有，那只能是特斯拉 Model X。

但当两款车放到一起对比时，就显示出了捷豹 I-PACE 的弱势，外观不如特斯拉有科技感，内饰的中控屏幕也太过普通，500km 的续驶里程对于特斯拉来说完全不构成挑战。将对比的范围再扩大一些，特斯拉在中国已经建

▼ 捷豹 I-PACE 技术解析会（汽车产经网拍摄）

立起了超级充电桩网络，而捷豹还没有任何实质性的部署，更遑论特斯拉所引以为傲的OTA、L2级的自动驾驶辅助系统等软实力。

归根究底，这种弱势背后的根源就在于捷豹I-PACE似乎除了靠电力驱动之外，和捷豹家族的其他燃油车没有任何区别。这对于豪华电动车来说是尴尬的。尽管捷豹I-PACE是传统车企中向电动车产品迈出坚实一步的首个豪华品牌，但是在电动汽车的地盘，显然，特斯拉才是那个大Boss，传统豪华品牌想要"变幻大王旗"，还需要有更多撒手锏才行。

BBA继续缠斗

如果说豪华品牌的电气化时代由捷豹开启，那么高潮大戏依然将由宝马、奔驰和奥迪来上演。

就在人们以为2018年年末豪华品牌电动车不会再有动作之时，奥迪却带着自己的e-tron开向了沙漠。如你我所知，电动汽车与石油是天生的死对头，但可能正因如此，奥迪才选择将试驾放在海湾石油国家阿联酋举办，换装了双电机与电动quattro四驱科技的奥迪电动车在沙漠中驰骋的样子，被媒体形容为"沙漠狂舞"。

这似乎与我们通常所认识的那个沉稳的商务精英范儿的奥迪有所不同，电气化时代的奥迪看上去变得张扬而富有攻击性了。

奥迪e-tron到底是一款什么样的车？2018年9月在洛杉矶，奥迪e-tron首次亮相，共推出3款车型，美国售价区间为7.48万~8.67万美元。该车计划于2019年引入中国，2020年实现国产。

在2018年11月举办的广州车展上，我们见到了这款奥迪e-tron。奥迪e-tron基于奥迪纵置模块化平台MLP打造，配备全新奥迪quattro电动四驱系统，续驶里程应在400km以上。它的外观设计与奥迪e-tron quattro概念车基本保持一致，前格栅采用奥迪最新的六边形设计，搭配修长的前大灯，内部融入LED光带，辨识度极高；此外，奥迪e-tron用外后视摄像头取代了光学后视镜,并在两侧门板内侧拉手附近增加了一块7in(英寸)的OLED⊖屏幕,支持多种视角以及缩放功能,同时支持盲区监测。

在豪华纯电动SUV领域,除了已经进入中国市场的捷豹I-PACE和特斯拉Model X之外,奥迪e-tron未来要面临的竞品主要就是老对手奔驰和宝马——奔驰EQC和宝马iX3。

奔驰EQC是奔驰旗下的首款纯电动SUV,和奥迪e-tron一样,选在了9月亮相,颇有你方唱罢我登场的气势。在奔驰EQC的发布现场,除了这款车本身之外,时任奔驰董事会主席的蔡澈身着休闲西服、牛仔裤和帆布鞋亮相更是成为闪光灯的焦点。如此行头的寓意自然明显,在电气化时代,奔驰会为更加年轻的一代造车,造年轻化的车,造更富有科技感的电动汽车。

这款车进入中国市场的时间要比奥迪e-tron早一年,将在2019年进入中国,在北京奔驰生产基地进行生产。两款车在接下来的两年里少不了要放在一起对比。奔驰EQC的设计语言要更加"电动化"一些,尽管该车采用和GLC相同的设计,但是又具备了新能源汽车的特点,前脸采取封闭进气格栅的设计,可以说是既继承了奔驰的优点,又具备了电动汽车的辨识度。据了解,奔驰EQC拥有超过450km的续驶里程,国产后售价会达到50万元。

BBA中的另一大角色宝马也不会将市场和消费者拱手相让,2018年12月初,一则华晨宝马新能源车型技术改造建设项目获得批准的消息被传出,这意味着宝马纯电动车国产的大幕正在徐徐拉开。据了解,该项目投资17.59亿元,以沈阳大东工厂为依托,通过对现有宝马X3生产线进行改造和调整,将用于宝马iX3纯电动车型的生产,并且拥有4万辆的产能空间,预计在2020年实现量产。

宝马在新能源汽车领域的布局非常积极,在中国市场已经拥有5系插电混动、7系插电混动、X1插电混动、X5插电混动4款混动车型,还有宝马i3和宝马i8两款纯电动车型。在所有豪华品牌中,宝马的新能源汽车产品谱

⊖ 指有机发光二极管(Organic Light Emitting Diode,OLED)。

穿越寒冬：
2018 中国车市故事

66

▲ BMW i Vision Dynamics 概念车亮相北京车展（汽车产经网拍摄）

系最为完善。

iX3 的到来，将意味着宝马的新能源汽车路线全面转向电动化。实际上，除了和华晨的合作之外，宝马在 2018 年还和另一家中国车企长城汽车结成伙伴生产纯电动汽车。宝马与长城成立了全新的纯电动汽车企业光束汽车，还会将 MINI 电动版的国产放在与长城的合资工厂。

未来，在中国市场，除了品牌之间的较量，更多的是车型综合实力的比拼，无论是从历史积淀还是对未来的准备上，BBA 中宝马对电气化时代的态度是最为积极的。上帝偏爱有准备的人，也会偏爱有准备的车企。

纯电的未来已来

比起 BBA 发布纯电动车型，更重要的信息在于，三大品牌背后的母公司戴姆勒、宝马和大众集团在电池方面的大手笔。与以往"口头承诺"不同，巨头们这次是来真的。

到 2025 年，宝马将推出 25 款电动汽车，其中 12 款为纯电动车型，这背后巨大的电池需求，让宝马与中国电池供应商宁德时代一口气签署了价值

312亿元人民币的电池单体采购意向订单。

戴姆勒集团不甘人后，宣布计划到2030年购买价值超1500亿元人民币（200亿欧元）的动力电池，加快公司未来电气化转型。尽管还未提及具体投放数量，但戴姆勒计划到2025年，由动力电池驱动的纯电动车型在整体销量中的比重预计将升至15%~25%。

奥迪背后的大众集团的手笔更大，宣布已经签署了约合人民币3307亿元的动力电池订单，供应商涵盖三星SDI、LG化学和宁德时代。这批订单也将满足大众集团到2025年的动力电池需求，届时大众集团所推出的纯电动车型将达到80款；奥迪方面，根据此前公布的产品规划，截至2022年，将在中国市场投放10款电动车型，其中5款将在华投产。

在电池技术与充电技术方面，进步也在极速进行。12月15日，蔚来汽车宣布在其第二款SUV上将率先搭载能量密度为170W·h/kg的811镍钴锰电池单体；宁德时代、比亚迪已经先后宣布将在2019年下半年量产811镍钴锰电池单体；12月底，又有消息称，宝马和保时捷合作研发了一个充电站，目前正在德国作为实验充电站运营，据说该充电站可在3min之内将电动汽车续驶里程恢复至62mile（约合100km），而且可在15min为电动车充满80%的电量。

随着技术的进步、全球排放法规的收紧、中国政府对纯电动汽车市场的鼓励加大以及电池技术的不断突破，油电混动、插电混动和纯电动的主流技术路线之争或许也将告一段落。BBA的大手笔，对于未来10年的新能源汽车技术路线图规划无疑有着举足轻重的作用，也将让它们在下一个时代依然有可能保持领先。

不过，那将是下一个10年的故事，只是这个故事的开端，大概要从2018年讲起。※

造车新势力的生死时速

■ 文 / 魏微

也许是未来汽车社会的图景太吸引人,而旧世界又太需要革新,才引得无数英雄竞折腰。一场始于2014年的中国新势力造车运动在掀起了一小波高潮之后,正在向岸边拍去,这期间谁能继续弄潮、谁又将被无情淘汰?2018年,淘汰赛也已经开始,生死时速的路上,胜负难料,但奇迹背后总有迹可循。

一步之遥 咫尺天涯

2018年最让人感到悲凉的"新势力"莫过于Faraday Future(FF),原本FF在恒大投资入股之后看到了希望的曙光,但剧情却没有按照FF以及创始人贾跃亭希望的方向发展,两者在10月公开决裂,FF一纸诉状将大股东恒大健康告上香港国际仲裁中心。然而这场风波并没有随着仲裁结果而平息,贾跃亭和恒大健康对FF控制权的争夺反倒愈演愈烈,双方都是寸土不让。

贾跃亭有多着急,明眼人都能看得出来,FF已经到了生死存亡的临界点。FF91量产这一步,迈过去了,FF还有机会;迈不过去,FF甚至连同贾跃亭就彻底"凉"了。说FF91是贾跃亭赌上身家性命奋力一搏的产品都不为过,这一小步的后果很可能是咫尺天涯。

新造车企业中，FF 命悬一线，但身处险境的并非只这一家。

9 月 27 日，一汽夏利发布公告称，该公司与南京知行电动汽车有限公司签署了协议，将全资子公司天津一汽华利汽车有限公司 100% 的股权转让给南京知行，转让价格为 1 元。南京知行也就是拜腾，获得生产资质的同时也将一汽华利 8 亿元的债务一把扛在了肩上。

拜腾接盘并不让人意外，毕竟此前一汽已同意给拜腾提供 2.6 亿美元的财务支持。不过，公告发布后，拜腾面对的质疑并未减少，因为一汽华利被工信部列进"特别公示车辆生产企业名单"，即从 2018 年 5 月 4 日至 2020 年 5 月 3 日间无法申报新产品。对造车新势力来说，时间比金钱还宝贵，这笔买卖意义在何处？同样采取购买资质方式的车和家显然更加务实一些，6.5 亿元人民币收购力帆汽车之前，力帆汽车已"租用"车和家自己的生产基地，这一举指既解决了生产资质问题，也不会耽误量产进程。

如果说 FF 背后就是悬崖，那么拜腾则是在迷雾森林中行走。但对于它们来说，真理只有一个，那就是活下去。

奇迹背后的逻辑

有前途未卜的，也有"奇迹般"步上正轨的，比如蔚来汽车。奇迹二字是蔚来创始人兼董事长、首席执行官（CEO）李斌所言。在 10 月底，不少媒体走进蔚来汽车位于合肥的制造工厂参观，在和媒体交流时，一向不喜欢藏着掖着的李斌说："ES8 的诞生就是一个奇迹。"

而蔚来汽车的奇迹显然正在成为常态。12 月 15 日，蔚来汽车第二款 SUV ES6 如期上市；首款 SUV ES8 成功实现年产销 10000 辆的目标；对纯电动车至关重要的充电设施建设方面，蔚来汽车也超预期地打通了京港澳高速公路沿途服务区的换电站；蔚来汽车成功在纽交所上市……

看上去，蔚来已经走上正轨并高速前进着。那么其他造车新势力中，像李斌这样并非传统车企出身的纯新势力还有李想创立的车和家，UC 优视联合

> 穿越寒冬：
> 2018中国车市故事

70

创始人何小鹏先入股后全力加入的小鹏汽车，以及出身360的沈海寅创办的奇点汽车。这几家情况如何？

车和家在2018年10月发布全新品牌"理想智造"以及首款车理想智造ONE，将于2019年四季度开启交付，这款车的亮相引人注目，但增程式的解决方案能否被市场接受还悬而待决；小鹏汽车的小鹏G3亮相一年，终于在2018年12月正式上市；奇点汽车则声量相对较小。

此外，有传统车企背景的造车新势力中，至今只有威马汽车和哪吒汽车分别推出了各自的量产车EX5、哪吒01，但围绕EX5这款车的配置、交付的质疑声却从未停止。爱驰汽车在江西上饶的工厂仍在建设，融资、产品的推进消息相比成立之时少了很多，直到11月底，爱驰U5终于首次露出量产版真容。拜腾汽车的前景似乎更加不明朗，瞄准L3级自动驾驶水平的量产车竞争力如何，是最大的疑问。

当然，消息少不代表没动作，大家都喜欢说"我们喜欢先做再说"。当时间进入2018年四季度，各家造车新势力纷纷发声。车和家、电咖、爱驰、小鹏都召开了各自迄今为止最为盛大的发布会。

谁都不想掉队。

在这方面，蔚来的准备显然最为成熟和实际——跑赢时间。如果等产品100%完美了再推出就太晚了，不断迭代升级、跑在时间前面才是正解。

因此，在其他造车新势力还在量产的泥淖里涉险，还在为未成形的产品筹措的时候，ES8交付的数量在逐月提升，6~9月4个月分别交付了100辆、381辆、1121辆、1766辆……截至12月31日已经累计交付11379辆，成为造车新势力中首个完成万辆产销量的企业，同时ES8基准版也在11月28日开始启动交付，下一款产品ES6也如期在NIO DAY亮相，并且位于合肥工厂的生产线也已调试完毕，只待生产。

蔚来汽车在新造车企业中，光环最大，声量最旺，质疑也最多，作为第一个量产交付的造车新势力，无经验可借鉴，一路走钢丝而来，交付车辆累计增加都在为这个奇迹添砖加瓦，恐怕只有经历过难以想象的煎熬和无数次

一、汽车行业篇

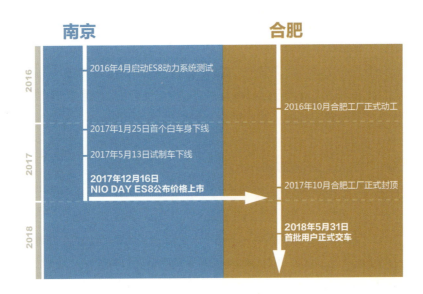

"虎口脱险"的时刻,才有"奇迹"之感。但奇迹背后,总有迹可循、有理可依。蔚来汽车都做对了什么,让奇迹发生?

通过蔚来官方信息的披露,我们得以了解到,原来 ES8 试制车的进行与工厂量产车生产线采取了平行的方式进行。根据媒体报道,早在 2015 年,蔚来就按照自己的标准在南京工厂搭建了一条试制线,试制线的投入资金大约为 2 亿元。生产线前期可以做全铝工艺的验证、骡车的生产、电机电控技术的测试等。同一年包括外部(3 个)和内部(1 个)一共 4 个团队同时在做电机、电控的研发。最终以蔚来和外部合作研发的方案,在 2015 年确定了整个电机和电控的方案。

因此,合肥工厂在 2017 年 10 月封顶时,ES8 的试制工作就已经完成。接下来便可以全力为量产做磨合和准备。

半年后,ES8 启动交付。ES6 同样采用"双轨制"试制和量产,10 月 ES6 的生产线已经在合肥工厂导入,2018 年 12 月 15 日上市,2019 年年中交付,届时,按照蔚来的规划,月产能在 2018 年就可以达到 5000 辆,到

穿越寒冬：
2018 中国车市故事

72

2019 年希望能够将用户提车周期控制在 3~4 周。

尽管李斌将新造车企业称为三四岁的孩子，但在这批"孩子"中，蔚来的成长安排无疑是最周全的一个。就像成熟的父母，在孩子出生前就悉心规划好了时间表，在人力、物力和财力方面都做了充分的准备，因此 ES8 才能在竞争激烈的环境里早早冒尖。毕竟，在 2020 年前能够成长起来是最重要的事。

这里，还有一个有意思的"赌局"。

年中，何小鹏感叹造车之艰辛，称 2018 年没有造车新势力能完成 1 万辆的交付。听闻此言，李斌立刻表示愿与何小鹏一赌，筹码则是各自的产品 ES8 与 G3，何小鹏也欣然呼应。虽比不上雷军与董明珠著名的"赌约"，但这也无疑让新势力的量产、交付等头等大事被推至风口浪尖。

那么，赌约的另一端——小鹏汽车，行至年中的声量则明显小了很多，对于已经发布量产车的它们来说，交付也将是一把达摩克利斯之剑，剑在头顶而脊骨凉。马上也要年底，量产的时刻，小鹏汽车会有奇迹吗？还是说，在时间点上完成任务，但后续的事情后续再说？

对于新企业来说，品质和信任才是两张最大的王牌，真的踩上时间点，现在看来也并不是最重要的事。为了兑现诺言而匆忙交付，留下一地鸡毛，恐怕对于造车新势力的打击将会更大。

奇迹不靠运气。

中国汽车的新名片

2018 年让特斯拉中国粉丝感到振奋的消息接二连三，毫无疑问，最重磅的是特斯拉将在中国独资建厂并在这个工厂生产 Model 3。另外，让特斯拉自己以及中国造车新势力受到鼓舞的，是特斯拉在 2018 年的 Q3 终于实现了盈利：68 亿美元的季度收入，3.12 亿美元的净利润，特斯拉拥有现金流和现金等价物约 30 亿美元，比第二季度增加了 7.31 亿美元。

一、汽车行业篇

◀ 蔚来创始人兼董事长、CEO 李斌

不过，在特斯拉的"老家"硅谷，有不少科技记者或许会发现一个有意思的现象，那就是有 4 家中国企业在这里设立了自己的研发中心，分别是蔚来、拜腾、SF 和宝沃。这 4 家里有 3 家是我们眼里的新势力，但在外媒眼里，它们就是来自中国的汽车制造商，代表着中国汽车。

与传统车企不同，中国的新造车企业与国外的新造车企业，都有着较为相似的气质——注重科技、注重研发，就像蔚来汽车在纽交所上市，外媒将其看作中国的特斯拉一样，全球化的研发团队和员工，让"国籍"概念被淡化，让新品牌更容易被接纳。

更重要的是，大部分中国新造车企业都是正向研发的路径，并且致力于去解决电动车的产品、体验的痛点。车和家创始人李想道出了大家的心声：如果我们没有去做一些新的事情，那我们的存在就没有价值。

因此，在造车新势力推出的概念车、量产车上，我们都可以看到为了汽车生活更美好的用心之处，比如蔚来汽车为解决充电痛点的换电、一键加电的方式，提升豪华车用户服务体验的 NIO House 等；再如车和家推出的增程式方案，用更加直接的方式解决里程焦虑，并将市场的半径向燃油车用户扩展；爱驰汽车推出能量扩展包配置、充电机器人；拜腾则在高级自动驾驶时代里"第三空间"的设计上展示了惊艳的想象力，长 1.25m、高 0.25m 的中控屏无疑成为一众新车中最吸引眼球的作品。

说到自动驾驶，中国车企的热情都很高，不过仍然不同于传统车企与

穿越寒冬：
2018 中国车市故事

BAT 合纵连横的站队方式，造车新势力更喜欢花大力气自己去研发，如上文所提到的 4 家在硅谷设立研发总部的企业。根据已经上市的蔚来汽车的公开信息，蔚来汽车在研发方面投入的费用占企业支出的 50%，其 2016 年、2017 年、2018 年上半年的研发费用分别为 14.7 亿元、26.0 亿元、14.6 亿元。爱驰汽车创立初期至量产车进入交付阶段之间，研发人员占总体员工的 70% 以上。

电动化、网联化、智能化、自动化，汽车"新四化"就像概念车一样，尽管不是眼下就量产的，但也在以逐步落地的形式和消费者见面。而中国的新造车企业，在中国汽车"新四化"与国际企业保持同一水准的竞争中，看样子不会落在下风，他们代表着未来。※

汽车智能网联：
眼下的"生意" 未来的"蛋糕"

■ 文／于杰 魏微 黄持

对着这样一块"未来的蛋糕"，应该用什么姿势分食？

"你好，斑马""你好，博越""你好、启辰""你好，风神""小虎，你好"……

"在呢，请问有什么可以帮您？"

两年前，荣威 RX5 的横空出世让斑马车机成为明星，"互联网汽车"成为国内汽车市场的一个新品类。如今国内上市的新车如果没有一款"你好，××"能够唤醒的智能车机系统，恐怕都不好意思说自己是新来的。

短短两年中，东风风神推出了百度赋能的 WindLink；吉利自己打造了 GKUI；东风启辰与科大讯飞、高德地图合作了启辰智联系统；北汽绅宝智行的网联系统以 AI 为新卖点；比亚迪更进一步，试图通过 DiLink 系统建立一个智能出行生态；自主品牌另一大车企长城，则借力百度加速车联网的部署……

看着自主品牌车企干得热火朝天，合资品牌车企也通过与国内第三方合作的方式急忙跟了上来：现代、起亚、福特、标致雪铁龙……

但是，国内互联网汽车的突然兴起，更像是"潮流下的产物"。车企的目标更多的是为车辆提供"智能"这个概念溢价，并快速瓜分一块现实市场的份额。

自主品牌车企的这一波操作能否实现车联网领域真正的技术突破和商业模式创新？在成本、技术的挑战之下，对于汽车智能网联这块注定的"未来的蛋糕"，传统车企又有多大机会分食？

未来和当下，其实是一组矛盾的存在。

"现在只是两三岁的小孩"

太阳之下无新事。

1996 年通用推出了安吉星；福特在 2013 年曾宣布为开发者开放 SYNC AppLink 平台，便于开发车载应用程序；宝马 Connected Drive、凯迪拉克 CUE、丰田 G-book 等系统早已经开始尝试……

但正如我们现在感受到的，这些有关汽车网联化和智能应用的尝试并未给汽车行业带来真正的变革。

多年后，在全球汽车产业都在拥抱汽车智能化、网联化的风口上，中国汽车市场似乎初尝了商业化的甜头。实际市场反响情况如何？

汽车产经网也试图对市面上几个主流车机系统进行比较，比如：

安全性上，由于基于 AliOS 的斑马系统相对封闭，所以理论上安全性要高于基于 Android 开发的车机系统；开放性上，GKUI 系统较开放，比亚迪的 DiLink 开放的姿态最高；百度 DuerOS 则更侧重语音交互能力……

不过对于这种比较，一位车联网研发公司高层给出了这样的评价："大家都是在一个非常初级的阶段，你很难说让一两岁小孩去干活，哪个做得更好一些。对比意义不大。"

这也是互联网汽车用户们的普遍感受。

这些车载娱乐系统的功能同质化严重，差别仅在于唤醒之后导航去目的地的精确程度、包含的内容多寡以及对于语音的识别反馈速度。

它们都还没有办法代替手机支架……除去流量的限制，还处在萌芽阶段的车联网车机与已经成熟的智能手机在使用体验上毫无竞争力。

总之，这些车机系统距离"智能"二字还相差很远。

不仅很多车主并不常用车机版的导航、智联功能，就连拥有自主车联网系统的汽车品牌4S店，在销售过程中也都并不过多介绍车联网功能，与厂家热闹的营销相比，简直是冰火两重天。

2018年，比亚迪在D++生态系统开发者大会上举了一个例子：

当你无法接送孩子上学时，车辆可以在车主预设的时间开启自动驾驶模式接送小孩，可以进行人脸识别，在孩子们上下车时，第一时间主动通知家长，家长还可以通过车内摄像头查看实时情况，并和小孩交流、互动。

这时，DiLink智能网联系统还可以根据你的用车习惯，并基于对你的了解为你提出贴心建议。例如，它会自主计算车主上下班的里程数据，并定制推送相应时长的娱乐内容，通过人脸识别功能专门开发的应用还可以针对不同性别推送差异化的内容。

DiLink要完成这样高阶的汽车操作系统指令，势必要等到全自动驾驶实现之后。这就是汽车OS现阶段面临的局限性，即在自动驾驶技术成熟到能够普遍应用以实质性地解放双手、解放驾驶人的车内时间之前，车机智能将会更多地停留在提供娱乐和生活服务等有限功能的层面。

此外，汽车智能网联发展的局限还受制于软件技术的进展，比如AI技术的应用实例之一，语音识别。

目前，市面上的车载娱乐操作系统几乎都提供语音交互功能，国内供应商以科大讯飞、百度为主。

但现在的车载语音识别从准确率上看还不能令人满意，多数都需要唤醒口令，用户体验远称不上"好"。此外，这些产品还仅停留在语音识别阶段，无法进行高阶的语义识别，距离真正的人机交互还早得很。

总之，车联网技术本身的局限、AI技术的局限、5G通信的局限等，均是让现阶段汽车OS更多功能无法"解锁"的原因。

不过，改变有时来得很快，或许就在两三年之内。

科技公司"抢食"

2010年9月,微软Window Phone 7团队为iPhone和黑莓手机举办了一场颇似"葬礼"的游行,意在表达微软即将推出的WP7操作系统将成为iPhone和黑莓的"掘墓人"。

仅隔几天,微软高层又在投资者大会上警告手机品牌厂商谨慎使用Android操作系统。

接下来的事大家都知道了,微软手机系统不过是昙花一现的陪衬,依托更古老的塞班系统的诺基亚手机则彻底成了过去,而Android和iOS,成了移动互联时代的霸主。

10年前智能手机OS领域你方唱罢我登场的场面,为今天的这场车机战争埋下了重要伏笔。

继电脑、手机之后,汽车将是5G时代的智能移动终端。国内三大运营商均预计5G在2020年能实现规模商用;工信部几天前也给出预测,中国智能网联汽车市场规模将在2020年达到1000亿元。

而作为车载智能网联系统的核心,拥有一款操作系统,相当于控制了这场战争的要塞。

目前市面上主流的智能车机系统几乎都是基于智能手机操作系统衍生出来的。从这个角度讲,科技巨头例如苹果iOS和谷歌Android,只要愿意投入,在车载移动应用市场胜算很大。

雷诺—日产—三菱联盟不久前宣布,2021年开始包括雷诺、日产和三菱品牌车型都将"整合Google的应用与服务",Android平台众多应用将融入至少1000万辆汽车当中。

早在2016年就有外媒报道,苹果挖走了黑莓旗下QNX部门的许多研发人员,在加拿大开发驱动智能汽车的汽车操作系统。

国内,阿里一方面试图建立一个基于汽车移动端的商业消费生态,另一方面也在积极备战车路协同、自动驾驶。阿里巴巴集团资深副总裁胡晓明曾不止一次对外表示，每一次信息产业变革都会诞生新一代操作系统，PC 时代 Windows 一统天下，移动时代苹果 iOS 和安卓齐飞，物联网时代，也将诞生新的操作系统，这是 AliOS 的机会。

百度在研发自动驾驶技术的同时，也在寻求 AI 技术与车载操作系统的深度融合。

……

科技巨头，各有长，也各有所图。主机厂呢？则是一个焦虑而纠结的阵营。

砸钱和生态

"我们一开始也打算自己做（操作系统），但是发现实在太慢了。"长城哈弗 F5 上市发布会上，智能研发部负责人这样对汽车产经网记者感叹。

小鹏汽车董事长何小鹏也表达过类似的想法，因此选择了基于 Android 开源系统深度定制自己的汽车操作系统。蔚来汽车在自己大力投入研发之外，还和联想等企业合力打造智能汽车。

"车联网，车的一端好解决，联网的一端却并非传统车企所擅长。如果满分是 100 分，当今的造车工艺已经可以做到 95 分了，但是车联网的部分还只有 5 分。"一位车联网领域的业内人士表示。

难在哪儿？

一是技术。没有操作系统方面的技术积累，就需要大量人力和财力的投入。

"阿里 1000 名工程师在 OS 方面积累了 7 年实战经验，在车载 OS 的定制开发上合计花了 3 年时间。"斑马汽车前 CEO 施雪松曾这样感慨，"OS 的门槛相当高。"

Windows 操作系统迭代到 Win10 用了十几年时间，苹果如今维护 iOS 系统的成本是每个月 10 亿美元。

对比之下，大众宣布投入 40 亿美元研发自己的汽车操作系统，虽已经算是大手笔，但后期投入依然需要源源不断；斑马建立初期的 20 亿元资金，以及首轮融资的 16 亿元，也都是刚刚开始。

人才也是一大难点。

一位长期在硅谷工作的智能汽车研发者对汽车产经网透露，在硅谷高薪酬都已经无法招来智能汽车技术牛人，除非拿期权吸引。

回看国内，新创车企、科技公司的组织架构、管理方式、薪酬体系等对于研发人员的吸引力会更大，传统车企在这方面显得略逊一筹。

二是生态。

目前，多数整车厂选择了与供应商合作开发，也有的希望通过联盟和开放的方式，自建生态。

比亚迪在不久前的开发者大会上则提出了"D++"生态系统，向开发者开放了整车多达 341 个传感器数据接口及 66 项控制权限。通过开放接口和传感器，吸引更多的开发者来对 DiLink 进行深度开发，"D++"希望建立一个出行生态。

要建立一个生态，必须要开放，但是开放了，却不一定能够得到一个生态。这个问题，福特、特斯拉都遇到了，比亚迪、大众也会在未来遇到。

从用户量角度看，手机上一款抖音应用拥有 1.5 亿日活用户，1 分钟用户量可以达到 6000 万。苹果手机 2017 年销量排名全球第五，销量达到 5000 万部，这还没算各种品牌的 Android 手机，而全球最大的汽车制造商丰田、大众年销量最多也只有 1000 万辆。

而整车企业的更大局限在于各车企之间的技术壁垒：大众自行研发的汽车操作系统只能自用，通用也只用自己的安吉星。开发者为单独一家车企开发应用的兴趣有多大？

没有足够的用户基础，遑论生态。

致命的安全

2012年年初，福特宣布推出开源车辆应用研究平台OpenXC，并在次年的国际消费类电子产品展览会（CES）上正式宣布了启动"福特开发者项目"，是第一家向第三方免费开放AppLink的API（应用程序编程接口）的车企。

但囿于车辆应用场景和安全隐患，两年内聚集的2500个开发者所开发的应用没能跨过娱乐、资讯和导航的初级关。

因为一旦在发动机、汽油、制动方面存在电子控制单元（ECU）漏洞，就会让黑客有机可乘，给车辆以及车主带来极大的危险。

同样在2012年，特斯拉发布Model S，同时表示将会发布一个开发包（SDK），让第三方开发者为电动车开发专用的汽车软件，虽然有一些开发者表示出兴趣，但是这个计划后来没有了下文。

而当时出现的针对Model S开发的少数软件，全部都是兼容浏览器的网页应用，在用户体验等方面存在不足。

2016年，马斯克突然表示要放弃车内应用生态建设，宣布特斯拉允许把安卓和iOS的智能手机应用软件，直接镜像到车内显示屏上。

但就在近几日，经过了两年时间的酝酿，特斯拉继2016年发布的8.0版本的车机系统之后，又开始推送9.0版本的系统软件更新。这个新版本上增添的功能主要就是用于提高安全性。

特斯拉当初为何要放弃独立生态模式？

据从业者分析，一方面，特斯拉用户基础薄弱，自建系统，开发者的兴趣有多大，值得怀疑；另一方面，如果发行开发包自建生态，将会面临巨大的安全风险，而在车内屏幕显示iOS或者安卓软件，特斯拉将能够借助苹果和谷歌两大平台本身的安全防护能力。

2018年初，黑莓宣布与百度达成战略伙伴关系，黑莓表示，百度将在其自动驾驶汽车平台"阿波罗"上使用黑莓旗下的QNX操作系统。百度相中了 QNX 操作系统，苹果也挖走不少 QNX 部门的技术人员。

尽管黑莓手机与苹果和安卓手机相比完全处于下风，但是在汽车领域，QNX 有着相当庞大的"群众基础"。QNX 操作系统已被应用在超过 6000 万辆汽车上，是全球几大主流汽车操作系统之一，主要用来运行车载信息娱乐系统，而且与另外两家巨头相比，QNX 系统还有一个最大的优点——安全。

可以看到的是，主机厂在网络安全方面的经验远低于苹果、谷歌这些科技公司，而苹果、百度又需要借助黑莓的经验。在这条"食物链"上，主机厂的位置不容乐观。

结语

"起风了，唯有努力生存"宫崎骏动画中的这句台词仿佛一语道破主机厂研发车机系统背后的苦涩。

在汽车四化的巨大风口下，传统车企转型更像是押宝。福特前 CEO 马克·菲尔兹因大力度投入智能驾驶，致使福特全球核心业务大幅度下滑，被迫下课。

国内车企面临的"生存现实"更严峻：业界对 2018 年车市的预期已经"统一"成了负增长，在这个捉襟见肘的时期，紧追"智能汽车"的热点确保销量成为更明智的选择。

一边，眼看着先行者荣威 RX5 从 2016 年推出至 2018 年年底累计销量已经超过 50 万辆，正欲紧追热点，市场环境却陡然生变，末端的自主车企已黯然出局，生存压力成了眼前最大的现实。第一口蛋糕的滋味还没尝到。

另一边，迎面撞上科技公司咄咄逼人的气势，未来风口上的这块蛋糕是否就这样拱手让人？

车联网资深人士说："主机厂能不能做成，还是得看愿意砸多少钱。"※

（感谢车联天下、东风本田、长城汽车相关领域专家接受汽车产经网采访）

二、外资品牌篇

奔驰：驶入无人区

■ 文/白朝阳、吴静

驰骋的奔驰，在康松林的带领下正加速驶入无人区。未来的汽车市场充满未知，正像133年前卡尔·本茨发明汽车时那样。

"在2016年之前宝马都是超过奔驰的。但2017年他们竟然比我们多卖了20多万辆，到2020年我们一定会再次成为冠军的！我的团队一定会实现这个目标！"2018年年初，一向温文尔雅的宝马CEO科鲁格向奔驰放出了狠话。

戴姆勒股份公司董事会主席、梅赛德斯－奔驰汽车集团全球总裁蔡澈博士似乎收到了来自科鲁格的挑战，采访中，他总是微笑着，"销量不是目标"。

说"销量不是目标"，蔡澈绝不是假谦虚。一味地纠结2018年卖了多少车，赚了多少钱，确实也不是一个豪华品牌应有的格调，尤其是对奔驰，这个已经站上中国豪华车销量冠军宝座的豪华品牌。

更何况，在智能互联、自动驾驶、共享出行、电力驱动等技术变革的前夜，任何一个有着长远战略的企业，都不应纠结一池一城的得失。若要从长计议，销量在整个企业战略中的分量，自然也会大打折扣。

但是，销量真的就不重要了吗？自1988年奥迪抢先进入中国市场以来，经过30年的追赶，奔驰才终于和奥迪、宝马一起，站上了60万辆的台阶。

二、外资品牌篇

或许，蔡澈的心里话是，销量不是全部目标。毕竟，在规模效应下，车企成本的摊薄，品牌光环的放大，都和销量密切相关。

销量的分量

"我们最晚将在 2020 年超过竞争对手，我对此充满信心。"这是 6 年前的蔡澈对媒体所说的原话，作为 BBA（奔驰、宝马、奥迪的联合简称）中最后一个在华成立合资公司的企业，当年蔡澈的口吻和如今的科鲁格何其相似。

2005 年奔驰告别全球第一，也正是这一年，北京奔驰正式成立。依托于中国市场的快速发展，奔驰在 2016 年重新夺回了全球豪华车市场销量冠军，这比之前蔡澈预计的时间提前了 4 年。

虽然奔驰在中国市场的增速很快，但彼时的中国市场，依旧还是奥迪的天下。

2017 年，当奔驰再次在全球市场夺冠时，宝马再也坐不住了，和之前的蔡澈一样，科鲁格放出了狠话。而彼时的中国媒体圈，正在为奔驰和奥迪到底谁是 2018 年中国市场的销量冠军争论不休。

有媒体称，2017 年奥迪销量为 59.5 万辆，奔驰品牌在华销量为 58.8 万辆，宝马为 57.4 万辆，奥迪以微弱的优势超过奔驰、宝马，夺得了 2017 年中国豪华车市场的销量冠军。然而，这样的提法很快就被另一派的文章推翻：如果按照以往整个公司的销量统计口径，2017 年奔驰加上 smart 品牌在华销量为 61.1 万辆，2017 年第一阵营豪华品牌销量排序应该是奔驰、奥迪、宝马。

如果说，2017 年是豪华品牌在中国汽车市场集体狂欢的一年，2018 年就是豪华品牌在中国市场的砥砺前行之年。中国车市连续增长 28 年的纪录，在 2018 年的"冬天"被打破。虽然"共克时艰"的豪华车市整体增速跑赢了大盘，但前两年高位增长的辉煌显然已不复存在，BBA 之间的"贴身肉搏"在这一年进一步加剧，紧追不舍的奥迪随时准备反超，让销量在上半年暂时领跑的奔驰丝毫都不敢松懈。

穿越寒冬：
2018 中国车市故事

86

在全新 G 级上市后，2018 年 10 月下旬，奔驰在半个月内连续推出了 GLC L 长轴距和中期改款 C 级轿车，重磅走量产品如此密集地推出，在奔驰过往的新车发布中不太多见。而立竿见影的新车效应，让奔驰 10 月份的增长率随之回暖，攀升至 9.2%。

紧接着，11 月 23 日，奔驰长轴距 A 级轿车上市。21.69 万元起售的奔驰 A 级轿车虽然被媒体称为"史上最便宜的奔驰"，搭载了奔驰全新的智能人机交互系统 MBUX。北京梅赛德斯－奔驰销售服务有限公司总裁兼首席执行官倪恺不住"自夸"，"这才是新生代豪华轿车该有的样子"。

作为奔驰新生代家族中的首款轿车，全新长轴距 A 级轿车也是豪华紧凑级轿车细分市场中的唯一一款长轴距车型，这个"唯一"在给竞争对手带来压力的同时，预计也将改变入门级豪华车细分市场的格局。

在 GLC L 长轴距 SUV、改款 C 级、全新 A 级三款新车的"攻势"下，2018 年的奔驰品牌在华销量首次突破 65 万辆，同比增长 11.1%，而全新 B 级，新 GLA，EQC 已经在路上……

奔驰的成功是这代产品的成功？

在华销量实现连续 70 个月同比正增长的纪录，还在被奔驰持续刷新。奔驰到底做对了什么？

2018 年年初，在底特律车展现场，奔驰团队将戴姆勒股份公司董事会主席、梅赛德斯－奔驰汽车集团全球总裁蔡澈博士的专访黄金时间留给了中国媒体。原因很简单，中国是奔驰在全球范围内首次在单一市场突破 60 万辆销量大关的市场。

"这么多年我们一直跟在后面，看着竞品的尾灯，这并不是一件很有趣的事情，而现在，我们已经跑到了前面。对我们来说，更重要的是看清未来发展的方向，并采取正确的方法。"时至今日，从蔡澈的回答中我们仍能隐约感受到他对前些年奔驰落后于奥迪和宝马的一丝"耿耿于怀"。进入"无

二、外资品牌篇

人区"后的奔驰能否持续领跑,也很大程度上考验着这家老牌车企的决心和智慧。

在他看来,"设计、产品组合以及对中国市场的理解"是奔驰过去几年赢回荣耀的关键。

2008年,奔驰新全球设计总监戈登·瓦尔纳上任后,先后通过新一代R级、E级和新一代CLS,确立了以"硬朗、简洁、动感"为特质的全新奔驰家族设计,2013年发布的奔驰S级到现在看来仍然是行业的标杆。相比之前谨慎传统的风格,如今崭露锋芒的设计正式宣告奔驰进入了一个属于戈登·瓦尔纳的时代。

从核心产品力的层面来看,各大豪华品牌时常难分伯仲。这时,颜值即正义。这条准则不仅发生在我们熟知的中国市场,放眼全球,不断攀升的数字也证明了消费者为奔驰新一代设计投下的赞成票。

而从产品构成的角度来看,奔驰在中国市场上的核心产品越来越多,布局也愈加合理。从前两年单纯依靠C级、E级等主力车型,扩充成了依靠包括A级、C级、E级在内的多款轿车;GLA、GLC在内的多款SUV车型,无疑也将进一步增强奔驰在国内市场的整体竞争力。

除了核心"走量"产品国产上市,奔驰在超豪华车型、性能车、MPV车型、A00小型车市场的布局,几乎做到了无可挑剔的地步。

几年前,当迈巴赫停产时,很多车迷唏嘘不已,但当迈巴赫的标志出现

◀ 近年迈巴赫车型
在中国市场销量节节攀升

穿越寒冬：
2018 中国车市故事

在 S 级车产品的高配车型上时，对手们才发现了奔驰的聪明之处：与其树立一个曲高和寡的品牌标本，不如让它在更多用户那里"栩栩如生"。

奔驰的聪明，还体现在重新整合福建奔驰销售网络，刷新奔驰 V 系列的品牌标签，要知道，这是区别于奥迪和宝马的最重要的产品线之一。类似的还有 smart、AMG 车型……一个豪华品牌营销负责人曾不无羡慕地对汽车产经网表示，"奔驰几乎在豪华品牌的每一个细分市场，安排了最得力的战士。"

有人说，奔驰的成功是这代产品的成功。

好产品自然是成功的基石，但在整个营销体系里，渠道、传播、定价等，也都是必不可少的部分。

稳步推进的产品线布局、稳健的市场战略、稳定的经销商网络，稳，是奔驰在华近几年来发展的最明显特征。所以即便是在 2018 年的市场低迷期，奔驰依然能稳步上涨，持续领跑的势头依然坚挺。

以渠道为例，奔驰经历在华"渠道革命"之后，深切地感受到了渠道力的重要性。

2011 年前后，奔驰中国、北京奔驰、利星行（早在 20 世纪 80 年代，利星行就获得奔驰轿车在国内的独家代理权，引进并销售奔驰汽车，2006 年奔驰收回总代理权限）三方渠道，都拥有强大的话语权。由于进口车利润较高，奔驰经销商更愿意销售进口奔驰，而对于国产奔驰，经销商们普遍情绪不高。经过那次旷日持久的带血磨合，奔驰终于统一在华的渠道，并不断壮大。

数据显示，截至 2018 年，奔驰在华经销商网点覆盖 227 个城市，总数接近 600 家，而在 2012 年，这个数字仅有 300 多家。强大而稳定的销售网络，是奔驰在华销量稳步增长的重要前提。

"事到盛时须谨慎，境当逆处要从容。""即使冬天真的来了，也并不意味着我们就可以什么也不做。汽车市场本来就是一个高度竞争的市场，每一个厂商都会从自己的角度找到适合自己的产品、手段和方法。我们也是一样，不管从内部深挖，还是从外部继续扩大传播和影响力，大家都在各自不同的方面努力。"在 2018 年下半年奔驰新一代 C 级车上市之际，北京奔驰销售公司执行副总裁段建军对媒体如是说。

成为销量引领者的奔驰，需要打开"远光灯"，谨慎开启新的征程。

蔡澈和燃油车之后

"蔡澈完美带领戴姆勒走过了燃油车的竞争时代，而电动车时代的角逐问题，就由这个年轻的继任者来领航吧。"

2018年9月27日，戴姆勒集团正式宣布，董事会主席蔡澈博士将在2019年5月正式卸任，研发负责人康松林届时将正式接任他的职位。对于此次的人事调整，不少行业人士给出了以上评价。

燃油车的竞争时代是否已经尘埃落定，这个问题还有待商榷。但毫无疑问的是，电动车时代的"角逐"早就拉开序幕，并进入"实战"阶段。这一点在中国市场更加明显。

2018年9月，奔驰在瑞典斯德哥尔摩发布了旗下电动子品牌EQ的首款量产SUV——奔驰EQC，并计划在2019年底正式进入中国市场。相较于2020年才能实现国产的奥迪e-tron和宝马iX3，毫无疑问，明年就将实现国产的奔驰EQC，占据了明显的先发优势。

在BBA阵营，最先发力新能源领域的是宝马，其先发优势明显。而起步稍晚的奔驰，则是奋力追赶的"后进生"。根据此前奔驰发布的新能源汽车规划：2022年之前，奔驰将推出超过50款新能源汽车，其中将有超过10款纯电动车型，新能源汽车占其总销量的15%~25%。到2022年，戴姆勒将实现整体产品阵容的电气化。

其实，相对产品端宏大的布局，眼下的奔驰正在通过内部的革新，为其在全球发展构建全新的脉络。2018年年中，戴姆勒集团发布公告，宣布将在2020年进行集团架构重组，将五大事业部"一分为三"。届时，戴姆勒集团将包括三个独立上市公司：梅赛德斯–奔驰公司，戴姆勒卡车公司和戴姆勒出行公司。

smart 概念车亮相北京车展

当然,戴姆勒的布局,还不止这些。

自 2016 年发布"瞰思未来"战略以来,奔驰便开始通过在智能网联、自动驾驶、共享出行和电力驱动四大领域的无缝整合,以应对愈加开放、创新的市场环境和不断升级的消费需求,也在进一步促使奔驰从汽车制造商到新一代出行服务商转型。

以共享出行为例。2018 年 3 月 28 日,戴姆勒与宝马宣布将对目前戴姆勒 Car2Go 与宝马 DriveNow 的共享出行业务整合,成立新合资公司,双方各持 50% 股份,覆盖即时出行、汽车共享、网约车、数字化停车及充电服务。在中国市场,戴姆勒也携手吉利组建合资公司,提供高端专车出行服务。种种迹象都在表明,奔驰正在加快向出行服务商转型的步伐。虽然在中国市场和北美市场,滴滴和 Uber 两家公司在出行领域占据统治地位,但未来,奔驰和宝马、吉利的强强联合,也让这场出行之战充满了变数。

从追赶到引领,奔驰用了十几年的时间,而这一次,面对世界最大的汽车市场中国和汽车四化的巨大窗口期,奔驰不再放弃任何一个机会。

下一步,"瞰思未来"战略如何在全球范围内进一步落地?在奥迪和上汽,宝马和长城结盟后,奔驰如何进一步开发中国市场的潜力?

驰骋的奔驰,在康松林的带领下正加速驶入无人区。未来的汽车市场充满未知,正像 133 年前卡尔·本茨发明汽车时那样。※

宝马：扩建中国朋友圈

■ 文 / 董楠

既能平衡现有合资关系并率先打破股比限制，又能推进第二家合资公司快速落地，2018年的宝马堪称车圈赢家。

2018年，宝马在中国市场接连抛出两个重磅消息。

宝马不但成为中国股比政策放开后首个试水的跨国企业，同时，它也在中国寻找到了第二家合作伙伴。

2018年4月举行的博鳌亚洲论坛上，中国汽车产业合资股比加速放开的趋势被正式定调。

随后，国家发改委公布，汽车行业将分类型实行过渡期开放政策。其中，乘用车外资股比限制将在2022年取消，通过5年过渡期，汽车行业将全部取消限制。

3个月后，随着中德领导人会晤，宝马率先扩大股比的消息被公开，同时浮出水面的，还有传了很久的长城宝马合资一事。

联系2018年4月北京车展上宝马4位董事同时亮相的场景，或许就不难理解宝马这一年对中国市场显示出的前所未有的重视程度背后的故事了。

中国：成长最快单一市场

2018年4月，北京车展上，宝马集团4位董事同时出席，在此之前，宝

穿越寒冬：
2018中国车市故事

马集团还做了一项重要决策：将宝马集团负责企业财务的董事彼得（Nicolas Peter）博士委派至中国，直接负责中国市场，中国也成为宝马唯一一个由专职董事会成员负责的市场。这一点与大众集团专注于中国市场的做法如出一辙。

宝马对于中国市场的重视不仅来自中国已经成为宝马成长最快的单一市场这一事实，也来自宝马在华晨宝马合资15周年之际迎来了一款重磅车型——国产X3。

简单点形容，2018年，宝马在中国市场的动作不仅多，而且大。

2018年12月，宝马以新一代X5为X之年收官，这一年，宝马拿出了原汁原味的X3，集结了X2、X4及新一代X5。

2018年X3加入宝马国产阵营，并且经历了与豪华中型SUV最激烈竞争的一年。这一年奔驰、奥迪相继迎来豪华中型SUV GLC、Q5L的换代。在GLC、Q5L选择加长来迎合中国市场时，宝马却以"原汁原味"试图引领豪华中型SUV的审美，主打宝马擅长的操控性，而不以加长取悦用户。

尽管X3在7月上市后，还没有为宝马带来更为明显的销量拉动，但是，宝马（中国）汽车贸易有限公司总裁刘智博士表示，在终端市场消费者对X3的追捧度很高，经销商也对这款车型很有信心。

"X3预计真正发力是在明年，等到产能完全释放，我相信它会对宝马整个销量的拉动起到立竿见影的效果。"刘智对X3在2019年的市场表现很有信心。

作为进口车型，X2、X4的上市，丰富了宝马在中国SUV市场的车型矩阵，这样的产品布阵也传递出宝马对中国SUV市场发力的决心。

尽管中国汽车市场在2018年经历下滑，曾经增长最快的SUV市场在这一年市场份额也开始下降，但是，刘智认为，豪华SUV市场的情况却正好相反。

"中国汽车用户升级需求依然存在，豪华SUV市场仍然保持增长。"对SUV市场，刘智依然非常笃定。

二、外资品牌篇

与长城的来来往往

长城与宝马可能合资的消息在2017年10月就被媒体曝出，但是双方都发布了声明予以否认。而事实上，在这一阶段，宝马与长城已经在对MINI品牌国产进行可行性探讨和评估，由于其中拥有着诸多不确定性因素，使两家上市公司在这一阶段都不能做出肯定的答复。

但是大家都知道，宝马与长城双方是有多需要这一次合资。

对于长期单打独斗的长城来说，与诸如吉利、长安等自主品牌车企相比，更渴望得到一家国际豪华品牌车企的背书。

宝马在国产车型的占比上落后于奔驰、奥迪是导致其销量一直未能打破二者领先格局的一个重要原因。为此，宝马不仅在2018年增加了国产车型的数量，并投资扩大产能，还期望将一直未能国产的MINI品牌在中国落地。

而在中国市场竞争愈加激烈的BBA，都有着在中国寻找第二家合资伙伴的念头。奥迪已经领先一步，宝马成为第二家。

有了奥迪的前车之鉴，宝马在寻求第二次合资上显得更为谨慎。尽管在与华晨的合资中，宝马占据着绝对话语权，但是，多了一个合作伙伴，宝马必须平衡好两个合作伙伴的关系。

双方各出资50%，合资公司命名为光束汽车有限公司等一系列合资事宜在2018年7月正式敲定，这也成为宝马在全球范围内的第一个电动汽车合作项目。

但是，双方的合资不只包括MINI品牌电动车国产，二者的首款合资车型将是一款全新的纯电动紧凑级SUV，随后才会国产纯电动MINI。

在渠道问题上，宝马也规避了奥迪在与上汽合资中闹出的渠道纷争，首先声明了"不会新建渠道"来安抚投资人，与长城达成的一致意见是：纯电动MINI车型将在宝马现有渠道中销售。因此，二者的合资也得到了宝马投资人的支持。

在长城汽车董事长魏建军眼里,这场合资甚至是"最有质量的合资"。所谓质量,是双方打破了一方提供技术,一方负责生产的传统合资模式,而是从产品定义到研发生产,都由双方共同参与,产品也将面向全球市场。2018年10月,宝马与长城合资的工厂已经规划完成,并计划在张家港动工,二者在公布合资消息后进展迅速。

对于宝马来说,这也是一次MINI品牌全球化战略落地的关键之举。

2017年7月,宝马宣布在英国生产MINI纯电动车型。在中国市场,宝马同样需要一款深入人心、价格也更为合适的电动车产品来满足中国消费者。2003年就进入中国市场的MINI品牌,国产后无疑能够进一步完善宝马的战略布局。

在中国的电动车市场,MINI只是一小部分。宝马增资华晨宝马,则是在中国市场进行的一次更大的布局。

率先打破股比限制

一方面与长城开始稳定的恋爱关系,一方面"再婚"后的宝马能够成功安抚华晨,这一点也显示出了宝马相比于奥迪的精明之处。

随着宝马在华晨宝马的股比提升至75%,宝马成为首个加大股比的外资企业,股权转让将于2022年完成。除此之外,华晨宝马还宣布将延长合资协议到2040年。

宝马在华晨宝马15周年庆典活动上还公布了一项更大的投资计划:

宝马将追加投资,其中30亿欧元用于扩大华晨宝马的产能;另外,宝马计划引入更多新车型进行本土化生产,包括宝马X5以及首款国产纯电动SUV iX3等。

随着宝马30亿欧元陆续投入到沈阳新建铁西工厂、改建大东工厂,未来3~5年内,华晨宝马年产能将达到65万辆/年。

在电动化方面,宝马也将更多的资源向华晨宝马倾斜。

2017年,宝马位于沈阳的动力电池中心正式启用,宝马也因此成为首个在中国布局动力电池中心的豪华品牌。2018年5月,华晨宝马动力电池中心二期正式奠基。

华晨集团党委书记、董事长祁玉民在此次股比变更中,也显示出了积极的态度。在媒体采访中他曾说道,宝马与华晨双方都是此次股比开放的受益者。合资公司30亿欧元增资后,华晨集团的收益不会减少,相反会随之增加。他认为,股比变动的初衷是保障合资公司的发展以及双方股东更大的经济效益。

四化快节奏落地

2018年3月,宝马中国迎来了一位更年轻的领导者:曾任华晨宝马营销高级副总裁的高乐接替康思远,成为宝马集团大中华区总裁兼首席执行官。

与康思远一样,高乐在中国工作了很长时间,拥有着非常丰富的"中国经验"。同时,高乐也是历任这一职位的高管中最年轻的一位,选择这样一位懂得中国的年轻CEO,无疑对其推进第一战略在中国的落地寄予厚望。

2016年,宝马集团提出面向未来的"第一战略",针对中国市场,高乐提出了更加具有针对性的"2+4"战略,"2"指的是宝马集团BMW和

MINI 两个品牌的核心业务，"4"指的是宝马的"ACES 战略"，即"自动化、互联化、电动化、服务化"。

2018 年，高乐拿出的成果是丰硕的。

◎ 电动化领跑 BBA

在宝马纯电动车正式于中国生产之前，宝马已经与中国最大的动力电池供应商开始了深度合作。

2018 年 7 月，宝马集团与宁德时代签订了高达 40 亿欧元的长期电芯供应合同。

随后，华晨宝马与宁德时代签署战略合作协议，包括华晨宝马拟向宁德时代购买电池产能建设项目，采购动力电池产品，并同意在双方约定条件得到满足的情况下，华晨宝马有权选择向宁德时代进行股权投资。

所谓深度合作，不仅停留在采购环节，"华晨宝马希望通过与宁德时代建立战略合作伙伴关系，第一时间掌握此方面技术。"华晨宝马总裁兼首席执行官魏岚德曾对媒体描述，将与宁德时代展开技术层面的合作时说道。

尽管 BBA 中，奥迪、奔驰都宣布其首款国产纯电动车型 e-tron、EQC 将配装宁德时代电池，但是在合作层面，宝马显然与宁德时代进行了深度绑定，甚至不排除未来华晨宝马入股宁德时代的可能。

据了解，在与宁德时代合作的初期，华晨宝马的专家便与宁德时代技术人员建立联合开发团队，共同解读动力电池生产标准，建立工艺流程，在华晨宝马动力电池中心设计期间，宁德时代给予了专业意见。

事实上，在 BBA 德系三强中，宝马在新能源汽车方面的布局处于领先地位。宝马不仅最早独立了新能源汽车品牌，也最早成立了新能源汽车事业部。在本土化布局方面，宝马更是领先于其他豪华品牌车企。

"对于新能源汽车来讲，除了产品本身的产品力，整个基础设施的建设、电动出行生态体系的建设，比单独的产品更加重要。"华晨宝马汽车有限公司营销高级副总裁高翔在 2018 广州车展接受媒体采访时再次强调了宝马全面

二、外资品牌篇

◀ 宝马纯电动车型 iX3 将在华晨宝马工厂生产

布局电动化的思路。

也正基于此,宝马首款国产纯电动车型 iX3 的上市时间要晚于奔驰、奥迪。但是一家百年豪华品牌车企选择将首款国产纯电动车型仅放在中国生产并出口,这是目前其他豪华品牌车企做不到的。

另外值得一提的是,2018 年,华晨宝马的插电混动车型已经在中国新能源市场获得了可观的市场份额。2018 年前 10 个月,宝马在中国市场的新能源车型销量达到 1.6 万辆,其中贡献最大的就是宝马 X1 插电混动车型和 5 系插电混动车型。在插电混动市场,宝马领先于所有跨国集团。

◎ 智能网联抢跑

2018 年,除了宝马电动化方面的进展斐然,在智能化、网联化、和移动出行方面,宝马也都保证了有节奏的落地。

2018 年 5 月,宝马在上海拿到智能网联自动驾驶测试牌照,成为首家在中国获得自动驾驶路试许可牌照的国际整车制造商。

2018 年 9 月,中国联通与宝马集团在北京签署了《宝马互联驾驶下一代移动通信业务合作协议》。本次协议的签署标志着双方在车联网业务上的合作将持续到 2025 年。

2018 年 11 月,宝马拿到了成都市颁发的"网络预约出租汽车经营许可证",

成为在中国首个获得网约车牌照的外资车企。12月，宝马投入的200辆宝马5系在成都正式运营。

将这些信息串联起来，或许看到的不是四化在中国落地的明朗化成果，但是对于宝马来说，却意义非凡。

自动化作为宝马"第一战略"中的一部分，在技术研发中，宝马坚持自动驾驶研发必须完成至少2.5亿km的测试，并通过分析测试获得基础数据，使用随机模拟对各种情况进行推演，保障量产自动驾驶汽车的行驶安全。

在中国获得自动驾驶路试牌照，意味着宝马可以通过在中国路试积累适合中国工况的大量数据。而更高级别的自动驾驶实现，5G是基础，它能够保证车与车、车与环境之间的信息交换，能够保证大量数据的高速传输。

对于宝马来说，专门成立子公司来运营网约车，其目的并不是在中国出行市场与滴滴竞争。在第一战略发布时，宝马提出的目标是，从汽车制造商向个人出行服务提供商转型。

至此，在2018年，我们已经可以看到宝马第一战略关于电动化、自动化、互联化、共享化方面在中国的进展。这些进展已经走在了其他豪华品牌车企之前。

在2018年第三季度财报中，宝马公布了一项数字：宝马正加大在电气化转型以及自动驾驶方面的投入。财报显示，宝马2018年前9个月研发费用较2017年增加了11.4%，达到38.8亿欧元，这一数字占2018年前三季度总营收的7%，较2017年的6.2%上升0.8个百分点。

在相比往年更加低迷的车市里，宝马选择了对未来加大投入。在中国，宝马不仅拥有了更多合资伙伴，牵手宁德时代，与联通5G的合作等，更为"四化"在中国的推进做着积极准备。这家百年德国豪华品牌车企深谙一个道理：朋友多了路好走。※

二、外资品牌篇

奥迪：下个三十年

■ 文 / 吴静

> 2018年之于奥迪是个大年，它不仅是一汽与奥迪携手的30年，也是奥迪在华保有量达成500万辆之年，更是奥迪在华下个30年的启幕之年。除了一汽奥迪，上汽奥迪也即将入局。下个30年，预计奥迪在华的故事也将更精彩。

11月29日，媒体爆出了一汽奥迪全新销售公司将落户杭州的消息，继9月份之后，"奥迪南下"的消息，在这一年第二次甚嚣尘上。这个意外的插曲，也让奥迪的2018年变得更加让人关注。

而曾经被媒体解读为"黑天鹅"事件的上汽奥迪，如今，已经转变为奥迪在华整装再出发的号角。下个三十年，也变得更值得期待。

"一直以来，我们和经销商都处于一种加速领跑的状态，但是再好的体格，在长期加速跑之后也需要休整、补充体力，今年的挑战就是在提醒我们：必须要放慢脚步缓口气，重新调整一下状态，好好理顺家里的关系，只有这样，将来才能够齐心继续领跑，并跑得更快、更远。"

2018年到来前夕，在"一汽－大众奥迪2018新年晚宴"上，一汽－大众奥迪销售事业部副总经理胡绍航用了这样一段简短而有力的话语概括了奥迪在2017年遇到的一场危机。

危机过后，转眼进入"而立"之年的奥迪，便发起了史上"最猛攻势"。

穿越寒冬：
2018 中国车市故事

100

"北奥迪"猛攻

猛攻背后，我们还需要熟悉一个背景：1988 年，当中国汽车工业史上第一个豪华车技术转让合同——"关于在一汽生产奥迪的技术转让许可证合同"正式签署的时候，奥迪便在华正式开启它的全新征程，并在随后的 30 年，引领了中国汽车消费进入高端豪华的新时代。

"比如，我们树立了中国汽车产业合作共赢的第一个成功典范，率先开辟了中国高档车各主流细分市场，建立了领先成熟的高档车服务营销体系，第一个将全球标准 4S 店服务模式引入中国；再比如，我们创立了独有的'全价值链本土化'模式，国产奥迪 A6 的加长版开创了中国高档车本土化研发的先河……"在一汽奥迪的 30 周年庆典上，中国第一汽车集团有限公司董事长徐留平细数着这 30 年来，奥迪进入中国市场之后创造的纪录。

诚然，30 年来销量实现引领的奥迪，给中国豪华汽车市场做出了不可磨灭的贡献。它见证并推动了中国汽车工业在过去 30 年的发展，开创了一条让

▼ 2018 年奥迪在华保有量达到 500 万辆

其他品牌纷纷效仿的成功路径，率先实现国产，率先"加长"，率先成为突破500万辆规模的豪华汽车品牌……以行业引领者和标准制定者的身份，奥迪在中国市场创造了一个又一个里程碑。

可时过境迁，在一汽奥迪"而立"之年的时间节点，豪华汽车品牌BBA又重新站在了新的起跑线上。昔日轻松笑傲群雄的奥迪，如今已经没有绝对优势。为了在下一场回合中实现引领，奥迪不得不"先下手为强"。

"最猛攻势"是从产品先开始的，作为奥迪在华产品和品牌的"双大年"，2018年，在产品方面，一汽奥迪一共导入16款产品。

全新引入6款	奥迪Q2L、奥迪Q8、奥迪RS 4 Avant、奥迪S4、奥迪A4 Avant、奥迪RS 3 Sportback
全新换代5款	全新奥迪A8L、全新奥迪Q5L、全新奥迪A7、全新奥迪SQ5、全新奥迪RS 5 Coupé
改款产品5款	奥迪A4L 19年型、奥迪Q3 19年型、奥迪A4 allroad quattro 19年型、奥迪A5 19年型、奥迪A6L 19年型

随着奥迪A8、奥迪Q2L、奥迪Q5L等多款重磅车型的到来，2018年，奥迪全年销量再创新高，累计交付新车660888辆，同比增长11%。

品牌方面，堪称豪华品牌年度风向标的活动——奥迪品牌峰会，已经两次将举办地点设在中国。奥迪董事会主席兼CEO施泰德说，把奥迪品牌峰会暨奥迪Q8全球首发放在中国举行，是奥迪对中国作为最大单一市场的尊重。

此次奥迪品牌峰会上，奥迪还展示了一项充满想象力的雄伟计划：奥迪要成为第一个登月的汽车品牌。2019年，奥迪将会把两辆奥迪lunar quattro月球车送上月球。这项始于2015年奥迪与德国太空旅行科研团队"PTScientists"的合作，即将迎来最后的考验。

一方面，为了适应月球表面恶劣的自然环境，奥迪将先进的轻量化、电气化和四驱技术融入其中；另一方面，这样一场探索或许为人类了解月球提供了更多的可能。在奥迪看来，这像是一场技术竞赛，通过登月计划不断优化技术，来证明自己的创新 DNA 和技术进取精神。

"南奥迪"不难

再将目光转向地球，作为中国市场上唯一一个拥有两家乘用车合作伙伴的豪华车品牌，而立之年，奥迪又有了全新的突破：6月26日，上汽集团董事长陈虹在上汽集团2017年度股东大会上，回答投资人提问时透露："奥迪已经在上汽大众持股1%。"在德国大众集团将其持有的上汽大众股份中的1%转让给奥迪公司之后，上汽大众正式取得生产和销售奥迪产品的资质。

为了更快推进上汽奥迪项目的落地，奥迪在人事方面也提早做了充分的准备。

2018年3月，大众汽车集团（中国）官方宣布：上汽大众技术执行副总经理冯克定博士将于2018年7月1日起出任西雅特品牌副总裁，负责生产和物流。现任奥迪品牌C级、D级SUV和跨界车型产品负责人Fred Schulze先生将接替冯克定博士在上汽大众的职务，负责上汽大众的制造、物流和产品管理业务。

继奥迪取得上汽大众1%的股权之后，2018年7月，上汽奥迪项目又向前迈出了重要的实质性一步。据媒体报道：上汽大众有限公司奥迪品牌事业部已经成立。上汽大众销售与市场执行副总经理、上汽大众汽车销售有限公司总经理贾鸣镝，兼任上汽奥迪品牌事业部负责人。

除了人事安排，工厂建设也在不断推进。10月19日，上汽大众首个纯电动MEB平台工厂在上海安亭正式开工建设，新工厂计划于2020年10月建成。上汽集团董事长陈虹表示，新工厂将投产包括奥迪、大众、斯柯达等品牌的全新一代纯电动汽车。目前，上汽奥迪还没有官方公布将要投产的首款新能源车型，但有消息称，上汽奥迪首款新能源车型最早将会在2020年正式投产。

关于上汽奥迪的首款燃油车，外界猜测可能是奥迪A7。目前，上汽大众已经将中大型轿车辉昂国产，而辉昂和奥迪 A7 都源自 MLB Evo 平台。根据此前媒体爆料，从上汽大众技术解决方案合作商处得到的消息显示，上汽奥迪项目目前正处于国产化零部件的重新设计和认证阶段。上汽奥迪国产车型也有了明确的投产排期，首款国产车型很可能就是奥迪 A7。合作商透露："未来上汽奥迪将有多款国产车型，A7 只是其中先行的一款。"

上汽奥迪项目已经敲定，如今，产品落地量产只是时间早晚的问题。而对于一汽奥迪，改变其实也在慢慢发生。

奥迪还能领跑吗？

上汽奥迪事件的"坎"儿，让奥迪也借此"捋"顺了包括一汽与奥迪股东双方、经销商在内的方方面面的关系。比如，一汽与奥迪签署了具有里程碑意义的新十年商业计划等。

在一汽奥迪的三十周年庆典上，还有一个略显低调但却值得玩味的细节：在以前各种官方的表述中，惯用的是一汽-大众奥迪的称谓，而此次，却首次直接使用了一汽奥迪。显然，这样的表述预示着一汽与奥迪合资合作的新起点。

其实早在 2018 年 3 月 7 日，中国第一汽车集团有限公司携手长期合作伙伴大众汽车股份公司和奥迪股份公司，在日内瓦车展期间签署《成立一汽-奥迪销售公司的谅解备忘录》和《建立移动出行和更多的数字化业务相关服务新合资公司的谅解备忘录》。

根据备忘录，合作各方将在 2018 年成立全新的"一汽-奥迪销售公司"和"一汽奥迪移动出行服务（中国）有限公司"。其中，一汽-奥迪销售公司为一汽-大众汽车有限公司的全资子公司，将作为奥迪在中国的销售总部，承接产品行销、品牌塑造及网络建设等职能，并拥有独立的人事、财务、采购许可权。而一汽奥迪移动出行服务（中国）有限公司将由中国一汽、奥迪股份公司、一汽-大众和大众中国四方共同出资。

9 月，有消息透露，一汽奥迪全新销售公司将落户杭州，但由于内部意见难以统一而迟迟没有定论。但此事并未因此而一直搁置，11月29日，又有媒体曝出消息称，一汽奥迪销售公司意向注册城市依然为杭州。

如果一汽奥迪"南下"，在此前自己并不占优势的南方市场深耕，或许这也将成为奥迪布局未来的重要一步。

关于未来出行，早在2017年9月，奥迪就已经针对高端用车市场需求推出"Audi on demand + 移动出行"服务产品，而新移动出行合资公司的成立无疑还将进一步加速奥迪在移动出行领域的发展。在智能网联方面，2018年7月，奥迪与华为也正式签署智能网联汽车谅解备忘录，双方将推进自动驾驶与数字化在汽车服务领域中进一步深耕。

而在新能源汽车领域，为了不断扩大在中国市场的产品布局，根据规划，截至2022年前，奥迪将在中国市场投放10款纯电动车型，其中包括5款纯电动SUV车型。到2023年，奥迪在中国市场内的国产车型将比现在增加一倍以上。

此外，奥迪也公布了其"2025新能源汽车战略目标"。预计到2025年，奥迪在华完成新能源车辆销售80万辆的目标，包括纯电动和混合动力，营业利润达到10亿欧元。奥迪强调，这个计划不会影响其8%~10%的运营利润率目标。根据相关资料，该计划目标将超越宝马、奔驰新能源目标销量的15%~20%。舆论普遍认为，奥迪完成2025年80万辆新能源汽车的销售目标难度不小。因为奥迪目前缺乏纯电动车型，2017年混合动力车型的销量仅为1.6万辆，在奥迪全年187万辆的总销量中微不足道。

奥迪股份公司管理董事会主席施泰德强调，大众集团在未来会将更多的资源向中国市场倾斜："在奥迪未来5~10年400亿欧元的投资计划中，将主要投资在数字化和电动化领域，同时投资额中的大部分将应用于中国，大众集团在人员配置上也在中国业务上配备了更多的工作人员。"

显然，在这个全球最大的汽车市场和新能源汽车市场，奥迪已经做好了十足的准备，而已经放慢过脚步缓了口气，重新调整好状态，也理顺了关系的奥迪，它在中国的未来，值得去期待。※

日系豪华车：换档加速的机遇

■ 文 / 吴雪

> 新车型的加持和关税调整，正在为日系豪华车的进击提供一个换档加速的绝佳机遇。应时、求变，日系豪华车正在进取之路上砥砺前行。

"在北美与BBA抗衡的日系三大豪车，为何在中国的销量与北美相比相差甚远？"

自从十几年前日系豪华车三强陆续进入中国之后，这个问题就不断被关注和提起。

20世纪80年代在北美诞生之初，雷克萨斯、英菲尼迪和讴歌曾凭借与德系、美系豪华车不同的东方工匠精神，迅速实现口碑和销量的双丰收。2018年美国豪华品牌汽车销量排行榜显示，如今雷克萨斯、讴歌、英菲尼迪的销量分别稳居美国的第三、五、六名，与德系豪华车分庭抗礼。

与征战北美市场的叱咤风云不同，从2005—2007年相继进入中国市场时起，它们一直没能展示出与BBA抗衡的实力。

仅从2018年的数据来看，BBA的销量均已超过60万辆，全年总销量接近200万辆，并且增长势头迅猛。但反观日系豪华车三强，总销量约20万辆，差距悬殊。

虽然雷克萨斯凭借不错的口碑和新上市的全新ES系列，继续稳居豪华品

穿越寒冬：
2018 中国车市故事

牌中国第五的位置，但销量与 BBA 相比仍有巨大差距。相较而言，英菲尼迪和讴歌的市场表现则相当落寞。"英菲尼迪和讴歌销量败于红旗"，在有些媒体报道中，甚至出现了这样的标题。

虽然日系豪华车从目前的销售数量上看，还没有跨越式的进步，但 2018 年关税下调和中美贸易战对竞争对手造成影响，以及年轻消费群体个性化和差异化的需求，的确为日系豪华车的进击提供了一个换档加速的机遇。

回顾 2018 年雷克萨斯、英菲尼迪和讴歌的品牌战略和市场表现，不管是重磅新车的引入，还是宣传口号的更新，我们也都可以从中看到它们为抓住时机、应对变化所做的努力。

雷克萨斯：国产还是进口不是一个问题

"10 年后的新闻算大新闻吗？"

这是 2018 年 12 月初，当雷克萨斯第 N 次被曝出将要国产的消息后，雷克萨斯日常媒体沟通群中市场部相关人士的非官方回复。

事情起源于一篇名为《官宣：丰田豪华品牌雷克萨斯确认由一汽国产》的报道，一时间，各家媒体纷纷跟进，吃瓜群众群情沸腾，一个讨论多年的老话题重新回到了大众视野。只是不久之后，这一消息被确认是来自一汽集团 10 月 20 日官微的一篇旧推文，根据文章内容判断，雷克萨斯国产并没有定论，只是一汽集团未来 10 年要努力的方向之一。

虽然最后被证明是乌龙一场，但一则旧文还会被当作新闻，而且引发如此大的舆论反响，足见人们对雷克萨斯国产的关注。

而与其他车型国产消息出现时的"万众期待"不同，几乎每次雷克萨斯要国产的消息一出现，评论区都会被呼吁千万不要国产的内容攻占。让人印象最为深刻的当数 2017 年 8 月，丰田汽车社长丰田章男发布了他个人的第一条新浪微博，而在这条微博下，最热的评论都在"请求"丰田社长千万不要国产雷克萨斯车型。"就一个要求，不要把雷车国产！别的没了，好好造

二、外资品牌篇

▲ 雷克萨斯全新 ES 亮相北京车展（汽车产经网拍摄）

车……""社长好啊，一个小建议：雷车千万千万不要国产！不要国产！""欢迎欢迎，雷车千万别国产"……类似留言，比比皆是。

除了不时曝出国产消息让雷克萨斯屡上头条，依靠"年轮"式增长实现的厚积薄发，是雷克萨斯 2018 年成为媒体焦点的另一个原因。

2018 年，雷克萨斯在华销量已经累计达到 160468 辆，同比增长高达 21%。在豪华车市场平均增速仅为个位数的大环境下，雷克萨斯的成绩显得更为亮眼。

"销量的增长只是努力的结果而已。"此前，在谈及 2018 年雷克萨斯的在华表现时，雷克萨斯中国执行副总经理大竹仁认为，正是因为雷克萨斯一开始没有着眼于销售数字的增长，而是把主要精力放在提高服务水平和品牌推广上，当机会来临时，才能从容地证明自己的实力。

关于服务，雷克萨斯有一个口号——超越期待的服务。"一个品牌成功的关键是留住初次购买者的心。"大竹仁认为，汽车厂商有三次为消费者提供服务的机会：第一是新车销售时，第二是售后服务，第三是二手车市场置换。汽车厂商只有在这三个机会中提供超越期待的服务，才能留住消费者，实现销量的可持续增长。这正是雷克萨斯的秘诀之一。

在品牌推广上，2018 年，雷克萨斯则尝试了众多时尚、文化、艺术、商业等领域的跨界营销。不管是在多个城市举行的"YET 兼·融之道——LEXUS 雷克萨斯探享之遇活动"，还是连续举行了 4 年的"匠心之旅"，都让消费者更好地理解了"YET 兼·融之道"的设计哲学，进而建立更深厚的情感连接，在雷克萨斯看来，这是品牌本土化的必经之路。

一直以来，雷克萨斯坚信，国产只是本土化的最后一步，在此之前，更重要的是品牌本土化和产品本土化等环节。

"2019 年，中国豪华车市场仍将有一定增长，但同时也存在一些需要注意的风险，比如在排放标准、燃油经济性指标和对新能源汽车占比上的要求会变得更严格。作为生产厂家，我们首先要生产出满足客户需求的产品，同时也必须严格遵守相关法律法规，只有做好这些工作，销售数量才会稳步增加。"对未来一年雷克萨斯的发展，大竹仁有着清醒且乐观的判断。

虽然，关于雷克萨斯未来是否会实现国产，依旧没有确定的消息，但当关税降低，进口的雷克萨斯定价会比竞争对手的国产车更具竞争力；"超越期待的服务"和多重品牌推广活动，让更多消费者与这个品牌建立了深厚的情感联系，国产还是进口，似乎不再是影响雷克萨斯在华发展的主要问题。

英菲尼迪的潜能

"奋进之年如何奋进？未来 5 年走势如何？英菲尼迪全新 QX50 的后续市场表现将至关重要。"在 2018 年 6 月 10 日全新 QX50 上市的那个夜晚，汽车产经网曾经对这款重要车型给出了以上定义，并发出了"全新 QX50 能否打破英菲尼迪沉寂局面"的疑问。

半年之后，英菲尼迪传来捷报。在创造入华以来历史最佳 10 月单月销量之后，英菲尼迪继续砥砺前行，11 月整体销售 5009 辆，同比增长 8.7%。其中，Q50L 与 QX50 两款国产车型 11 月销量为 3671 辆，以 73% 的整体销量占比成为英菲尼迪销量稳健攀升的最强助力。

在经历了两年沉寂、搬迁、裁员的风波之后，全新 QX50 或许成为英菲尼迪对未来 5 年信心倍增的开端。作为 5 年 5 款国产新车的首款车型，全新 QX50 从外观设计、内饰氛围、动力性能和智能安全 4 个维度全面挑战桎梏，以面向未来的产品力，诠释了豪华中型 SUV 的全新定义。

在 2018 年 6 月，英菲尼迪发布了全球品牌口号"EMPOWER THE DRIVE"的中文表达——尽释潜能，这也是英菲尼迪国产以来，继"敢·爱""挑战者"之后更换的第三个宣传概念。

英菲尼迪汽车有限公司前总经理陆逸和执行副总经理雷新在接受采访时曾表示，"尽释潜能"背后代表的是英菲尼迪希望做"小而美"的品牌初心。"小而美"，对于市场占有率不高的英菲尼迪来说，似乎找到了一个更精准，也更容易贴近消费者的品牌表达。

除了得益于强大的产品"硬实力"和精准的产品定位，英菲尼迪在销量上的增长，同样离不开在经营力上的全面革新。

在经历了 2017 年年中的经销商退网风波后，2018 年，通过在 10 个省份排名前 50 的城市深耕细作，英菲尼迪整体经销商网络得到进一步优化与扩展，"1050"战略初见成效。为了与经销商实现"双赢"，最近，英菲尼迪全网正在导入平衡积分卡管理模式，以此来提升经销商业绩。与以往相比，英菲尼迪变得更加注重经销商的盈利水平。

在售后服务方面，英菲尼迪也做出了一些创新性尝试，推出客户服务微信平台与小程序，通过提供预约维修保养、道路救援等贴身服务，切实满足客户需求。

可以说，通过打造强大的产品实力，确定准确的宣传概念，革新企业经营力，不断优化经销商网络，英菲尼迪正在为深耕中国市场而继续努力。

虽然，从产品布局到提升客户体验，英菲尼迪都不是第一个冲出起跑线的玩家，但是，从英菲尼迪的一系列动作来看，习惯稳扎稳打的陆逸和雷新非常清楚他们和英菲尼迪的目标在哪里。

讴歌：努力找回存在感

"第一次见讴歌，觉得车标扣反了。"网友对讴歌车标的随口调侃，恰恰暴露了这一品牌在中国知名度低的尴尬境地。

而这种低知名度和存在感体现在销量上就是，2018年1—11月讴歌仅售出了8085辆车。这个数据与雷克萨斯一个月的销量相比，仍存在着巨大差距。

但面对销量的不景气，讴歌从来就不是坐以待毙的那一个。从2006年入华开始，它就不断进行着尝试。从最初不断把在欧美热销的车型引进国内，到进口车辆销售不佳转而推出国产车型CDX与TLX-L；从提出全新品牌口号"精确 不凡"，到2018年底引入重磅国产车型全新RDX，它一直都在寻求破局。

11月6日正式上市的全新RDX，售价为32.80万~43.80万元。作为一辆豪华品牌的中型SUV，从售价上来看，全新RDX比任何一款竞品车型都要低。与BBA阵容的奔驰GLC、宝马X3、奥迪Q5L相比，它的起售价足足低了6万元。

讴歌的诚意很足。作为一个市场接受度没那么高的品牌，想要提高品牌存在感和竞争力，高性价比必不可少。作为讴歌2018年最重要的产品，全新RDX被寄予厚望。

随着全新RDX的推出，为了更形象地传递"精确 不凡"的中文品牌口号，讴歌也提出了全新的品牌世界观"I am different 异行者"，并请来了姜文作为代言人。

如果说，2017年11月提出的口号"精确 不凡"，代表了讴歌坚信"唯有坚持对于'精确'的不懈追求，才能成就最终的伟大与'不凡'"，那么全新品牌世界观"I am different 异行者"的提出，则标志着讴歌发展进入了新的阶段，彰显出打造有别于传统豪华品牌的专属价值与独特世界观的初心。

正如广汽本田汽车销售有限公司副总经理兼第二事业本部本部长田中弘

春所说:"'I am different 异行者'并不意味着曲高和寡,而是勇于挑战传统、发掘新的价值。异行者也不是离经叛道,而是打破常规、开拓新的成功之道。"

在全新 RDX 的上市发布会上,广汽本田汽车销售有限公司第二事业本部副本部长詹军伟也提到,在产品上市之后,他们会围绕 RDX 的产品优势和品牌理念,发力营销。通过与《跨界歌王》《上新了!故宫》等节目合作,以及举办炫光 10 城巡游、惊天魔盗团魔术秀等落地活动,来扩大品牌声势。

面对中国豪华车市场的不断变化和日趋年轻化的消费升级需求,抓住个性、强调差异化或许正是讴歌这样的弱势品牌逆袭的机会。

基于极高的性价比以及全新的营销方向,全新 RDX 很大程度上可能会成为讴歌未来发展的奠基石。11 月销售数据显示,刚上市一个月,全新 RDX 的销量已经由此前的两位数翻番至现在的 237 辆。如果以后能够保持这样的增长趋势,全新 RDX 无疑将会是讴歌在华的一个新增长点。

如今,在这三个有着相似身世的兄弟中,雷克萨斯已经驶入快车道,英菲尼迪和讴歌能否迎头赶上,决定着整个日系豪华品牌在中国市场的未来。

前有新车型加持和关税调整提供换档加速的绝佳机遇,后有丰田、日产、本田三大汽车巨头的支持,日系豪华车三强能否在中国市场复制北美市场的高光表现,或许只是时间问题。※

沃尔沃：体系先行 水到渠成

■ 文/白朝阳

从8年前李书福"独上高楼，望尽天涯路"，到8年后袁小林"衣带渐'紧'终不悔"，8年时间，随着体系力不断完善，沃尔沃也在蓄力着它的"豹变"。体系先行，水到渠成。我们不确定沃尔沃距离销售公司所说的那个"爆发临界点"还有多长时间。"蓦然回首，那人却在灯火阑珊处"，或许，就在沃尔沃产品全面换代后的某一天。

"那晚上是一场大战，一直持续到凌晨三四点。"

回忆起2018年5月关税下调后的应对，沃尔沃汽车集团全球高级副总裁、亚太区总裁兼CEO袁小林有些感慨。"政策一出我们迅速开会，拿出方案，和总部沟通，然后连夜准备实施细则。整个作战时间是按小时计算的。"

2018年5月22日，国务院关税税则委员会发布公告，7月1日起降低汽车整车及零部件进口关税。理论上，如果沃尔沃的终端售价和国家关税同步调整，都在7月1日实施，中间可以省去很多麻烦，沃尔沃也不用自己承担经销商7月1日之前进车的关税差价。对于沃尔沃来说，这是几个亿的出入。

然而，这样偷懒的做法，会让消费者在五六月份持币观望。

最终，在国家宣布进口关税下调后的24小时内，沃尔沃上传下达，成为国内第一个调价的企业。其中，沃尔沃XC90最大降幅达到10.02万元；旅行车V90CC最大降幅为4.5万元。

在袁小林看来，这次快速作战，是沃尔沃体系不断完善的一个缩影，"一个优秀的体系，不应该是一个按部就班的程序或是各自为营的阵仗，而应该能自发地、快速地根据市场需求合力应对。"

"八年就干了一件事"

2018年7月16日，以"问·道"为主题的沃尔沃年中媒体沟通会在浙江安吉举行。本以为，这会是一场半年业绩宣讲会，但在沟通会上，沃尔沃的销量却被一笔带过。

袁小林说，8年时间，沃尔沃从被吉利收购时全国销量3万辆、188名员工、83家经销商，发展到2017年底的11.4万辆销量、近8000名员工、226家经销商、4座工厂，所有这些变化，"靠的是我们不断完善的体系能力，生产、研发、采购、销售等各个环节不断提升，欧洲、中国、美国三大市场布局不断优化。"

2010年之前，"体系力不强"被视为沃尔沃在华发展不利的症结。虽然"体系能力不强"就像中医所说的"气虚"一样，很难有更具象的表达，但体系又是实实在在存在的。它关乎一个企业的综合素质，是企业竞争力的内核。每当企业发展遇到问题时，检修补强体系，总是最正确的选择。这也是沃尔沃过去8年所做的事情。

2010年以来，沃尔沃先从产品研发入手，完成了SPA、CMA两款模块化架构的研发，发布了全新的Drive-E"E驱智能科技"，推出了全新90系列产品，打破了德系品牌所主导的传统豪华车市场格局。

"和其他豪华品牌在华建立合资企业不同，沃尔沃是中国人百分百拥有的豪华品牌。这也成为沃尔沃打造体系力的绝对优势。目前，沃尔沃是国内第一个具备汽车核心技术研发能力的豪华汽车品牌，而中国团队也已在下一代沃尔沃轿车的研发工作中担任领导角色。"袁小林说。

对于企业发展，销量永远是一个绕不开的坎。按照此前的规划，沃尔沃预计要在 2020 年实现中国市场年销量 20 万辆的目标,助力全球销量达到 80 万辆。

未来两年时间,沃尔沃复合增长率要到多少,对此,袁小林并不急于算账,他说,"沃尔沃只要跑赢行业平均增速就可以,随着体系不断完善,销量是自然而然的事情。"

表面上,袁小林像是一副满不在乎的样子,事实上,他憋着一口气。"我的焦虑,也是我的梦想。沃尔沃在瑞典乘用车市场的占有率高达 20%,欧洲也有 2%。如果能让更多中国消费者在买豪华车的时候能考虑到沃尔沃,那么,销量轻松翻番;如果所有考虑沃尔沃的消费者能够到终端去体验一下,那么,销量至少翻两番。我们现在要做的,就是让更多的人了解我们的品牌,体验到我们的产品。"

沃尔沃汽车集团大中华区销售公司总裁陈立哲也表达了类似的观点,"品牌发展有一个关键性的门槛,迈过去了,你推出来的产品才有可能迅速成为爆款,老实说,目前沃尔沃还没有迈过这个关键门槛。"

而第 10 万辆 S90 的下线,似乎让沃尔沃距离这个"关键门槛"又近了一步。

在中国 为世界

2018 年 12 月 3 日,黑龙江大庆千里冰封,但沃尔沃大庆工厂的生产气氛却热火朝天。当天,沃尔沃汽车大庆工厂迎来了第 10 万辆 S90 下线。

袁小林亲自驾驶着第 10 万辆 S90 上台,这是一辆即将发往英国的右舵车。

在袁小林看来,这是一个令人激动的时刻。第 10 万辆 S90 的下线,不仅意味着它获得了全球消费者的认可,也展示了大庆工厂"为世界制造高品质豪华车"的制造能力和工艺水准,更提升了沃尔沃对于长期可持续发展和市场增长态势的信心。

作为沃尔沃家族的明星产品,S90 的销量表现抢眼。2018 年,S90 在全球市场突破 5 万辆,出口率近 40%,遍布欧洲、美洲、大洋洲、韩国、中国

▲ 沃尔沃汽车在大庆工厂举办第十万台 S90 下线仪式

香港等全球 68 个国家和地区。

在 S90 等沃尔沃新一代产品的帮助下，2018 年 1–11 月，沃尔沃全球销量 642253 辆，同比攀升 12.4%；在中国市场共售出 130593 辆，同比增幅 14.1%，超越豪华汽车市场平均水平。

在第 10 万辆 S90 的下线仪式上，袁小林用三个数字，概括了沃尔沃在出口方面的成绩：0，50%，100%。

2015 年 5 月，S60 Inscription 出口美国，实现豪华车出口发达国家的"零的突破"；2018 年，中国出口欧美市场的汽车总量中，沃尔沃汽车占 50%；中国制造并出口欧美的豪华汽车品牌中，沃尔沃汽车只此一家，独占鳌头。

"每个公司都有不同的选择，但沃尔沃选择了让沃尔沃中国生产基地成为全球生产制造的一部分。"袁小林的这句话可以说是对沃尔沃"在中国，为世界"口号最好的注解。

毫无疑问，经过 8 年的发展，沃尔沃在中国汽车产业中的位置越来越重要；而中国庞大的市场潜力和扎实的产能布局，也为沃尔沃实现全球化提供了重要支撑。

未来两年，沃尔沃 XC40 将国产上市，全新一代 V60、S60、S40 也会陆续引入中国。届时，沃尔沃在中国就实现了全系车型的更新换代。沃尔沃汽车集团亚太区企业传播副总裁赵琴表示，未来 2~3 年，大庆工厂也将会引入新的车型投产，和沃尔沃路桥工厂、成都工厂以及沃尔沃全球其他工厂形成合力。

新四化下的"实锤"

与销量不紧不慢跑赢大盘相比，沃尔沃在新四化方面的布局，可谓是快马加鞭。

"50%、1/3、50%。"

在第 10 万辆 S90 下线庆典上，赵琴同样用三个数字展示沃尔沃的决心：未来销量一半是来自纯电动车；销量的 1/3 将是自动驾驶汽车；将有一半的汽车销售采用合约购车的方式。

赵琴表示，借助以上三大举措，预计到 2025 年，沃尔沃汽车将直接服务超过 500 万消费者，"下个 10 年中期，沃尔沃将发展成为全球汽车行业引领者和出行服务商。"

尤其是在目前大热的自动驾驶领域，沃尔沃已经先行一步。一直以来，"安全"都是沃尔沃的品牌标签，从长远来看，主动安全技术和自动驾驶直接相关，而沃尔沃在安全领域几十年的积淀，正为其发展自动驾驶提供了最大支持。

事实上，在汽车"新四化"巨变前夜，沃尔沃已经开启了一轮极为猛烈的攻势。

电气化方面：2019 年所有新上市的车型均将配备电动机；2019 ~ 2021 年将推出 5 款电动车；2025 年累计交付 100 万辆新能源汽车。

智能化方面：2021 年将推出四级高度自动驾驶量产汽车；正式启动全球首个普通用户参与的自动驾驶道路测试项目 Drive me；与奥托立夫成立合资公司开发自动驾驶软件。

网联化方面：推出 SENSUS 智能车载科技子品牌；与谷歌合作开发下一代基于安卓系统的智能互联车载系统；与沃尔沃卡车共享道路安全数据；与亚马逊推出快递到车服务。

共享化方面：推出了全新的合约购车模式 Care by Volvo；通过手机数码钥匙，支持亲友间分享汽车使用权；推出了全新移动互联品牌 M。

沃尔沃没有给它的新四化战略起一个像奔驰"瞰思未来"或是宝马"ACES"一样酷炫的名字，但每个战略下的内涵，却要更加具体、饱满，一些目标实现的时间节点也更加靠前。

袁小林说："沃尔沃和其他企业不一样，不是说跟哪个企业刚刚有接触，就急着对外传播，没有实锤，我们从来不说。"

8 年时间里，大街上的长安沃尔沃车型逐渐淡出市场，取而代之的是基于 SPA 平台打造的全新 XC90、S90、XC60，以及基于 CMA 平台打造的 XC40。车型和销量的背后，是沃尔沃生产、研发、采购、销售全体系的精进。

未来的竞争，不再是数量和规模的简单堆砌，而是格局的对弈和体系的比拼。"独行快、众行远"。我们注意到，目前在沃尔沃大家庭内部，

▼ 沃尔沃汽车与百度携手开发量产自动驾驶汽车

穿越寒冬：
2018 中国车市故事

Polestar、领克和母公司吉利的产业协同优势逐渐显现；对外合作方面，沃尔沃与谷歌、亚马逊、阿里、百度、腾讯等科技巨头的合作也初见成果。

从8年前李书福"独上高楼，望尽天涯路"，到8年后袁小林"衣带渐'紧'终不悔"，8年时间，随着体系力不断完善，沃尔沃也在蓄力着它的"豹变"。体系先行，水到渠成。我们不确定沃尔沃距离销售公司所说的那个"临界点"还有多长时间。"蓦然回首，那人却在灯火阑珊处"，或许，就在2019年沃尔沃产品全面换代后的某一天。

袁小林
沃尔沃汽车集团全球高级副总裁，
亚太区总裁兼CEO

袁小林谈安全与智能网联

以下为汽车产经网采访实录：

◎ 智能网联时代，"安全"仍是沃尔沃的最大优势

媒体："安全"一直是沃尔沃主打的标签，在新的环境和背景下，沃尔沃的安全观发生了哪些变化？

袁小林：沃尔沃安全，经历了从被动安全到主动安全，再到现在的智能安全的变化。从全球化的视角来审视我们的整个价值链、运营环境以及提供的产品服务，其实都是基于"安全"这个根基。从这个原点出发，沃尔沃也逐渐发展成为一个以欧洲为中心，逐渐走向世界的公司。这就是在现代化的过程中，沃尔沃在全球范围内所诠释的安全。

二、外资品牌篇

媒体：沃尔沃表示，将基于标准化汽车版安卓平台开发新一代智能车载交互系统，并在国内联合各个领域顶级合作伙伴，打造最好的智能服务生态。智能汽车既要实现开放，又要保障安全，沃尔沃在和互联网公司的合作过程中，怎么把握好这个度？

袁小林：我们与合作伙伴一定要有一个共识：要以谦逊的态度对待与人生命安全相关的内容。

沃尔沃早期标配了驾驶辅助系统，但是我们从来不会说这是自动驾驶，也不会说双手可以离开方向盘，先不要说法律允不允许，在技术本身还没有成熟的情况下，不能为了商业噱头这么做。这反映的是沃尔沃的价值取向：开发任何一种技术和产品时，安全都是最基本的底线。

◎ 智能网联时代 要"以人为尊"

媒体：现在，很多车企跟互联网和科技公司进行合作，未来，车企会转变为科技公司吗？沃尔沃是怎么考虑的？

袁小林：未来，在新的生态下，现在固有产业链上的企业所扮演的角色会发生什么变化，谁都无法预想。但有一点是确认的，你带来的价值越高，你扮演的角色越重要。以传统汽车供应链来说，主机厂是核心，所以在某些状态和某些节点上就有更强的话语权。

而当我们面向未来时，要认识到最终的关键在于"人"。你做什么事情都离不开"人"，整个体系需要"人"来支撑，所有的价值也都要靠"人"来实现。无论是在汽车还是其他领域，科技进步和大数据的发展，关于"人"的行为的洞察给我们带来了很多可能性。我们依据自己现在所处的位置，从全方位立体考虑，我们能扮演什么角色，我们需要做哪些事情，沃尔沃讲得最多的一句话就是"以人为尊"。

◎ 给今天打9分，1分留给未来

媒体：您如何看待沃尔沃2018年的市场表现？

袁小林：在11月1日举行的"百度世界2018大会"上，沃尔沃宣布了与百度合作开发电动汽车，当时媒体就问我们的全球CEO汉肯·塞缪尔森（Hakan Samuelsson），你给亚太区的表现打几分，他说，如果有10分的话，我打9分，不能打满分，因为还要有进步。

所以打9分是没问题的。无论面对什么环境，你必须要知道自己是谁，你自己做得比较好的地方是什么，哪些是一定要改进的，哪些是可以放弃不做的。

在中国市场，我们年初给自己定下目标，沃尔沃的增速一定要超出细分市场的平均增长速度，实现有质量的成长。对于未来的发展目标，明年我可能还会这样回答。沃尔沃这几年打下来的基础，特别是在中国的发展，都让我们非常有信心，不断以更高的质量完成目标，实现高质量成长。※

捷豹路虎：重整旗鼓

■ 文 / 任娅斐

在这样一个兵荒马乱的"江湖"，捷豹路虎只有稳住阵脚，步步为营，才能重回"虎豹之驹"。

作为捷豹路虎本土化第二个五年规划的开局之年，2018年也是捷豹路虎进入中国市场全面竞争的关键之年。

然而，这个开局之年在2017年丰功伟绩的映衬下，显得尤为苍白。

据公开数据显示，2018年，捷豹路虎全球销量近60万辆，同比下滑4.6%。其中，在华累计销量近12万辆，同比下跌21.6%，单月销量最大跌幅超过50%。

受此影响，捷豹路虎自10月22日起，将英国索利哈尔（Solihull）工厂关闭了两周。而在此前一个月，由于受到中国市场需求停滞、柴油车销量下滑以及英国退欧的影响，捷豹路虎旗下的另一家工厂Castle Bromwich也已宣布从10月开始至12月初每周工作3天，同时被迫裁员。

"自2018年7月进口关税发生变化、价格竞争加剧以来，中国消费者的需求一直难以恢复，而正在进行的贸易谈判也抑制了消费者的购车计划。"面对质疑，捷豹路虎首席营销官菲利克斯·布罗蒂加姆（Felix Brautigam）曾如此说道。

显然，对于在中国市场受挫之事，捷豹路虎更多地归咎到了"进口关税"和"贸易战"身上。但有业内人士认为，捷豹路虎在华销量受挫的根本原因

依旧在品牌、质量以及渠道等方面，贸易战的影响只是一小部分。

谁也不会想到，这个曾言要重构"BBA+J"豪华车市场格局的第二阵营豪华品牌老大，在中国市场的销量突然踩了刹车，继被凯迪拉克反超后，又掉到雷克萨斯、沃尔沃后面，排在了第二阵营的最后。

11月，捷豹路虎全球董事、捷豹路虎中国总裁及奇瑞捷豹路虎董事潘庆，暂代捷豹路虎中国与奇瑞捷豹路虎联合市场销售与服务机构（以下简称"IMSS"）总裁。从人事调整，奇瑞捷豹路虎发布"双引擎""双创新"未来出行战略，投资70亿元进军新能源汽车市场等动作来看，2018年或许也是捷豹路虎在连续受挫之后，厉兵秣马、重整待发的一个新开始。

跌落谷底

"捷豹路虎国产化后,主力车型并未形成特别明显的亮点,仍以小众产品为主,与BBA超强的市场表现相比,还是有明显的差距。"全国乘用车市场信息联席会秘书长崔东树曾如此表示。

如果将捷豹和路虎两个品牌拆开来看,路虎销量一直排在前面。2018年1~10月,捷豹路虎全球销量为49万辆,其中捷豹售出15万辆,路虎售出34万辆。在中国市场,5款国产车型共售出5.9万辆,其中捷豹XEL、XFL和E-PACE总计贡献2.3万辆,路虎发现神行和揽胜极光贡献3.6万辆。

从捷豹XEL的销量来看,2018年前10个月捷豹XEL售出9557辆。同级车型中,奔驰C级售出13.1万辆,奥迪A4L售出13.8万辆,宝马3系售出11.1万辆。同为第二阵营的凯迪拉克ATS-L前10个月销量近5万辆,雷克萨斯ES为3.2万辆,沃尔沃S60L为1.7万辆。

在宝马3系、奥迪A4L和奔驰C级纷纷加速推进国产化进程后,凯迪拉克ATS-L紧随其后,强调"性能美学"的XEL败给了初期以加速性能赢取口碑、后期以大幅优惠换市场的ATS-L。

相比之下,路虎发现神行一直备受消费者和经销商的欢迎,2018年1~10月累计销量2.6万辆,占比超过26%。

而除了车型销量差异过大,捷豹路虎还存在"终端优惠力度大"和"质量不稳定"两大问题。

从财政部5月发布公告,宣布自2018年7月1日起,进口汽车关税下调后,不少改款或换代新车纷纷大幅度下调价格,以期换得更大的市场,这在豪华品牌行列尤为显著。

为了保持现有的竞争力,在政策实施之前,国产豪华品牌纷纷采取行动,相继公布下调后的新车指导价格,没有给消费者任何迟疑的观望期。

以奇瑞捷豹路虎为例,奇瑞路虎发现神行2018款HSE版,厂商指导价

二、外资品牌篇

为 46.48 万元，而在北京多家经销商处的终端初步报价则刚过 30 万元，综合优惠超过 16 万元，相当于厂商指导价打 6.5 折。

同样的情形也出现在捷豹身上。例如，奇瑞捷豹 XFL 2.0T 顶配车型，厂家指导价为 49.48 万元，综合优惠超过 15 万元，相当于厂商指导价打 6.7 折。

而据媒体报道，目前北京各大豪华品牌终端的折扣价格中，奔驰品牌车型平均折扣 9.1 折、宝马品牌平均折扣为 8.1~8.2 折、奥迪品牌平均折扣在 7.8 折。

面对终端价格打折力度过大的问题，某豪华品牌营销负责人在接受汽车产经网采访时曾表示，如果终端价格下降太严重，对品牌一定有很大伤害。

虽然低价策略能换来一时的销量，但长远来看会让其品牌价值大打折扣，即使以后推出更高端的新车，消费者也会质疑其价格合理性，而不愿掏钱购买。

品牌溢价能力受到折损之后，一向极为重视质量的捷豹路虎又陷入了召回风波。

公开资料显示，2017 年，捷豹品牌共发起 8 次召回，召回数量达 6.4 万辆；路虎品牌共发起 5 次召回，召回数量达 4.2 万辆。两个品牌共计召回车辆 10.6 万辆，占其当年在华销量的 72.45%。进入 2018 年后，有投诉网站统计，捷豹品牌进口及国产车型的投诉数量有 44 起，路虎品牌的投诉数量有 72 起。

此外，在 2018 年上半年 J.D. Power 公布的《美国 2018 年新车质量调查报告》中，路虎和捷豹分别位列倒数第一和倒数第二。在欧洲发布的 2017 年发动机故障排行榜中，路虎在榜单中排在首位。

对于目前捷豹路虎在中国市场的现状，潘庆曾表示："捷豹路虎绝不以血的代价去换取单一的销量表现。相较于单一销量的增长，捷豹路虎更注重增长的质量。"

失意的捷豹路虎，对于在华如何发展，似乎已经找到了应对措施。

"虽然市场竞争非常激烈，但是我们已经有非常全盘和详细的计划来进行布局和部署。"2018 年广州车展期间，奇瑞捷豹路虎汽车有限公司总裁戴慕瑞在接受采访时表示，奇瑞捷豹路虎一系列的变革动作已经展开。

新车发力

"汽车市场进入阶段性调整期,奇瑞捷豹路虎一方面需要更快地导入新产品,以强化产品竞争力;另一方面,要进一步强化产品生产、销售体系。"

在奇瑞捷豹路虎常务副总裁兼 IMSS 常务副总裁陈雪峰看来,奇瑞捷豹路虎目前的规模还不是特别大,掉头速度会比较快,所以他们有信心跑赢大势。

从产品层面来看,随着全新捷豹 E-PACE 的下线,奇瑞捷豹路虎的车型已达 5 款,完成了奇瑞捷豹路虎对中国市场"3 年 5 款"车的承诺。而根据奇瑞捷豹路虎产品规划,到 2020 年,奇瑞捷豹路虎计划每年至少推出一款新产品。

同时,奇瑞捷豹路虎常熟工厂二期的开业,使得奇瑞捷豹路虎整车产能新增 7 万辆,年产能达到 20 万辆,实现了全球样板工厂"智造"升级,完成了从研发设计到客户服务的"一条龙"式智能覆盖。

对比奇瑞捷豹路虎成立之初的"长身体"阶段,如今的奇瑞捷豹路虎更是处于"长肌肉"阶段。随着奇瑞捷豹路虎第 20 万辆整车下线,以及常熟工厂二期的投产,奇瑞捷豹路虎也将迎来新的发展阶段。

而在品牌层面,2018 年路虎重新树立品牌 DAN 和品牌定位,推出"心至无疆"品牌主张;捷豹除了发布"驭·我所欲"品牌新主张,还重点传播"豹力美学",传播捷豹品牌的技术优势、产品速度、爆发力、平衡性和赛道基因等。

"对捷豹和路虎来说,我们的优势是资源和技术既可以共享,品牌又各有各的定位。"IMSS 执行副总裁胡波表示,捷豹路虎的品牌架构非常清楚,一个捷豹一个路虎,两个主品牌风格迥异,技术也不尽相同。相比捷豹"轿跑 SUV"的定位,路虎则不仅仅是 SUV,也是全地形车型。

而除了捷豹和路虎这两个主品牌,捷豹路虎在 2018 年的北京国际车展上也发布了旗下豪华高性能子品牌 SV,正式布局捷豹路虎 SV 三大品牌。

在完善了工厂建设、产品导入、品牌传播后,销售环节的投入也是奇瑞捷豹路虎下一步布局的重点。

"我们要和经销商之间建立相互信任、以经销商盈利为导向的关系。我们不会通过高额的补贴换取短期的销量增长,更希望建立一种比较和谐的供销和供需关系,这是我们接下来工作的一个重点。"胡波表示,2019 年,捷豹路虎将以经销商盈利为导向,加强和经销商之间相互信任的关系。

加码新能源

2018 年 4 月,捷豹路虎发布了"双引擎·双创新"未来出行战略,以集中国、英国两个国家创新之力,布局科技转型,共同构筑开放协作的全方位、双创新生态。

"我们希望通过英国总部和中国的研发团队协同布局,充分利用本地资源和本地优势,为中国客户量身打造更好的车型和体验。"潘庆表示。

4 个月后,捷豹 E-PACE 正式下线;11 月的广州车展,捷豹首款纯电动 SUV I-PACE 正式开启首批交付,这也是捷豹路虎电动化布局的一个重要步骤。根据规划,从 2020 年起,捷豹路虎推出的所有车型都要实现电动化,包括纯电动、插电式混合动力和轻度混合动力车型。

此外,奇瑞捷豹路虎汽车有限公司新能源整车及研发中心项目,也已正式签约落户江苏常熟经济技术开发区。项目总投资 70 亿元,将在现有常熟 20 万辆燃油车年产能基础上,新建新能源动力总成工厂和全新车身车间;同时还将新建研发中心、研发测试设施和研发测试赛道等。

奇瑞捷豹路虎常熟工厂作为首个英国本土以外的整车制造工厂,重要性不言而喻,如今大张旗鼓推动新能源汽车项目的落地,其目的可想而知。捷豹路虎能否借助新能源汽车市场,打响这场翻身仗?需要时间考证。※

大众：SUV 承上　新能源启下

■ 文 / 董楠

> 2018 年是大众在中国全面发力 SUV 的一年，也是大众期待已久的一年。

"2018 年是大众在中国全面发力 SUV 的一年。"海兹曼曾不止一次地说道。

在大众的 SUV 年接近尾声时，海兹曼功成身退。2018 年的广州车展，是海兹曼以大众汽车集团（中国）总裁兼 CEO 身份参加的最后一个车展。2019 年 1 月，超长服役的他将从现有职位退休，其继任者是大众品牌乘用车中国 CEO 冯思翰。

但是，在大众集团的人事任命中还有一条信息：大众集团全球管理董事会主席迪斯博士将担任中国管理董事会负责人。

关于迪斯和冯思翰的关系，有人半开玩笑地说，迪斯同志很中国式地兼任了"大众汽车中国业务领导小组"组长，而冯思翰博士相当于该领导小组的办公室主任。

早在 2018 年 4 月，迪斯接替穆伦出任大众集团 CEO 后，就对大众集团内部管理架构进行了一次调整，中国业务被独立出来。而最近调整更进一步，中国业务有史以来第一次被集团一把手直管。2018 年大众中国有什么样的故事，配得上这样的待遇？

二、外资品牌篇

恶补 SUV

2018年应该是大众品牌近10年来在中国一次性推出全新国产车型最多的一年，并且，全部都是SUV车型。随着3款全新SUV的加入，截至2018年年底，大众品牌在中国拥有6款国产SUV。这一年，大众品牌在国产SUV车型的布局上，甚至超过了本田、通用及丰田。除去各个跨国集团中的豪华品牌，大众成为在中国拥有最多国产SUV的跨国集团。

但这还不是全部。

早在年初，大众就一直在高调地准备这一时刻。2018年3月，大众品牌举行了一场声势浩大的SUV之夜，并发布了2018—2020年在华SUV战略。

而在更早的1月，一直没有SUV车型的一汽–大众，在开年之初就率先公布了其SUV计划，对于一汽–大众来说，这是一个等待了27年的时刻，正如一汽–大众汽车有限公司商务副总经理、一汽–大众销售有限责任公司总经理董修惠所言，"一个更美好的一汽–大众正在路上"。

在此之前，作为在中国销量最高的跨国集团，大众因为缺少SUV而没能赶上中国车市SUV红利，这一"短板"在行业中屡屡被提及。

2017年，大众品牌在中国销量迎来新的里程碑：首次突破300万辆。但是途观家族超过40万辆的表现，以及途昂近8万辆的年销量，在整个大众品牌中的占比并不高，仅为16%。反观本田，SUV销量占比已经超过40%；通用、丰田SUV车型占比也超过20%。

带着期待，2018年7月底，探歌正式上市。

一汽–大众为探歌的上市做了很多轮预热，在营销上，更是利用其刚刚上线不久的电商平台——一汽–大众商城推出了888台探歌限量版抢购活动。

在这款代表一汽–大众年轻化战略的车型上，从征集命名，到采用大胆的配色、X形前脸等，探歌都试图作为首发车型一鸣惊人。

但是上市之后，探歌也得到了"小于同级别尺寸""定价不合理"等评价，其小于主流紧凑级车型的尺寸，更是让探歌有了"越级"的嫌疑，在欧洲定

穿越寒冬：
2018 中国车市故事

位于小型 SUV 的 T-Roc 在中国摇身一变成为紧凑级 SUV 探歌。

这种质疑来自一汽-大众在探歌上所采用的短悬长轴的设计。据汽车产经网了解，这种设计是一汽-大众主动选择的结果。

在车型设计上，一汽-大众在提供细分市场最长轴距的基础上，压缩前后悬比例，不但能够实现车内最大净值空间，同时还能提升车辆整体的灵活操控感。这也是一汽-大众在洞察中国用户对车内空间和驾驶灵活性需求的结果，是一次创新。

短悬长轴的设计在随后上市的探岳上也得到应用。

在上市后的第三个月，探歌单月销量爬升到 8000 多辆，并没有令市场失望。

2018 年 10 月，大众品牌迎来了年度重磅 SUV 车型。一汽-大众与上汽大众分别上市了探岳和途岳。

相比于已经有了途观 L 和途昂的上汽大众，探岳之于一汽-大众更为重要。早在年初一汽-大众发布 SUV 车型计划时就曾宣布，第二款 SUV，也就是探岳，将是一汽-大众的核心战略车型。

探岳上市一周后，上汽大众全新 SUV 途岳也上市了。

途岳与探岳，途观与途观 L，再加上探歌和途昂，SUV 大口进补的大众，会不会因此"上火"？

从定价来看，探岳低于途观 L 近 4 万元，途岳的入门级价格低于途观 3 万元，两款车型在定价上几乎都形成碾压式的价格优势。

作为兄弟车型，探岳上市后，成为途观 L 的对比对象；同样，途岳也被看作是途观的替代者。

二者的关系在媒体的放大下显得对立，然而，对于大众品牌来说，共赢而非对立，才是大众真正希望看到的。

但是从另一方面看，出自同一平台的探岳和途观 L，在尺寸、造型及配置上的差异，实则将这一细分市场再细分化，提供了更加丰富的选择。一位大众品牌经销商向汽车产经网表示，探岳与途岳所在的市场空间很大，消费需求的层次多样，两款车型同时进入市场，也能为消费者提供更多选择。

二、外资品牌篇

复制双车战略

尽管上汽大众在2010年就迎来了首款国产SUV途观，但是直到2017年，上汽大众在SUV产品上才真正迎来爆发。2017年刚刚开年的第一季度，上汽大众接连上市了两款重磅SUV——途观L和中大型SUV途昂。

上汽大众的SUV攻势从2017年延续到了2018年。在2018年最后一个季度，上汽大众上市了与途观同一级别的SUV途岳。在途岳上市现场，上汽大众还宣布了T cross将在2019年上半年在上汽大众国产的消息。这样一来，上汽大众国产的SUV就将达到5款。

仅仅一年之间，大众品牌的SUV价格区间从13万元覆盖到50万元。而到2019年，大众品牌在SUV市场的价格区间或许将下探到10万元。

通过这样的产品布局不难看出，尽管在中国SUV市场迟到了，但是不服输的大众仍然想"上下通吃"。

这么多SUV车型一并祭出，最大的疑问莫过于：在SUV市场，大众能否复制轿车的成功？

2018年，中国SUV市场的确让人捏把汗。从2018年7月开始，国内SUV市场持续下滑，整个三季度SUV累计销量下滑7.98%，甚至高于同期乘用车7.96%的跌幅。

但是，新车上市的脚步并没有停止，甚至更快了。选择在2018年10月最后一天上市的SUV车型达到5款，上汽大众途岳就是其中之一。

再看大众品牌在中国的支柱产品——轿车，在2018年发生了怎样的变化。

以9月为例。一汽–大众与上汽大众的轿车销量同比下降分别为14.1%、18.3%。

尽管在9月轿车销量前十中，大众品牌朗逸、捷达、桑塔纳、速腾和宝来5款车型榜上有名，但是这5款车型都出现了不同程度的下滑。

或许也是因此，大众必须用SUV市场来弥补，甚至将SUV市场发展成

穿越寒冬：
2018 中国车市故事

大众重要的细分市场。

在 SUV 车型上，大众依然坚持双车战略共同征战市场。这也是带领大众在中国市场快速增长的重要战略。

双车战略诞生在中国汽车市场快速增长的时期。

从最早的捷达与桑塔纳，到宝来与朗逸，B 级车市场的迈腾与帕萨特，大众擅长于在一个细分市场布局出自同一产品平台又各具特色的产品，来渗透细分市场。

但是，在市场趋于饱和的时候，大众品牌必须在"红海"中抢夺其他品牌的"蛋糕"，这时，日系 SUV 成为其最大的竞争对手。

在 SUV 市场中，日产奇骏、逍客，本田 CR-V、XR-V，丰田 RAV4 等一直占据着中国 SUV 市场的主要地位。对于这些更早进入中国市场、更了解中国用户的日系车型，大众拿出的是双车错位竞争，即在每一个细分市场，大众都拿出更多选择。

探歌、途岳与途观联手，征战紧凑级 SUV 市场。在这一细分市场中，CR-V 凭借在中国市场的多年打拼地位深厚。东风日产奇骏与逍客两款车型的错位布局，又达到了更为精准的渗透。对于大众来说，在 2017 年，虽然途观与途观 L 的销量在合资品牌 SUV 单一车型销量中领衔，但是如果从细分市场来看，奇骏、逍客、CR-V 三款车型的销量超过 50 万辆，大众必须要在这其中切下蛋糕。

一方面，探歌、途岳与途观通过定价互补、错位竞争的方式，在紧凑级 SUV 市场形成竞争合力。一直以来，途观在销量上领先奇骏，探歌的最直接竞争对手就是逍客，途岳则直指 CR-V。在定价上，大众几乎在压着竞争对手打。

另一方面，是探岳与途观 L 联手，征战中型车市场。

从一汽-大众发布的 SUV 战略不难看出，中型 SUV 才是其在 SUV 市场真正的重点，并且，一汽-大众的 SUV 产品规划中，还包括一款全新的中型 SUV 及中大型 SUV，目前这一市场暂由途昂及 2018 上市的大众进口车全新途锐顶着。

对于中国 SUV 市场，大众仍然持有乐观的判断。

在与媒体的沟通中，海兹曼表示，中国 SUV 市场并没有真正放缓或者下滑，而是调整巩固的一年。"我相信在未来，SUV 车型在中国乘用车市场的占比会上升到 45%，并将在 2025 年之前达到 50% 左右。"

和海兹曼一样，即将接任的冯思翰对大众品牌 SUV 战略胸有成竹。

大众品牌共计 6 款 SUV 进入从小型 SUV 到中大型 SUV 各个细分市场，形成了 T-Family 家族。在一汽–大众与上汽大众两家合资品牌中，以"探"字辈与"途"字辈的命名方式区隔。

冯思翰拥有着与海兹曼同样的信心，他认为，在差异化方面，过去 30 年间大众品牌在轿车领域已经拥有了充分的经验和实践。即便是面向类似的细分市场，仍可以确保不同的产品之间形成合力，实现充分的差异化。

"我们可以确保能够很好地覆盖不同的细分消费者群体的需求。我们也会把这一思路和成功经验复制到我们的 SUV 当中。"冯思翰在接受汽车产经网采访时说。

新能源攻势的预备式

在 2018 广州车展前夕海兹曼的公开亮相中，透露了大众集团未来几年在华发展目标，对于未来 SUV 的计划，海兹曼公布的目标是：

大众汽车品牌将在中国成为领军式的 SUV 品牌。到 2020 年，大众品牌 T-Family SUV 家族的车型数量翻番：从现在的 6 款 SUV 增加到至少 12 款。

而最为海兹曼看重的，是 2019 年将开始的新能源汽车与全面互联计划，这是大众集团在 2019 年的发力点。

海兹曼宣布，未来两年，大众集团将在中国推出规模最大的新能源车型产品组合。旗下品牌将推出超过 30 款新能源车型，其中 50% 的车型将会进行本土化生产。

在 2018 年下半年，大众品牌在中国相继上市了途观 L PHEV 车型、帕萨特PHEV车型和蔚揽旅行轿车GTE。但是在中国的新能源汽车市场推进中，大众仍然给人以谨慎的印象。

2019年，大众决定提速。

"大家或许会认为，比起其他厂商，我们在这方面的进展显得稍微慢了一点。这是因为我们在安全性、质量、品质方面有非常高的标准，在这些方面我们不做任何妥协。"对于大众品牌在中国新能源汽车市场进展较慢，海兹曼给出了解释。

2018年12月，大众品牌公布了下一年度的新能源汽车计划：2019年，大众将上市三款插电混动车型，包括混合动力版全新一代途锐、一汽-大众迈腾GTE Concept和探岳GTE Concept（GTE是大众命名部分插电式混合动力车型的方式，"GT"代表高性能，"E"意味着电动化）。

到2019年，大众品牌在中国的插电混动车型将达到6款。

冯思翰也透露了大众品牌在纯电动方面的规划：2019年大众品牌将会在中国推出3款纯电动车型。2020年，大众品牌即将基于MEB平台打造新车型。在未来两年，大众品牌希望其新能源汽车在大众品牌乘用车销量中的占比能够达到5%~10%。

尽管大众品牌的纯电动车型要在2019年到来，但是，大众集团在中国的纯电动汽车布局却可谓全面开花。通过江淮大众的合资，大众解决了西雅特国产的问题。

▼大众品牌在中国市场布局多款插电混动车型

二、外资品牌篇

2018年11月底，大众汽车集团（中国）、江淮汽车及西雅特签署了谅解备忘录：根据协议，合作方将基于各自的技术实力和产品储备，共同开发一款电动汽车平台，用于生产江淮大众车型。

同时，江淮大众将于2021年前引进西雅特品牌，并共同进行电动化开发。合作方还将共同建立一座研发中心，开发符合中国市场需求的车联网及自动驾驶技术。该研发中心也于2018年12月10日正式开工。

在新能源汽车领域的布局，大众还将与移动出行服务、全面互联互通并行。

早在2016年，大众集团就发布了"2025战略"，同时还宣布了其向移动出行服务商的转型方向。2018广州车展，大众中国宣布了一项投资计划："仅2019年一年，大众计划将与合作伙伴在中国共同投资超过40亿欧元。"资金将用于电动汽车、互联互通、移动出行服务、研发、高效生产流程及新产品开发等领域。

在全面互联方面，大众在2018年取得了一定进展。

2017年宣布成立的逸驾智能科技有限公司开发的第一款解决方案——语音对话系统，在2018广州车展上正式亮相，该系统将会搭载在江淮大众最新的车型之上，此后，再逐渐应用到其他合资企业生产的车型当中。

而在大众品牌，冯思翰表示，大众品牌乘用车将在2019年所新推的车型中实现全面互联化，通过车载互联设备等硬件方式来提高互联程度。

大众之所以在2018年末再次强调其发力新能源的决心，或许是因为这个最懂中国的跨国集团在新能源领域确实一度有所犹豫；也或许是因为其大规模SUV车型进入中国市场，也让行业内产生了大众在SUV市场发力过猛，可能会与中国正在节能减排的政策思路相悖的疑问。不管怎么说，近期大众需要通过扩大新能源市场而获得更多新能源积分，以平衡SUV车型可能带来的更高的燃油消耗；长远来看，在全球最热火朝天的新能源汽车市场，没有大众的完全参与，"故事"似乎也不完整。

如果说，在SUV市场大众来晚了，那么，在新能源汽车市场，与其他跨国车企相比，大众仍然显示出了前瞻性的一面。※

丰田：三好学生的新考题

■ 文 / 黄持

> 一直以来丰田都是大家心目中的"三好学生"，产品品质可靠、利润表现出色，但在汽车产业"新四化"变革的环境下，这家企业正在经历着前所未有的变革与考验。

在2018年初的CES展上，丰田章男在演讲中说："我想把丰田从一家汽车公司转变为一家出行公司，我们的竞争对手不再只是汽车制造公司，而是像谷歌、苹果，甚至脸书一样的公司。"这段话听起来似乎让人有些意外，毕竟这是一家一直以制造而闻名、赚钱的公司，其在2017年的利润是大众集团的3倍。

尽管2017年丰田在销量、营收和利润方面都创了新高，但在财报公布后，丰田章男谈得最多的依然是危机与挑战。在包括中国在内的新兴市场，丰田的发展速度远逊于大众、通用，中国市场销量仅占丰田全球销量的13%，但大众的数字却是51%。而更大的挑战在于传统车企正在面临来自新兴势力和互联网公司的竞争。

2018年，丰田在中国推出了更多基于TNGA架构的新车，包括奕泽/C-HR；凯美瑞销量节节攀升，带动日系中级车的复苏；更加符合中国新能源汽车政策的插电混动新车也即将推出，纯电动奕泽/C-HR也将于2020年国产。而面对车市下滑，丰田也是少数依然取得两位数增长的车企。

但成绩背后，是这个大家心目中的"三好学生"在"新考题"下的剧烈变革。

制造变革：TNGA 架构铺开

2017 年底，首款基于 TNGA 架构的国产车凯美瑞正式上市。随着产能逐渐爬坡，凯美瑞在 2018 年便开始了"逆袭"之路。上半年销量同比增长 51%，涨幅领跑主流中级车市场，而到了下半年这个数字继续翻倍达到 110%，其中价位更高的 2.5L 车型和混动版车型销量占比达到 60%，这样的成绩还是在没有优惠让利的前提下取得的。

凯美瑞的出色表现不仅拉动广汽丰田实现同比 30% 以上的销量增长，同时也带领日系中级车实现复苏。而据接近广汽集团的人士透露，广汽集团甚至调减了旗下某品牌 10 万辆产能，转给了广汽丰田，用于全新凯美瑞及雷凌的增产。

汽车产经网的编辑曾实地走访广汽丰田经销商，发现在店内看车的有很多二三十岁的年轻人，吸引他们的正是凯美瑞时尚、动感的年轻化设计，而这种风格在 TNGA 之前的丰田车上是很难找到的。

TNGA 架构带来的改变还远不止这些，基于驾驶位的设计理念，使得 TNGA 拥有更加低矮的底盘重心、更精准的转向、更舒适的驾驶姿态以及更高性能的发动机，改变了以往丰田在驾驶上的"无趣"，也更加符合年轻购车人群的需求。

同时，得益于机械结构的优化，设计师拥有了更大的施展空间，在提升外观流畅性、独特性的同时，又保证了车内空间和舒适度的提升。

或许对于消费者而言，TNGA 架构的复杂内涵理解起来并不容易，但丰田产品风格的转变却是大家看在眼里的。于是，在 2018 年我们看到了更多不一样的丰田新车，奕泽 /C-HR 在 6 月上市，亚洲龙和新一代卡罗拉在 11 月亮相。

作为卡罗拉 / 雷凌之后的又一"双车布局"，奕泽帮助一汽丰田实现了各级别 SUV 产品的覆盖，C-HR 则改变了广汽丰田汉兰达"孤军奋战"的场

穿越寒冬：
2018 中国车市故事

景。而相比凯美瑞，奕泽/C-HR 的设计风格更加个性、年轻，同时加入了 CarLife 手机互联、TSS 智行安全系统等高科技配置。奕泽与 C-HR 双车销量在 2018 年年末已经突破 1 万辆，作为一款定位个性化的高端小型 SUV，这样的表现已经可圈可点。

对于一汽丰田而言，在奕泽之外，还有两款同样来自 TNGA 架构的重要新车在 2018 年发布。一款是丰田在北美地区的旗舰轿车亚洲龙，另一款则是销量的"中流砥柱"卡罗拉。

在 2018 年，丰田皇冠的平均月销量为 3000 辆，虽然远不如奥迪 A6L，但依然在合资品牌中大型车中名列前茅，甚至高于大众辉昂。早在 20 世纪 80 年代，第七代皇冠伴随着改革开放的春风，大批量进入中国，也成为那个时代中国人心目中"高级车"的代表。

2005 年，一汽丰田将第十二代皇冠引入国产，凭借当年皇冠积累下的口碑，国产皇冠不仅在定位上向奥迪 A6 看齐，甚至在销量上也一度超过 A6。与豪华品牌直接抗衡，这样的成绩是如今大众辉昂也无法做到的。

当然，后面的故事大家也都知道，随着时间的推移，皇冠的销量逐渐下滑，即使第十四代车型针对中国进行了本土化设计，也依然难以重现早年的辉煌。而被认为是皇冠替代者亚洲龙的国产，证明了丰田重塑高端产品线的决心。

在广州车展上，一汽丰田汽车销售有限公司总经理田青久向媒体解读了亚洲龙中文名称的由来，"AVALON"起源于欧洲神话亚瑟王传说中的一个岛屿，意为"赐福之地""天佑之岛"。而早年亚洲龙最先进入中国广东沿海一带，在那个经济腾飞的时代里，这个被翻译得"信、达、雅"的名字寄托了人们对美好生活的向往。同时，一汽丰田也经过大量用户调研，发现"亚洲龙"的名字在消费者心中也有着非常深刻的记忆，因此沿用了"亚洲龙"的名字。

这款同样基于 TNGA 架构设计的亚洲龙在 2018 年初的北美车展发布，与雷克萨斯 ES 有着千丝万缕的联系。国产亚洲龙保留了海外车型尺寸夸张的前进气格栅，造型充满了冲击力；优雅而富有立体感的车身线条，则与雷克萨斯 ES 有着异曲同工之妙。

亚洲龙与凯美瑞和雷克萨斯 ES 同样采用 TNGA 架构 GA-K 平台，三车共享底盘结构和多款动力总成。凯美瑞在 2018 年的销量表现不必再多言，而全新一代雷克萨斯 ES 在上市后也同样是一车难求，甚至在一些经销商店内需要加价提车。

凯美瑞与雷克萨斯 ES 的成功，让亚洲龙被寄予了更多的希望，也被认为是一汽丰田冲击百万辆销售目标的重要车型，甚至可以替代皇冠，完成那些"未尽的理想"。

尽管一汽丰田否认皇冠会被亚洲龙完全替代，而将这两款车型看作丰田的"双旗舰"，皇冠更加稳重、传统，而亚洲龙更加激进、潮流，两款车型会面向不同的细分市场和用户群体并行销售。但在丰田的产品矩阵中，20 万~25 万元的中级车市场由凯美瑞覆盖，30 万元以上的市场则被雷克萨斯 ES 占据，留给皇冠和亚洲龙的，同样是 25 万~30 万元的市场，显然亚洲龙更有可能实现"走量"的任务。更何况，在日本市场已经迎来第十五代皇冠的情况下，中国国产车型依然没有传出换代的信息，倒是"即将停产"的声音不绝于耳。

或许，传统的皇冠与激进的亚洲龙之间的"博弈"，也暗示着来自丰田内部保守与改革的"斗争"。

能源变革：混合动力的延伸

2018 年，丰田混合动力车型的销量占比进一步提升，卡罗拉与雷凌双擎销量占比已超过 20%，而凯美瑞双擎的销量占比也从 2017 年的 5% 提升到 15%。从首款混动车型普锐斯的不被认知，到如今的广为人知，在全球拥有超过 1200 万用户的丰田混合动力技术正在中国开花结果。

但在中国大力推广新能源汽车的政策之下，除去天津可以享受新能源汽车牌照外，传统的混合动力车型在大多数地区的待遇等同于燃油车，而火爆的新能源汽车市场，丰田不仅落后于大多数中国汽车品牌，甚至在合资汽车

穿越寒冬：
2018 中国车市故事

品牌中，也是少数至今仍未推出受政策认可的新能源汽车产品的车企。

尽管丰田始终认为，混合动力是在寻找新能源汽车最终方向的路途中现阶段的最佳解决方案。相比于纯电动汽车续航里程的限制以及成本的高昂，混合动力汽车可以在避免这些问题的同时，实现城市中心人口稠密区域的节能减排。但在中国市场的政策之下，丰田也必须考虑其产品线的延伸，因此插电混动（PHEV）卡罗拉和雷凌便应运而生。

相比于一些车企单纯的"政策产物"，丰田更希望在适应政策的同时，为消费者带来具有实用价值的汽车。在很多限牌地区，有些车主选择购买插电混动车，可以在更容易获取牌照的同时，避免限行影响，但在使用中却将其当作一台"燃油车"，在电池缺电的情况下，这些插电混动车在油耗方面的表现甚至还不如传统汽油车型，使用成本很高。

而在2018年亮相的卡罗拉和雷凌PHEV车型在HEV的基础上增加了外接充电装置，同时增大了电池容量。这使得其可以在保持HEV优秀燃油经济性和驾驶感受的同时，更大限度地发挥电力驱动的优势。即便动力电池电力耗尽，高效的混合动力系统依然可以独立工作，使其达到和HEV车型一样出色的油耗表现。

根据丰田的产品规划，2020年将正式引入纯电动奕泽/C-HR，到2025年为旗下所有车型配备电动化车款，而到2030年将实现全球市场混动、纯电动及氢燃料电池新能源车占新车销量超60%的目标。

东京丰田汽车馆展示的氢燃料电池技术 ▶

得益于其深厚的技术储备以及对汽车发展的深入思考，丰田可以针对不同地区的政策及市场环境，推出不同的产品组合，用最适合当地市场的方式实现新能源汽车的发展。在日本，丰田推出的首款氢燃料电池量产车 Mirai 可以为普通家庭提供 10 天的应急电源输出，而这正是考虑到日本自然灾害频发的环境。

在丰田看来，汽车和新能源汽车的发展，不应只满足于人们对出行载具的需求，而是为人们提供生活的解决方案。丰田的新能源汽车研发名单中有着各种技术的身影。在成熟的混合动力车型基础之上，丰田可以衍生出包括插电混动在内的多种新能源汽车形式，而在被认为是"终极解决方案"的氢燃料电池技术上，丰田也同样保持着领先的脚步。

面对快速发展的中国新能源车市以及未来的能源变革，丰田有着完善的技术储备，但也需要从保守、稳健中迈出积极的脚步，才能抢占属于自己的领地。

智能变革：保守与激进的碰撞

当丰田章男在 CES 上说出丰田要转型为一家出行服务公司时，或许让很多人感到意外，但其实这种转型对于丰田而言已并非第一次。早年的丰田其实起源于一家织造机公司，恰恰是丰田章男的祖父丰田喜一郎将这家织造机公司转型为汽车公司。而相比之下，从制造汽车向出行服务的转型，跨度似乎还小了很多。

从 1984 年丰田章男进入丰田汽车开始，丰田便迎来了快速成长的时代，不仅全球销量突破 1000 万辆，利润率更是全球车企之最，但丰田章男的内心依然充满了危机感。他曾表示："丰田汽车面临快速变化的汽车行业的挑战，高层重组将使公司员工队伍更加扁平化和多样化，使丰田能够比以往更快速地做出决策并采取行动。"

2018 年 11 月 30 日，丰田中国宣布上田达郎从 2019 年开始接棒小林一弘担任丰田中国董事长。尽管这只是丰田全球高层变动的一部分，但被外界视为丰田章男对中国市场的"保守"心存不满。从丰田章男上任以来的历次人事变动中，已经可以看出他改革的决心，例如在 2017 年，丰田内部的多名保守派被调整出管理层，而提拔上来的新人都是丰田章男认可的"改革派"。

在推进企业内部架构变革的同时，丰田在出行服务、车联网以及自动驾驶领域也在加速布局。2018 年，丰田先后与 Grab 和 Uber 达成合作并进行战略投资，目的是要为出行服务打造专属的汽车。

而丰田与软银共同合资打造了移动出行公司"MONET"，推出"e-Palette"出行平台，未来这家公司将利用丰田自动驾驶汽车提供各种移动出行服务，甚至包括通过自动驾驶配送机器人烹饪的餐食或提供医疗检查服务等。

在自动驾驶技术方面，丰田同样斥资成立了丰田研究院（TRI）研发自动驾驶平台、控制系统以及人工智能。在 2018 年又和电装共同投资 28 亿美元成立了 TRI-AD，专注于自动驾驶的研发，而将 TRI 的一部分精力转向电池和人工智能领域的研究工作。

不同于奥迪 A8 在上市时高调自诩为"全球首款 L3 级自动驾驶量产车"，或是凯迪拉克在电视广告中直接播出双手脱离方向盘的画面，丰田在宣传中依然十分谨慎地称它的自动驾驶为 L2 级别的辅助驾驶，尽管雷克萨斯 LS 被认为已经具备了接近 L3 级别的自动驾驶水平。

虽然激烈的变革正在丰田内部发生着，但外界却只能从一些语焉不详的新闻稿中感受到这种变化。在没有取得实质性突破之前，丰田依然会是那个我们印象中保守而谨慎的传统车企。

但无论怎样，留给丰田的答题时间已经越来越短了。※

二、外资品牌篇

通用汽车的"中国棋局"

■ 文 / 任娅斐

> 经历了2008年那次寒冬，汽车业界巨头们对于经营似乎有了新的领悟。十年后的2018年，当全球汽车市场再度遇冷，即使体量巨大如通用汽车，也不得不未雨绸缪打造更灵活的应对身段。须知，巨轮调头殊为不易。当中国再度蝉联通用汽车全球最大市场，通用汽车在中国的这盘"棋局"似乎就显得格外重要。

2018年11月26日，通用汽车宣布计划关闭7家工厂并采取必要裁员措施。裁员预计将涉及北美市场1.47万名员工，这不仅是自2008年金融危机以来通用汽车最大的裁员计划，也令美国汽车行业的发展前景再度蒙上阴影。

在通用汽车公司董事长兼首席执行官玛丽·博拉看来，此轮人员精简和产能调整是通用汽车应对市场需求变化的举措，也将使公司更为"精益而敏捷"，得以将更多资金转向电动车和自动驾驶汽车业务发展。在宣布裁员4天后，通用汽车就正式宣布任命丹·阿曼（Dan Ammann）为其自动驾驶技术公司Cruise的首席执行官。

据悉，整个重组计划将在2020年底前将通用汽车的成本降低45亿美元，并将增加60亿美元的现金流。

通用汽车的这项决定，却也惹怒了美国总统特朗普。他喊话要通用汽车停止在中国生产汽车，转而把产能转移到美国。

这怎么可能？

目前，通用汽车唯独在中国市场能够凭借合资企业维持强势增长。中国汽车市场巨大的发展潜力和通用汽车长期以来的稳健布局，更让中国市场的地位日趋重要。

根据通用汽车 2017 年财报显示，通用汽车 2017 年全球销量为 890 万辆。其中，中国的终端销量达到 404 万辆，首次突破 400 万辆大关，同比攀升 4.4%。上汽通用 2017 年销量突破 200 万辆，一汽通用和上汽通用五菱合计销售 213.5 万辆。

截至 2017 年，中国已经连续第六年蝉联通用汽车的全球最大市场。

"在全球范围，通用汽车与上汽集团的合作都是相当成功的案例，我们与上汽集团建立了稳固良好的合作伙伴关系，我们双方的协商和决策都是为了合资企业的更好发展。也正因如此，我们能够在中国立足那么多年。"通用汽车全球执行副总裁兼通用汽车中国公司总裁钱惠康在 2018 年 11 月接受媒体采访时曾如此说道。

作为通用汽车在华最大的合资企业，2018 年上汽通用凭借三大品牌别克、雪佛兰、凯迪拉克的坚强，让通用汽车在华过了一个暖冬。

别克，掀起发动机的"瘦身革命"

"别克在三缸发动机战略上曾经遇到过一定的阻力和困难，消费者的认知改变需要一定的时间，但是对于别克来说，小排量三缸发动机是'必须要做，而且是不做不行的'。对于市场来说，这也是未来的一个趋势。"

2018 年 11 月 15 日，广州车展前一天，关于别克小排量发动机所面临的机遇和挑战，上汽通用汽车别克市场营销部部长包晔给出了回应。

包晔的进一步解释是："从 2017 年 10 月到 2018 年 10 月，上汽通用三缸机上市一年总共累计销售近 40 万台，在整个中国市场的份额应该占 50%

左右。"

而从几款车型的销量来看,英朗自2018年3月改款上市后,头三个月虽然一度进入调整期,但进入第三季度后,正当整体市场拾阶而下时,英朗却开启了高速逆行模式,销量连月反弹,到2018年10月已重新回到3万多辆的水平。GL6和阅朗3个月平均销量也能到6000辆。

关键时刻,消费者表态了。用户的认可和口碑加入进来,成为别克三缸机的背后推手。这给了别克极大的信心和正向反馈。

当丰田、本田、福特这样的主流品牌纷纷迈入三缸发动机阵营,这样的趋势似乎越来越不可阻挡。

事实上,过去几年几乎所有车企在新车研发上的一半精力都放在了降低油耗上。轻量化材料的应用、车身结构的调整、动力系统的重新设计……如何在不损失车辆动力表现和操控乐趣的前提下,将车辆油耗降下来,已成为汽车制造商们重要的技术课题。

2017年9月,工信部正式发布《乘用车企业平均燃料消耗量与新能源汽车积分并行管理办法》,宣布自2018年4月起,对乘用车企业启动平均燃油消耗量的考核。

油耗标准和双积分制成了悬在大多数合资车企头上的两把剑,尤其对上汽通用这样体量庞大的车企而言,压力更大。

在节能环保的大趋势下,越来越严的油耗标准催生出了汽车制造商在发动机上集体启动的"瘦身革命"。

但与轻量化材料的应用颇受欢迎相比,发动机的"瘦身革命"却充满了争议。在缸数与动力表现成正比的既有认知下,让消费者相信"小马"能够轻松"拉大车"并不是一件容易的事。

正因为如此,当上汽通用2017年宣布其三款别克新车将搭载通用汽车全新一代1.3T/1.0T Ecotec双喷射涡轮增压发动机时,争议随之而来。

但上汽通用则希望通过这个最新科技的精巧"心脏"传达一个信息:三缸机已经在逐渐成为主流,而且已不是以前那个体验欠佳的三缸机。

穿越寒冬：
2018 中国车市故事

王永清
上汽通用汽车总经理

"作为别克新一代驱动技术的又一落地成果，这台发动机性能指标全面超越上一代的 1.4T 全铝发动机，减重 25 千克，更重要的是，百公里综合油耗几乎与别克旗下混合动力车型持平。"包晔称。

上汽通用汽车总经理王永清判断，未来 3 至 5 年，主流的主机厂都会用上三缸机。

王永清充满自信的判断也并非毫无来由。

由英国著名出版社"UKiP Media & Events"创办的年度国际发动机评选（International Engine of the Year），2018 年度评选出的十大发动机名单中，包括宝马 1.5T、PSA 1.2T 和大众 1.0T 在内的直列三缸发动机赫然登榜，已占据三席。欧洲市场中装载这些发动机的现售车型，更是多达 20 余款。

而在 2018 年 11 月 29 日在上海举行的昆仑润滑杯"中国心"2018 年度十佳发动机颁奖盛典上，别克新一代 1.3T Ecotec 双喷射涡轮增压发动机凭借其三缸发动机动力足、重量轻、油耗低的优势强势入选。同时，搭载该发动机的别克新英朗也获得了"'中国心'2018 年度十佳发动机"推荐车型的称号。

与此同时，消费者体验也在逐步深入。

8 月 25 日，别克在上海举办了一场三缸 VS 四缸的"盲测活动"，并邀请了102位参与者进行蒙眼测试,测试结果显示,其中有78人在摸黑的状态下,把三缸错认为四缸,也让消费者对别克的Ecotec双喷射涡轮增压发动机在噪声和振动上的表现有了重新认识。

当然,别克的动力革命还落实在新能源汽车领域。2018年的别克,也在尝试领跑新能源汽车细分市场。继君越混动版、君威混动版以及VELITE 5三款车型后,别克首款纯电动车VELITE 6也将于2019年正式上市。伴随着别克Enspire纯电动SUV概念车的首次亮相,"别克蓝"新能源汽车家族也将会越来越热闹。

雪佛兰,开启"品牌向上"的新里程

与别克三缸机的履险如夷相比,雪佛兰近两年助推"品牌向上"的道路走得更顺一些。

2009年中国车市迎来井喷式发展,很多国内消费者开始接触雪佛兰这个品牌,年轻、进取、运动、活力,是雪佛兰给当时中国消费者留下的最深印象。

2018年广州车展前夕,当雪佛兰以"梦创·新里程"为题开启品牌之夜,同时带来旗下全球首发的先导概念版SUV FNR-CarryAll,以及国内首发的高级旗舰轿车全新迈锐宝XL之时,人们发现,它还是当初那个"年轻、富有运动精神和创造力"的雪佛兰。

但也不仅仅如此。

这次大秀中,雪佛兰还带来了首次亮相的全新中级车雪佛兰Monza和以科尔维特C7.R Redline领衔的Redline尚·红系列车型,为品牌注入了更鲜明的时尚、科技元素。

正如上汽通用汽车雪佛兰市场营销部部长吉祺炜接受汽车产经网采访时说的"雪佛兰的品牌定位,原来一直讲年轻、运动,今年也会慢慢把时尚、科技的内容加进去,这样能够让消费者有充分的品牌认同感"。

从吉祺炜的话语中,我们可以感知到,雪佛兰一直在加速推进"品牌向上"

穿越寒冬：
2018 中国车市故事

的发展。

2015 年年底，雪佛兰制定了"品牌向上"的全新战略规划。随着大力调整与优化产品结构，雪佛兰的中级车、中高级车及 SUV 的销量占比，逐渐从 2015 年的 64% 提升至 2018 年的 79%，与之带来的雪佛兰车型的成交均价也从不到 10 万元提升到 2018 年的 13.2 万元。

2016 年，雪佛兰进行了经销商网点升级改造，在硬件设施和软件配置上融入更多充满活力的崭新元素，展现与全球同步的全新品牌形象。据不完全统计，至 2018 年年底，将有 300 多家经销商完成展厅改造。其中，经销商的平均销量也已经由 2017 年的 960 辆提升至 2018 年的 1050 辆。

2017 年，雪佛兰开始以双元产品为主导，开拓"品牌向上"途径——以跑车、轿车为代表的"高性能"车系，汇聚第六代科迈罗、全新科鲁兹家族等车型，展示雪佛兰品牌独特的赛车性能与技术实力。

而以 SUV 和皮卡为代表的"全功能"车系，汇聚中级 SUV 探界者、全新创酷、皮卡"双子星"索罗德和库罗德，在雪佛兰强悍的 SUV 和皮卡基因下，诠释纯正美式汽车文化和精神。

2018 年，雪佛兰开启产品大年，4 款 Redline 尚·红车型以及定位于"全能座驾"的沃兰多的上市，让雪佛兰年轻化的品牌更加深入人心。

产品的全新布局带来的是销量上的体现，2018 年雪佛兰在华累计销量超过 55 万辆，同比增长 3.8%。

与此同时，雪佛兰全面推进服务平台数字化进程，搭建了包括"E-Service""MyChevy"App 以及经销商数字 4S 店在内的数字化服务平台，打通了从市场到用户再到售后的全线产业链。雪佛兰 U·CLUB 车主俱乐部会员也正式突破 200 万。

而面对这样亮眼的成绩，吉祺炜则显得很从容，"雪佛兰诞生 100 多年来，车市起伏和曲折，我们之前不是没有经历过，经验教训也相对比别人多一些。如果将时间段拉得够长，大家就可以明白没有什么是不会变的，只有变化是永恒的。"

可以说，经过品牌塑造和自我革新的雪佛兰现在已然翻越山丘，迎来反攻时刻。2019 年，雪佛兰 5 款全新车型，依然肩负着品牌升级的重任。

当然，上汽通用想要实现全球化战略的目标，主打豪华高端市场的凯迪拉克也是重中之重。

凯迪拉克，重拾"ABC"的梦想

2018 年 11 月 30 日，首都北京，在已经冠名为凯迪拉克中心的五棵松体育馆内，一场名为"科技 突破想象"凯迪拉克品牌之夜的主题活动上，凯迪拉克全新一代 CT6 上市发布。同时，凯迪拉克 2018 年 1—11 月累计销量成功突破 20 万辆，同比大涨 30%。

而 2015 年收官时，凯迪拉克还只是中国第二阵营豪华汽车品牌当中"沉默的大多数"，不足 8 万辆的全年销量、排名第七的"江湖地位"和 17% 左右的同比销量增幅，放到一众豪华汽车品牌里并不起眼。

横向比较，凯迪拉克在中国市场的布局不如 BBA 成熟；纵向比较，在中国市场的地位也不如北美市场稳固。

所以，基于这个在中国市场的"初级发展阶段"现实，凯迪拉克必须通过品牌形象更新、网络扩张等手段快速扩大市场份额。

从 2015 年开始，凯迪拉克开启全球变革，发布全新 LOGO、更换产品命名方式、投建凯迪拉克专属工厂、制定新的营销战略……辅以上汽通用不一般的体系能力，凯迪拉克越过山丘。

2016 年 8 月，凯迪拉克销量首次超过雷克萨斯成为当年豪华车市场的新看点。

仅隔两个月，凯迪拉克一鼓作气再度超过捷豹路虎，最终坐上豪华品牌第四的位置，超额完成 10 万辆的销售目标。

2017 年，凯迪拉克与二线豪华阵营的其他品牌进一步拉开差距，增长超过 50%，达成了 17 万辆的销售成绩；用 22 个月的连续增长，巩固了"BBA+C"

穿越寒冬：
2018 中国车市故事

的格局。

2018 年，凯迪拉克以三倍于行业平均增幅的速度，轻松跨越年销 20 万辆的门槛。根据规划，到 2020 年上汽通用要实现在国内乘用车市场占有率超过 10%，其中凯迪拉克要在豪华车市场实现 10% 的市场占有率，冲击 30 万辆目标。

对此，凯迪拉克全球副总裁兼上汽通用汽车凯迪拉克市场营销部部长安德里斯博士（Dr. Andreas Schaaf）在 2018 年广州车展上接受采访时说："在销量上持续高增长的凯迪拉克，主要得益于两点，不断推出的强有力的新产品和大胆创新的品牌营销。"

而随着中国汽车市场进入低增长，豪华车的"价格战"也燃起烽烟。对此，凯迪拉克则反应谨慎。

在 2018 年 8 月凯迪拉克 XT4 上市时，上汽通用汽车凯迪拉克市场营销部部长冯旦表示，"CT6 和 XT5 的价格在整个市场排前三名，甚至高于某些一线豪华品牌的产品。XT4 上市的价格大家也看到了，BBA 同样级别的竞品市场售价远低于我们，大家可以看看我们最后的成交价是不是贴近它们。"

冯旦称，如果豪华品牌以价换量，会产生很多负面影响。第一，成本降低，导致质量有问题；第二，作为一个豪华品牌价格下探幅度较大，消费者不一定会买单。

事实上，冯旦所描述的市场行情，正是当今所有豪华品牌都在面临的"尴尬"境地。近几年，包含 BBA 在内的诸多车企都在尝试大幅度下探入门车型售价，并且不断试水本土化生产。

显然，这种状况还将持续一段时间，但凯迪拉克已经做好了准备。

首先，2018 年，凯迪拉克在中国市场网点的数量在 260 家左右，随着网络的扩张，这个数字在 2018 年年底达到 300。其中，凯迪拉克销售网络较为薄弱的三四线城市和北方城市被重点布局。

其次，原定 2020 年前后在获得一定市场份额的基础上，凯迪拉克将进入品牌深化阶段。目前，这项任务正在被提前执行。诸如展厅升级等对"新豪华"

品牌形象的深化动作已经在进行之中；凯迪拉克位于上海的品牌空间（Cadillac House）也将于2019年揭幕。

产品方面，在加速传统产品投放扩充产品序列的同时，凯迪拉克2018年6月正式发布了Super Cruise超级智能驾驶系统。这套超级智能驾驶系统是业内首个量产并真正实现在高速公路上释放双手的智能驾驶技术。

同时，凯迪拉克总裁史蒂夫·卡莱尔宣布：将在2020年起全系搭载Super Cruise超级智能驾驶系统；2023年，凯迪拉克将会装备V2X技术，且率先应用于一款凯迪拉克SUV车型上。

自XT4开始，凯迪拉克将开启百年品牌历史上前所未有的新产品投放攻势，预计未来3年每6个月将推出一款新车。其中包括2款SUV，XT6和新款凯迪拉克；3款轿车，CT4、CT5和CT6-V。

未来，凯迪拉克能否成为"BBA"格局的破局者，实现其一直企盼的"ABC"梦想，值得期待一下。

福特自救

■ 文 / 于杰

销量下滑、利润下滑、全球业务调整、产品平台缩减……福特正在遭遇自2008年金融危机以来的最大困境。

在《美国偶像》一书中，布利斯·霍夫曼写道："在福特历史的长长清单上，超凡绝伦的成功与规模空前的失败轮番上演。排除万难恢复元气后，又会滑入溃败，回到平庸、管理不善的老路上。"

我们无法预测未来福特的走向，但2018年，福特"身体力行"再一次印证了上面的话。

福特的全球困局

2018年，如果要评选全球"最难过"车企，非福特莫属。

上半年，福特净利润同比下滑23.0%至28.14亿美元。其中，北美业务第二季度利润从同期24亿美元缩减至18亿美元，在中国亏损4.83亿美元，在南美市场亏损1.78亿美元，连续亏损已经令这一北美巨头产生了严重的现金流危机。

而福特发布的Q3季报也"没有悬念"，净利润10亿美元，与2017年同期的16亿美元相比几乎折半。

10月24日，福特汽车的股价跌至8.18美元，市值已只有325.4亿美元。这个价格是福特自2010年走出金融危机之后的最低价格。与财报保持一致，福特股价从2017年开始就一直呈直线下滑的态势。

你以为传统业务的巨额亏损是福特面临的唯一困境了？屋漏偏逢连夜雨，福特在2018年遭遇的危机称得上是"360度全方位无死角"的。

传统业务方面的危机出现在2017年，也因此，福特前一任全球CEO马克·菲尔兹被迫下课，韩凯特成为新一任"救火者"。

除了全球传统业务的下滑，2017年底英国脱欧导致福特在欧洲市场的成本大大增加（英国是福特在欧洲最主要的生产、研发基地）；2018年，中美贸易摩擦突然加剧对福特又是一个暴击。

2018年9月26日，韩凯特在媒体面前就贸易战问题发声："金属关税令我们损失了大约10亿美元的利润。"而此前，迫于特朗普政府对进口美国汽车加征25%的高额关税政策，福特不得不宣布取消从中国进口福克斯Active crossover的计划；此外，关税加征，也将直接削弱林肯有关车型市场竞争力——2017年中国自美进口汽车中，进口福特旗下林肯汽车超过5万辆，进口特斯拉1万辆。

尽管2018年的福特危机四伏，甚至看起来有点倒霉，但抛开英国脱欧、中美贸易摩擦这些"意外"因素，福特跌落至此，也许在许多年前就埋下了伏笔。

谁的锅？

在2018年1月的底特律车展上，韩凯特说："希望福特（当初）没有卖掉沃尔沃、捷豹路虎。"

韩凯特为什么发出这种感慨？因为福特正在遭遇巨大的盈利困境，而2008年金融危机时福特在穆拉利领导下卖掉的沃尔沃、捷豹路虎，现在都生存得很好，或者直白点说，盈利状况很好。

即便韩凯特没有诋毁前任功绩的意思，外界也早已禁不住将福特的现状

穿越寒冬：
2018 中国车市故事

与 2008 年"一个福特"战略路线联系在了一起。

2008 年金融危机前后，时任福特 CEO 的艾伦·穆拉利果断卖掉了福特旗下的几个豪华品牌：先是卖了阿斯顿·马丁，然后把捷豹路虎卖给了印度塔塔汽车公司，接着又把本来列为"非卖品"的沃尔沃卖给了吉利，最后豪华车品牌只剩下林肯。

这是穆拉利主导的"一个福特"战略的一部分。除了卖豪华品牌"回血""一个福特"战略还包括把当时福特旗下的另外 8 个品牌重新整编，并试图将每一款车型全球化，节约成本，并且有利于统一福特的全球品牌形象。当时福特的车型很多都是本地化开发，比如北美市场上的嘉年华和欧洲版连三大件都完全不一样。

产品整编之后，福特推出了嘉年华、福克斯、蒙迪欧等全球车型。翼博、翼虎、锐界这三款 SUV 车型同时在欧洲、北美和中国销售。

最终，"一个福特"战略拯救了在次贷危机中大厦将倾的福特帝国。福特成为次贷危机中唯一没有破产的美系车企。但如果说穆拉利的任期存在缺憾，那应该要数福特公司的技术和豪华车产品，因"一个福特"战略出现了困顿。

首先，次贷危机后元气大伤的福特在技术方面力有不逮。推出福克斯、嘉年华、蒙迪欧等产品之后，突然出现了长达几年的产品空窗期。中国市场如此，全球市场也是如此。其次，卖掉了捷豹路虎、沃尔沃等品牌，仅保留了一个并不景气的豪华品牌——林肯，福特的高端路线也大大受限。而在技术的掣肘下，福特旗下车型的质量问题大大超过了其他品牌。

如果说穆拉利时代福特遗留的问题需要下一任 CEO 来解决，那么马克·菲尔兹的上任却将福特引向了更偏离的道路上。

2014 年菲尔兹继任福特 CEO 的时候，正值汽车产业大变革地震的开端。于是，菲尔兹将更多的精力放在了福特公司转型上。

在菲尔兹的带领下，福特汽车在未来交通出行上的努力还是可圈可点的，公司在转型上的大手笔投入，也得到了一定的回报。例如 10 亿美元收购无人驾驶技术创业公司 Argo AI，在 2017 年第三方权威关于自动驾驶综合实力的评估中，福特排名第一。

但传统领域却呈现了另一番光景：产品销售不景气，营收和利润下滑，最让董事会大佬们不能容忍的是股价的持续下跌——2017 年 4 月，福特股价下跌了近 40%，甚至被成立仅 14 年的特斯拉的股票市值超了过去。5 月，马克·菲尔兹被下课。

自救，再做"减法"

向智能化转型需要巨额投入，而传统板块如果被忽视又会使得企业连生存下去的银子都拿不出来。这是当前车企转型中遇到的一个典型而又矛盾的问题。

而福特，只是把这个问题又放大了。传统业务板块的遗留问题尚未解决，就无所顾忌地对新技术大肆投入，才是导致福特今日困境的原因。

因此，韩凯特的任务是，重振福特传统业务，同时保持新技术方面的优势，当然更重要的是，将福特尽快拉出亏损的泥沼。

2017 年 11 月，福特退出部分南美市场。

2018 年 4 月，福特宣布在北美市场停产停售九成的轿车业务，包括嘉年华、金牛座、Fusion（北美版蒙迪欧）以及福克斯 ST、RS 等车型。

2018 年 7 月，福特宣布把其在欧洲的支出从轿车转向利润更高的 SUV 和商用厢式车。

2018 年 8 月，福特宣布缩减在全球范围内的平台数量，目标为从 9 个缩减为 5 个，以此达到未来 5 年削减 255 亿美元成本的目标。

看着福特对各种业务进行大刀阔斧的缩减，有人戏称，"一个福特"在韩凯特手里变成了"半个福特"。

或许，像 10 年前的穆拉利一样，要力挽狂澜，今天的韩凯特依然需要做出一些短期的决定。但我们也可以看到，福特的长期规划也在推进当中——

在福特对北美、欧洲、南美、日本等地区和国家的业务减减减的时候，在中国市场，却看到福特正在反其道而行。

正被"唤醒"的长安福特

长安福特成立于 2001 年 4 月。

2003 年，长安福特第一款产品嘉年华上市，一直到 2016 年这 13 年当中年均复合增长率 36%，远高于同期中国汽车市场增长的幅度。彼时，长安福特不仅为中国消费者市场提供了像蒙迪欧、福克斯这一批经典产品，累计销售汽车超过 600 万辆的业绩也为长安和福特股东双方提供了不错的回报。

但增长定格在了 2016 年的 96 万辆。

从 2016 年至今，长安福特的市场状况一直呈低迷走势。2018 年国内汽车市场整体下行，长安福特的下滑态势加剧：全年累计销售了 377739 辆，同比暴跌 54.3%。

长安福特销量的大幅下滑，直接导致了长安集团和福特亚太地区盈利的大幅度缩水。

对比同为美系的上汽通用，长安福特近几年的业绩更是惨不忍睹。外界甚至已经在讨论，福特品牌会不会退出中国市场？

事态严峻至此，福特终于开启了拯救中国市场的计划。

◎ 产品这个"软肋"

很长时间以来，外界对长安福特最大的诟病就是长达三年没有推出过全新产品。因此，长安福特现在最大的问题其实是缺产品。为了应对这个问题，通过合资双方讨论推进，做了三件事：

第一当然是加快产品投放。11 月 8 日，新一代福克斯上市，但是全系标配三缸能不能说服消费者，是个问题。另外，新福睿斯也已经上市。更强的

二、外资品牌篇

产品攻势在接下来几年。

"福特在华2025"战略提到，2025年之前，福特要在华投放50款新车。这个新车计划力度不小，但是重点在于能够执行到位。

第二是加强产品的本土化研发。

其实，"在中国为中国"的战略，是过去几年甚至几十年里，许多合资车企都做了的事情。比如上汽通用，比如东风日产。长安福特现在开始做本土化的产品研发介入，显然是晚了。

但晚了比从没有过好。

今年10月份发布的Territory领界就是江铃和福特联手打造的一款面向中国消费者的车型。这款车用了江铃的平台。据了解，这款车从确定开发到正式发布用了18个月，本土化优势尽显。

长安汽车董事长，同时也是长安福特董事长的张宝林，告诉汽车产经网，未来长安和福特也会采用这种合作方式。

"长安在自主创新领域有一系列的经典产品，我们有一些东西可以拿出来，福特也可以用我们的产品平台、动力平台，以后他的我们也可以用。市场竞争发展，双方都认识到了合作的必要性。未来福特会把长安福特作为美国福特全球出口的轿车基地，销往欧洲、中东、亚太都可以。"

本土化计划是第一步，建立一整套本土化研发体系则需要从长计议。

第三是陈安宁的走马上任。

10月15日，福特全球宣布将中国市场提升为与北美市场并列的核心市场之一。同时，刚刚离开奇瑞的陈安宁，被任命为福特中国区的新CEO。

这是一个重要的战略举措，透露的一个战略信息就是福特将会"真的"深耕中国市场，资源也会更多地向中国市场倾斜。而华人CEO的任命，也将为中外合资双方的交流建立更通畅的渠道。

还有一点，汽车产经网认为，陈安宁的任命重点任务之一，就是为福特在中国打造一套本土化的研发体系。

陈安宁曾经在福特工作达20年之久，主导过福特小型车平台的研发，具有丰富的产品开发经验。

毫无疑问,陈安宁的到来被寄予了厚望,而产品、研发,是这一切"厚望"之中的关键,也将是陈安宁能不能坐稳福特中国区 CEO 这个位置的关键。

目前,福特在中国的研发基地是南京工程研发中心。尽管福特对于南京中心的投入计划据说将增加到 14 亿元人民币,但是目前这家中心还没有真正参与到福特产品的研发当中。

◎ NDSD 的意义

对于长安福特的问题,张宝林自己也毫不讳言。除了产品的缺席,张宝林还指出了长安福特的另外两大发展中曾被掩盖的问题——渠道和营销。

从渠道数量上看,目前长安福特有 600 多个网点,覆盖率虽高,但是质量不高,而且相比其他品牌,长安福特在五六级市场的覆盖率还很低。

另外更为根本的问题是,渠道价格管控和经销商能力建设的不足。表现为经销商飞车现象严重,经营业绩一般等等。

"前些年由于长安福特产品力强大,基本上有产品就卖得很好,这种客观优势的背后隐藏了我们对长安福特的销售经销商培训管理方面能力提升不足,一旦遇到市场不好或者是产品力下降的时候,营销倍增的能力就不够。"张宝林说得坦诚。

没有新产品,渠道不给力,也直接影响了品牌推广的力度。这些问题盘根错节,既复杂又根深蒂固。

于是有了福特在华的全国分销服务机构,业内简称 NDSD。

NDSD 挂在长安福特旗下,将整合长安福特、江铃福特和进口福特的渠道,今年 7 月 1 日正式运营,还招揽到了以前奔驰销售公司的中方一把手李宏鹏。5 月,李宏鹏被任命为福特汽车大中华区市场及销售副总裁;7 月 1 日,李宏鹏的头衔又加上了"长安福特全国销售服务机构总裁"。

对福特来说,NDSD 有利于福特在华形象的统一管理;从长安角度看,NDSD 建立最直接的一点就是长安福特的经销商可以卖更多产品了。

可以说，NDSD 的成立是外界看到的福特对于中国市场大力度改革的第一个大动作。它在福特历史上首次出现，专为中国市场而来。

而对于李宏鹏带领下的 NDSD 能发挥多大能力，能多大程度改善福特在华渠道质量，外界其实是充满期待的。

NDSD 组建不久，汽车产经网就对其负责人李宏鹏做过深度专访。彼时李宏鹏刚上任，还处在熟悉阶段，但他提到一个问题，让我们看到华人管理者对于福特在中国发展的重要性。

他说，以前福特的渠道问题，究其原因是沟通不畅。下游不畅通了，上游还在拼命往下灌水，终于导致崩塌破裂。

沟通，包括厂家和经销商之间的沟通，也包括中外双方之间的沟通。而李宏鹏的到来，就是为了建立一座沟通的桥梁。这也是李宏鹏擅长的事情，因为大家都还记得他在奔驰渠道改革中做出的巨大贡献。

但长安福特可能比当初的北汽奔驰更难做。毕竟相比当年的奔驰，福特在中国的品牌基础都快被消耗完了。

张宝林说："我和宏鹏压力很大。"

◎ "直辖"中国市场

尽管 2018 年的福特几乎全是负面消息，但是 10 月 24 日，当福特全球宣布将中国市场升级为与其北美市场并列的核心市场之一时，媒体和行业似乎看到了福特在华变革的真正决心。

对福特全球，对福特中国，对长安福特，这件事都是意义重大，而且具有里程碑意义。而这个结果的促成，也是长安和福特双方推动的结果。

总之，未来，福特更多的资源将向中国市场倾斜，在福特的轿车业务相继退出北美、欧洲之后，中国也将成为福特最重要的轿车投放、研发和生产基地。

此外，前面提到过的，陈安宁的任命也被视为福特在华深入改革的信号之一。陈安宁是目前福特任命的最高级别的华人高层。

穿越寒冬：
2018中国车市故事

对于未来将与自己直接对话的福特方代表陈安宁，张宝林这样评价陈安宁的到来，"现在陈安宁作为福特中国的CEO，直接向北美福特总部汇报，效率提高了，是好事。对他们选用陈安宁我也看好。因为他毕竟对福特也熟悉，对中国也熟悉，而且他有项目开发、产品开发的背景。他过去在福特期间也和我们长安福特、长安马自达都有合作。"

在2018年福特在华的一系列改革进行过程中，一个小插曲也不得不提一下。

10月23日，某行业自媒体发表了一则标题耸动的爆料文章，称得到内部消息，福特想要增持长安福特，并指出福特正在与长安围绕增持长安福特股比展开对话。

汽车产经网立即就此事向长安汽车董事长、长安福特董事长张宝林求证，得到的回复是："报道不实！长安与福特加强了战略协同，正在共同应对挑战。"

客观来讲，在全球市场上"四面楚歌"的福特，此时谈增持问题绝不是明智之举。通过加深与中方企业的各项合作，加强福特品牌的本土化工作，才是当务之急。

这也是张宝林的看法，而且，张宝林表示，双方从没有谈到过"增持"与否的问题。

一场"虚惊"，但引发了无数议论。

撇开事情本身的真实性，合资与自主的关系在2018年确实也发生了微妙的变化。

政策上，合资股比终于放开，宝马首先"响应"，将华晨宝马的股比提升到75%，国际品牌车企试图在中国市场寻找第二个、第三个合作者……我们看到的是，合资中的外方正在试图"自立门户"或者"另立门户"收割更多利润，而曾经依靠合资产品"躺着挣钱"的自主车企们，将迎来新的难题：过去的十几年合资中没有练好内功的自主品牌，会不会被抛到时代的车轮下？

当然这是另外一个问题了。

▶ 长安汽车董事长张宝林（右）
接受汽车产经网主编陈昊（左）采访

附：

对话张宝林：三年内振兴长安福特
2018年10月25日 重庆

2018年8月，"昊昊下午茶"对时任福特全国销售机构负责人李宏鹏的采访播出后，我收到宝林总一条短信，"你们节目做得很好，很正能量。我们现在的压力很大！"

今年的长安福特，正在经历自成立17年以来最艰难的时刻。

两个月后的10月25日，"昊昊下午茶"地点第一次选在北京以外的地方——重庆。

在长安汽车总部一层的汽车展厅里，坐在我对面的，正是长安汽车董事长张宝林，同时他也是长安福特董事长。

这是宝林总今年以来第一次接受媒体单独采访。

在将近两个小时的采访中，我真切感受到了长安福特正在改变。这些改变，有些已经被外界捕捉到，更多的，还在内部默默进行、酝酿。

张宝林说：三年之内，要让长安福特回到一个比较优秀的状态。

◎ 三个问题，双层沟通

2001年4月长安福特成立，2003年的第一款产品嘉年华上市，一直到2016年这13年当中年均复合增长率达36%，远高于同期中国汽车市场增长的幅度。

长安福特不仅为中国消费者市场提供了像蒙迪欧、福克斯这一批经典产品，累计销售汽车超过600万辆的业绩也为长安和福特股东双方提供了不错的回报。

但增长定格在了2016年的96万辆。

穿越寒冬：
2018 中国车市故事

对于长安福特的失速，外界已经指出过许多原因：近三年没有全新产品推出、渠道建设不力，等等。

采访中，张宝林董事长不仅对这些问题毫不讳言，还做了深入的"自我剖析"。他还说，为解决这些问题，长安和福特合资双方从2017年上半年开始了深度沟通。这些沟通不仅在长安福特的高层进行，还提升到了双方母公司层面。

汽车产经网：长安福特现在的问题，外界做过许多评价，比如产品、渠道。您认为这些问题存在吗？

张宝林：问题肯定是存在的，原因我们都看得也很清楚，第一是产品迭代的速度不够快。

2012～2015年，长安福特累计推出了7款全新产品，但是2016～2018年将近三年的时间没有一款全新产品。在这3年中中国的汽车市场上，无论是合资品牌车企还是自主品牌车企都有大量的新产品推向市场。由于长安福特没有新产品的推出，必然此消彼长。

第二个问题是在品牌的推广宣传方面有差距。福特品牌在全球汽车市场来看，是一个优秀的品牌、伟大的品牌，有100多年的历史，积淀了深厚的技术、人文方面的底蕴。2008年金融危机的时候，福特都没有倒下。

但是在中国，福特过去形成的优秀基因没有深入中国消费者的心里，说明长安福特在品牌的宣传推广方面有差距。

第三个问题是营销。

主要表现一是营销网络的布局或者能力不足。长安福特现在有600多个网点，从数量上讲还有增加的余地。另外，虽然它现在在一二三四类市场的覆盖率是百分之百，但是把这个百分之百打开，真实的覆盖状况是什么样的？我觉得有很多地方值得研究。另外，相比其他的品牌，长安福特在五六级市场的覆盖率还很低。

二是市场规范做得不够好，价格管理不到位：一段时间以来，经销商"飞车"现象较为严重，经销商的经营业绩也很一般。

前些年由于长安福特产品力强大，基本上有产品就卖得很好，这种客观优势的背后隐藏了我们对长安福特的销售经销商培训管理方面能力提升不足，一旦遇到市场不好或者是产品力下降的时候，营销倍增的能力就不够。

汽车产经网：您觉得目前长安福特的这种下滑，长安和福特合资双方各自应该承担什么责任？合资双方从什么时候开始意识到问题的严重性？

张宝林：咱们老话经常讲，企业发展不会一帆风顺，总有波峰波谷。如果放到更长的历史中看，它是正常的。另外，市场不好，市场有压力，正好是转练内功、提升能力的时候，双方是在共同承担压力和责任。

坦率地讲从2017年上半年开始，我们双方高层互动交流和共同应对挑战明显加强了。

二、外资品牌篇

双方高管团队,包括母公司也加强了指导。吉姆·法利(Jim Farley,福特汽车集团执行副总裁兼全球市场总裁)和南方集团董事长徐平,都亲自参与审核长安福特的经营情况;我这个层面主要是跟傅礼德(Peter Fleet,福特汽车副总裁兼亚太区总裁)讨论,我们每隔半个月就会有一次碰面。

讨论内容主要涉及经营层面,关于产品规划推广和经营效率的提升。最近一年,更多是围绕全国分销服务机构(NDSD)销售。

汽车产经网:通过这么频繁的沟通,长安和福特双方达成了哪些共识?

张宝林:长安福特从2017年年底开始出台了一系列措施。

2017年12月,长安和福特双方共同签署了《深化战略合作伙伴框架协议》,对产品、效率、合作等方方面面提了很多要求;2018年6月我们又启动了长安福特振兴计划,争取用3年的时间使长安福特回归到一个优秀状态,包括产品、营销、管理效率方面;7月1日,全国分销服务机构(NDSD)开始运营。

汽车产经网:长安福特的三年振兴计划,和福特2017年12月5日公布的2025计划是什么关系?

张宝林:福特2025是整个福特中国的战略计划,包括到2025年底累计在中国推出50款新品,包括2025年的时候营业收入增长50%。长安福特三年振兴计划是基于福特2025计划拆分出来的一个以长安福特为主的规划。比如,我们把长安福特的产品推出细化到每一年,每个月定期进行审核。

◎ 产品要有,更要合作

一家汽车企业生存和发展的关键是产品,而这恰恰是长安福特现在最缺乏的东西。从2016年至今,长安福特长达三年时间没有推出过全新产品。因此,加快新品推出节奏,是福特在中国首先要解决的问题。

但有产品只是第一步。长达三年时间与市场脱节的福特品牌,怎么保证新产品的推出能够跟得上国内消费需求?

本土化,是福特的答案。而这个本土化,需要合资双方的密切协作才能完成。

汽车产经网:福特提出"在中国,为中国"战略,现在最主要的除了产品节奏加快,还有产品加深本土化。您认为这是不是一个正确思路?

张宝林:我认为"在中国,为中国"是在"一个福特"战略基础上的优化或改进。

现在福特在中国,应该以充分尊重中国消费者的需求和中国市场的变化来应对,产品、技术、研发统统应该按照中国方式配置。

本土化的产品开发,意味着满足中国的消费者,成本也能适合中国市场。现在许多企业都这么做。

汽车产经网：作为合资中方，产品方面我们是否提出过一些建议？

张宝林：对，比如研发周期。国际上开发周期平均是 6 年左右，但是现在中国平均在 5 年、4 年半，完全不一样了。

我们长安一个车开发 36 个月，现在奋力向 24 个月进军。快，意味着你能更好地满足消费者的需求。

福特产品开发周期也比较长。但后来我们提出的建议是：研发周期不超过 5 年。另外，每年要有一个小改款，争取两年、不超过三年要有一个中期大改款。

下一步我们还要密切关注的是研发。

我们希望长安福特作为一个整车厂未来也要有能力参与开发。另外，从产品设计造型阶段开始，长安福特就要拿意见。

为什么我们要求介入到前期开发？比如：前期开发造型阶段，中国消费者很重视这个产品好不好看，这是第一位的；第二是技术配置；第三是成本，成本要有优势。

长安福特在降本方面今年做了大量的工作，比前几年做得都好。比如说采购降本，选择最好的产品、最优的价格，选择最佳实践来比较，从而生产出最好的零部件。

汽车产经网：Territory 领界这款车是福特和江铃联手打造的，说明福特以后会更多依靠在本土化的研发，依靠中国的研发团队。将来福特会不会有一些车型跟长安的车型有关系？因为长安研发上也是很有实力的。

张宝林：你的判断是对的。2017 年 12 月 7 日我们签订的那个框架协议当中就包含了以后合作的深入。双方合作深入其中就有技术和产品的合作，像 Territory 领界这款车，就是基于江铃中型车平台，由江铃和福特联合开发的一款 SUV。

长安在自主创新领域有一系列的经典产品，有一些东西可以拿出来，福特也可以用我们的产品平台、动力平台，以后福特的我们也可以用。市场竞争发展，双方都认识到了合作的必要性。

未来，福特会把长安福特作为美国福特全球出口的轿车基地，销往欧洲、中东、亚太都可以。

◎ 未来三年的机会

基于福特在华提出的 2025 计划，长安福特制定了"三年振兴计划"。从产品、营销到效率提升，张宝林说，要让长安福特在三年后回升到一个比较优秀的状态。但是近两年市场下行，长安福特自身问题亟待解决，机会在哪儿？

汽车产经网：很多预测认为今年车市可能负增长，明年也不会好到哪里去，您认为长安福特的机会在哪儿？

张宝林：首先，我觉得中国市场长期来看还是乐观的，毕竟每年 2000 万辆、3000 万辆的量本身就给我们提供了巨大的机会。

其次，我们还都有一个基本的用户基盘在那里。

第三，我们产品的改进，新车推出，还是能够满足消费者的需求。新一代福克斯，内部空间大了，它的操控性更好。机会就在这里，我们把产品的差异化、个性化做得更好就可以了。

再看看资本市场的反应，2012～2015年的时候，长安福特是高速增长，但那时候资本市场已经关注到产品后续的规划不足，很敏锐。这两年业绩在下滑，资本市场的反应是，只要后续产品规划得当，一定还会起来。

汽车产经网：半个月前我们采访傅礼德先生，他说明年一季度长安福特的销量应该就能看到提升了。

张宝林：我同意他这个说法。2018年11月8日福克斯上市，还有改款的福睿斯上市，主要产品是下半年上市，加上有新的组织机构，新的人，新的干劲，我觉得明年应该是好的。

汽车产经网：今年是汽车圈特别动荡的一年，包括整体市场下行，华晨宝马的合资变动，自主品牌里面消失了很多个品牌。今年北京车展您还说出那句话，"时代淘汰你，与你无关"。以前合资品牌是利润奶牛，我们也从合资企业学到一些技术，但现在跟10年前肯定不一样了。您认为现在合资是什么？自主又是什么？

张宝林：之前是合资企业的产品引领中国的市场和消费者，未来的话肯定是中国的消费者和市场反过来引领汽车企业的产品开发。汽车企业必须依据中国消费者的喜好来做产品，跟从前是反的，我觉得这是一个明显的变化。

另外，在未来几年乃至10年，中国汽车市场上，合资企业还是会比较强大的。这个格局我觉得短时间内还不会变，但自主企业还是会进步，未来是一个共同发展的趋势。

◎ 后记

从宝林总发信息给我，到我们面对面交流，这之间短短两个月里，福特发生的事情已经令人应接不暇。

福特全球架构调整，中国市场"直辖"，跳出"亚太区"被独立并升级为福特在全球的核心市场之一，华人陈安宁被任命为福特中国新CEO，福特决定放弃2020年全球利润增长8%的目标……

这些喜忧参半的消息，一次次将福特和长安福特推到风口浪尖。有唱衰者，有质疑者。福特如今确实问题多多、危机重重。长安福特也同样，改革刚刚开始，同志仍需努力。

但人们都说，只要坚持一件事，时间通常都会予以回报。在汽车行业剧烈分化刚刚开始之际幡然醒悟，谁能说这不是"祸兮福所倚"？为了走出困境而做出改变，持续坚持，谁又能预料它不能重现光芒呢？

期待百年福特，百年长安，重振中国市场。※

穿越寒冬：
2018 中国车市故事

本田：自我救赎

■ 文 / 黄持

2018 年的本田既有"事故"，也有"故事"，但无论遇到什么问题，本田都尝试以"技术男"的思维和经验解决，也常常有不错的效果。

坊间，本田的粉丝们流传过这样一句话："本田就是买发动机送车。"这个从诞生以来便将"技研"二字放在企业名称中的车企，曾在历史中创造过无数令人津津乐道的经典车型，也曾在 20 世纪 80 年代的 F1 赛场拿下六连冠，NSX、Type-R 这些产品也成为高性能汽车的代名词。

"技术狂人"本田宗一郎 20 世纪 40 年代创建的这家公司，对技术的狂热追求从一开始就写入了本田的基因，本田飞度 GK5 的 1.5L 发动机有着业界最高的升功率，而思域所搭载的 1.5T 发动机也保持着量产汽油涡轮增压发动机最高热效率的纪录。

或许谁都没有想到，也正是这台代号为 L15B 的发动机，成了本田在 2018 年最大的"梦魇"。年初爆发的"机油门"事件，波及本田 CR-V、思域、UR-V 以及讴歌 RDX 等多款车型，东风本田与广汽本田紧急召回近 50 万辆汽车，最终本田用开诚布公的态度和务实的精神度过危机，稳住了消费者与经销商的信心，从而在下半年车市的下滑中，稳住了节奏。

对于广汽本田，尽管雅阁在 2018 年经历换代重新回到中级车市场的顶端，但国产 3 年后的讴歌却走到了品牌的十字路口，在全新的品牌理念和产品支撑下，期望能在中国市场收获更多的"存在感"。

2018 年的本田，在完成自我救赎后，一切都正在回归正轨。

东风本田调整节奏再出发

在 2017 年底，一位来自黑龙江齐齐哈尔的本田 CR-V 车主在论坛上发布的帖子悄然流传开来。其内容主要描述了自己一台行驶了 1000 余公里的 CR-V 出现机油异常增多的现象。而东风本田也从当年 12 月起开始陆续收到投诉，以全新 CR-V 240TURBO 车型为主，涉及少量思域和 UR-V，同样是搭载 L15B 发动机的车款。

面对问题，东风本田在农历除夕到来前三天的 2 月 12 日，给出了初步的解决方案，具体包括：召回升级 ECU、增加机油尺刻度线，以及修订用户手册，涉及的 CR-V 和思域车型将进行召回。在研究更加完善的召回方案的同时，为了避免问题的扩大，保障消费者的利益，东风本田暂停了 CR-V 1.5T 车型的销售。

面对"机油门"，东风本田并没有遮掩和回避，在完成召回方案的制定后，东风本田正式宣布召回 2017 年 2 月 14 日至 2018 年 2 月 27 日生产的搭载 1.5T 发动机的部分 2018 款 CR-V，共计 130455 辆。

召回方案中提出了以下解决方案："为召回范围内的车辆免费更换空调控制单元、升级 FI-ECU 软件，对搭载 CVT 变速器的车型同时更换散热器下水管总成、升级 TCU 软件，抑制机油液面增高，消除安全隐患。"

除去软件升级外，还对部分硬件进行了更换，根本目的都是让发动机在起动后可以尽快升温，使得机油快速达到工作温度，以求更加彻底地解决问题。

而在召回 CR-V 之后，东风本田还先后召回了 29 万辆思域、1.9 万辆 UR-V、2.3 万辆杰德；广汽本田召回了 15 万辆冠道和 2.7 万辆讴歌 CDX，合计召回受机油问题影响的车辆共 50 余万辆。

本田提出的召回方案从原理上解决了机油液面升高的问题，2018 年年底的寒冬正在检验本田给出的解决方案，但市场对于本田的信心早已恢复。

面对问题，东风本田主动停止了 CR-V 的销售，尽管这个决定的代价看起来有些大：东风本田 3 月销量同比下滑 28.9%，其中 CR-V 销量由 2017 年同期的 1.4 万辆跌至不足 1000 辆；4 月销量同比下滑 12.2%，CR-V 依然只有 1000 余辆的销量；5 月销量同比下滑 17.7%，而 1~5 月累计销量也有 11.6% 的下滑。

而 2018 年，东风本田全年销量 69.7 万辆，较 2017 年的 72.7 万辆仅下滑了 4.1%，若非 CR-V 停售带来巨大的销量损失，东风本田的成绩单原本可以更加好看。

产品出现过各种问题的车企很多，但像东风本田这样直接停售"支柱车型"的却并不多，在销量和责任的选择题里，东风本田选择了后者。而也正是这种坦诚面对、勇于承担的态度，让东风本田可以在解决技术问题后，迅速恢复正常的销售状态，消费者与经销商的信心都没有"丢失"。

"发现问题，解决问题"，这样一个最简单的道理，并不是每个企业都有勇气和决心做到的。通过公关、营销手段或许可以掩盖问题，降低影响，但在本田看来，用逃避和掩盖的方式让大家接受是不现实的。在 2018 年的夏天面对中央媒体的座谈时，他们说的第一句话就是："机油门是有问题，我们不应该这样。"这让大家能够更加直观和客观地看待问题，反而让问题不再发酵。

而当问题解决，下一步则是如何避免类似的问题再次发生。东风本田也在反思为什么会出现这种情况，在哪些环节需要去改正和提高，在内部做了很多非常坦诚的沟通和分析。

从产品设计的源头，对中国用户的用车习惯以及不同地域间气候条件的差异等客观因素，要有更充分的考虑，要尊重这片土地上所有用户的需求。而这台 1.5T 发动机之所以出现这样的问题，就是之前对中国市场的差异化环境没有考虑到位，使得在极端天气下问题爆发。

在停售 76 天之后，CR-V 恢复了销售。而东风本田的销量数字，也在逐步回升，6月CR-V销量提升到7135辆，7月则迈上1万辆台阶，8月销量已经达到2017年同期的83%。而伴随东风本田下半年"逆势增长"的，是国内SUV市场从6月起便出现的疲软以及整体车市的负增长。

而2018年下半年的复苏，除去东风本田的"坦诚"外，还离不开经销商渠道伙伴的"不离不弃"。

面对市场的变化，东风本田坚持以库存为核心进行管理，同时也改变了以往的一些考核与管理方式。在CR-V停售与车市大盘下滑的双重压力下，依然以终端为定位，不向经销商"压库"，降低渠道的库存压力，让流通体系可以良性运转。即便这样可能会让车企的批发数字和收益看起来不那么漂亮。

同时，东风本田也改变了对经销商的考核方式，改"双月考"为"单月考"，降低了单月的库存，减少经销商的资金和管理压力，提升周转率。东风本田希望跟经销商紧密地捆绑在一起，让他们能够更好地和厂家沟通，厂家也可以更好地获取市场信息。

东风本田与经销商的共同奋斗，带来的是渠道的稳定。《2018年1-7月全国乘用车市场调研分析报告》指出，在全国范围内的流通领域，能够实现盈利的经销商仅有32%。而东风本田的经销商尽管2018年的盈利率略有下滑，但依然有80%以上的经销商可以保持盈利。

"不把销量作为最重要的指标，而是要让东风本田的品牌获得消费者的认同，回归原点，用优质服务和产品力让客户满意。"而对于本田而言，"机油门"是成长过程中经历的一次挫折，但其中的经验与教训，会帮助本田更好地成长。

本田在中国的算术题"1+1＞2"

"机油门"对CR-V的影响是巨大的，但是把目光放到整个本田，包括东风本田与广汽本田，似乎在销量数字上的波动并没有那样显著。在2018年，

穿越寒冬：
2018 中国车市故事

本田思域销量同比增长 20% 以上、雅阁换代后销量逐渐回升进入中级车三甲、XR-V 与缤智的组合在小型 SUV 市场中依然具备统治力。

根据乘联会狭义乘用车销量统计，1—9 月国产日系车（不含豪华品牌）累计销量 31.4 万辆，所占市场份额为 18.57%，同比增加了 0.59 个百分点。而这其中，丰田、日产和三菱品牌市场份额上升，而本田、马自达和铃木品牌市场份额下滑。

本田在中国的两家合作伙伴中，广汽本田的销量增长了 4.3%，东风本田销量下滑 5.28%，这其中的主要原因是由于主力车型 CR-V 受到"机油门"的影响销量大幅下滑，但是包括雅阁、思域等车型在内的出色表现，以及 CR-V 销量在 2018 年下半年的回升，使得本田整体的市场表现并未有很大波动。而考虑到自夏天以来车市的疲软，这样的"成绩单"可以说是合格的。

面对风险，两家本田的车型投放逐渐形成体系力，提升了本田的抵抗能力。如果没有思域的支撑，东风本田的销量下滑会更大；如果没有 SUV 的稳定，雅阁换代的压力也会更明显。本田"双车战略"在 2018 年的市场压力下初见成效。

为中国两家合资伙伴提供同平台的产品，通过差异化的产品细节完成对不同目标消费者的"锁定"，最终达成"1+1 > 2"的市场表现，这个从大众汽车开始的产品策略如今已经屡见不鲜，而大多数也都达到了预期的效果。

本田在东风本田和广汽本田分别投产了包括 XR-V 和缤智、UR-V 和冠道、哥瑞和锋范、艾力绅和奥德赛等多款"孪生车型"，涵盖不同的细分市场。XR-V 和缤智作为合资品牌小型 SUV 最成功的两款车型，在 2018 年众多竞争对手加入的情况下，依然保持了销量的增长。而 UR-V 与冠道也同样是中型 SUV 中的佼佼者，累计月销量贡献过万。艾力绅和奥德赛也在日益增长的合资 MPV 市场中，成为主力车型。

东风本田与广汽本田通过不同的设计风格、车款梯度和价格差异精准地区分了"孪生车型"间的差异：前者侧重时尚、运动和年轻，后者侧重稳重、舒适和豪华，满足不同消费群体的需求。

中国庞大的市场也让这种差异化有了存在的空间，南北方消费者购车习惯的差异、品牌喜欢的偏向以及消费水平的不同，让每款车型都能找到适合自己的位置，共同实现"1+1＞2"的效果。

在 2018 年 10 月上市的东风本田 INSPIRE，则是"双车战略"的最新产物，替代本田思铂睿成为东风本田新的旗舰车型。而这款与雅阁同平台的车型，不仅承载了东风本田重回主流中级车市场的决心，也是本田向"迈腾+帕萨特"目标迈进的重要产品。

而 INSPIRE 与雅阁的差异化定位，也同样遵循了以往的经验。尽管这代雅阁已经向运动化风格转变，但 INSPIRE 用更时尚、更科技的配置和设计细节传递出不同的品牌调性，同时通过差异化的配置与定价，力求和雅阁做出更清晰的划分。

在新能源方面，本田的脚步也会在未来加速。东风本田第三工厂将于 2019 年正式投产，在缓解产能压力的同时，包括混动、插电混动和纯电动在内的新能源车，也将在新工厂生产。而对于广汽本田，依托广汽集团的产品矩阵，未来也将引入世代 PHEV 和基于缤智的纯电动 SUV，逐渐形成完整的新能源车布局。

广汽本田与讴歌的十字路口

在 2018 年，广汽本田完成了雅阁的换代，这台搭载着 1.5T 发动机、披上运动化外衣的新车毫无争议地成为最不像雅阁的雅阁。但伴随着十代雅阁的争议却是"2.0T+10AT"动力组合的缺席，以及过于激进的设计风格能否得到市场的认同。

尽管随着新旧车型的切换，雅阁销量一时间出现了些许波动，但销量折线最终一路上扬，在 2018 年 10 月销量达到了 1.8 万辆，同比增长 34.4%。而根据中汽协公布的排名，雅阁甚至超越了迈腾和帕萨特，成为轿车销量前十名中唯一的中级车。

穿越寒冬：
2018 中国车市故事

170

如果说雅阁凭借着 1999 年至今积累的口碑和出色的产品力最终"打脸"质疑者的话，那么对于广汽本田而言，讴歌品牌却在 2018 年到了又一个十字路口。

早在 2013 年，讴歌品牌就曾经面临过一次"抉择"，在汽车圈习惯称之为"讴歌退网风波"。当时，讴歌 4S 店的库存系数甚至超过 10（整车库存量除以同期整车销量）平均单店月销新车不足 5 辆、全国四分之一的经销商提出退网，曾有讴歌 4S 店的负责人这样说道："讴歌正处于有史以来最糟糕的时刻。"

面对危机，讴歌决定通过国产化救市，而那一年的豪华车市场，凯迪拉克在经历了 2004 年那次不成功的国产经历后，凭借 XTS 的推出，再次回归主流；长安与沃尔沃的合资已日渐式微，S40 进入生命末期；捷豹路虎和奇瑞的合资公司刚刚成立，路虎揽胜极光还未下线；销量更好的英菲尼迪同样未实现国产上市。

尽管相比于其他推进国产进程的豪华品牌，讴歌的体量仍然太小，但国产的确可以给当时处于危机中的品牌带来一丝希望，何况这个时间进度并不逊色于竞争对手们。更低的售价、更符合中国市场的产品以及更灵活快速的市场反应，国产带来的好处显而易见。

到 2016 年，讴歌首款国产车型 CDX 上市，本田也为自己设立了年销 5 万辆的目标，限期 3 年。

◀ "技术过硬"的讴歌
还需要在中国市场证明自己

二、外资品牌篇

事情似乎正在往正确的轨道上走。CDX上市当年，讴歌销售了9062辆新车，实现120%的同比增长。2017年，讴歌再次实现了销量翻番，成为增速最快的豪华品牌之一。

可就在乐天派预言讴歌将成长为上汽通用的凯迪拉克，甚至一汽大众的奥迪时，讴歌却再次被无情地抛到了中国豪华车市场的最边缘。

2018年1—10月，讴歌仅售出6946辆车，同比下滑42.9%；10月销量甚至不足千辆。2017年12月上市的讴歌TLX-L，在2018年9个月的时间里销量仅1161辆，多款车型全年销量还比不上东风本田CR-V一个月的销量。有媒体甚至在文章标题里指出，"讴歌销量败于红旗"。

和同时期国产的竞争对手们相比，讴歌更是被远远地落在了后面。从未国产的雷克萨斯月销量便超过讴歌年销量，而同时期进入中国市场的凯迪拉克更是已经成为仅次于BBA的豪华品牌。对于讴歌，真的是"起个大早，赶个晚集"。

讴歌本不该如此。这个诞生于北美的豪华品牌历史甚至比雷克萨斯和英菲尼迪还要更长。

在20世纪70年代的经济危机中，本田在美国市场推出了思域和雅阁车型，凭借出色的油耗和动力表现迅速赢得了大洋彼岸消费者的青睐，和众多日系车一样，高性价比成为本田品牌的标签。

但随着80年代经济的复苏，豪华轿车的市场逐渐成长，本田品牌已经不能满足高端消费者的需求，而即便拥有豪华配置与充沛动力的Legend（里程）推出，也因为悬挂本田标志而不被市场接受。

1984年，本田正式决定开发豪华轿车市场并推出一个独立于本田体系的全新品牌，以满足北美市场的变化和需求。当年9月，这个新品牌定名为ACURA（讴歌），其名字蕴含有"精工细作"的意思，与本田的精髓相契合。而讴歌，也是日系车企中诞生的首个豪华品牌。

尽管这个有着北美血统的日系豪华品牌曾以"阿库拉"的名字少量被引入国内市场；尽管当年东风本田第一代思铂睿，也同样源于讴歌TSX，但相

穿越寒冬：
2018 中国车市故事

比竞争对手，讴歌用十余年的时间也没能在中国市场讲好自己的品牌故事。

在豪华车市场，不仅仅是产品力的比拼，更是历史、底蕴和格调的暗战。"开宝马、坐奔驰"曾是很多人年少时的愿望，而如今这些 80、90 后正是豪华车市场的主力购车人群；沃尔沃品牌的安全标签，早已深入人心；凯迪拉克与林肯的加长礼宾车，则是八九十年代美系豪华、气派的代表。

而同为日系品牌的雷克萨斯和英菲尼迪，前者顶着"凌志"的光环早早在国人心中树立了日系豪华的标杆，后者则通过各类综艺节目的曝光也博得了知名度。

但被问起讴歌，"路人甲"的回答却可能是"标挂反了"的某中国品牌。

在 2018 年 RDX 的上市发布会上，讴歌提出了"异行者"的品牌价值观，面对市场，或许差异化才是讴歌这样的弱势品牌再次救赎的机会。作为广汽讴歌第三款国产车型，某种意义上也是国产讴歌第一款全球同步的全新车型，面向更加主流同时更具溢价的中级 SUV 市场，在补足产品力之后的讴歌，需要用 RDX 证明自己。

找回存在感，是讴歌完成"救赎"的第一步。

在发布会后的采访中，田中弘春部长希望"I am different 异行者"可以唤起消费者对广汽讴歌的情感共鸣，赢得更多追求个性的消费者的喜爱。而詹军伟副本部长也提到，在 RDX 上市后会围绕产品优势和新的品牌理念，发力营销。讴歌选择通过中国格莱美音乐剧、跨界歌王等节目合作，以及城市巡游、惊天魔盗团魔术秀等落地推广，来扩大品牌声势。

广汽讴歌将自己的客户定位于特立独行、有独特价值观、不被大众世俗眼光束缚、喜欢挑战并且事业有成的一群人。而市场对个性化需求的增加、汽车文化的逐渐传播也给讴歌这样的小众品牌提供了更多机遇。

当然，讴歌能否把握住稍纵即逝的机会，营销与推广的影响力能否转化为销量还需要时间的证明，但留给讴歌的时间也的确不多了。随着 RDX 的销量走势，或许未来我们就可以看出十字路口中的讴歌，到底会拐向哪里？ ※

东风日产：先人一步

■ 文 / 黄持

东风日产将2018年称为"日产智行科技行动元年"，并用轩逸·纯电和第七代天籁的上市诠释了内涵。相比国内其他主流合资车企在新能源市场的时间表，东风日产在4月的北京车展媒体日上，用摆满展台的轩逸·纯电与聆风电动车宣告了自己的决心和魄力，成为合资车企的先行者。

2018年11月19日下午，一架从法国飞来的客机在东京羽田机场降落，日产汽车前董事长卡洛斯·戈恩刚下飞机便被东京地方检察院的执法人员带走。这位曾经拯救了濒临破产的日产公司，并将雷诺-日产-三菱联盟打造成全球最大汽车企业的领导者，因涉嫌隐瞒申报个人薪酬，违反《金融商品交易法》中有价证券报告书不实记载罪被捕，并在随后的董事会中被解除了职位。

事后日产公司的表态则暗示，对戈恩的调查是日产内部发起的，坊间也猜测戈恩的下台与日产的"动作"有着千丝万缕的联系。1999年，日产汽车陷入了历史上最大的经营困难中，负债达到1200多亿元人民币，而当年雷诺伸出橄榄枝建立了雷诺-日产联盟，戈恩出任日产公司社长，挽救这家公司于水火之中。

在戈恩的带领下，日产仅用两年时间便扭亏为盈，2017年全球销量达到577万辆，净收益7469亿日元（约合431亿元人民币），同比增长12.6%。

随着日产在联盟中的重要性和话语权与日俱增,日本人与戈恩的矛盾也在一点点累积,最终,日产"倒戈"。

而日产"复活"的背后,是中国市场的快速增长,在全球最大的单一市场,中国的销量超过了日产整体销量的五分之一,东风日产连续4年销量突破百万,轩逸销量长久以来占据细分市场的前列。和众多跨国车企一样,中国市场对日产的重要性不言而喻,日产也一直在精耕细作这片土地。

东风日产将2018年称为"日产智行科技行动元年",并用轩逸·纯电和第七代天籁的上市诠释了内涵。相比国内其他主流合资车企在新能源汽车市场的时间表,东风日产在4月的北京车展媒体日上,便用摆满展台的轩逸·纯电与聆风电动车宣告了自己的决心和魄力,成为合资车企的先行者。

合资企业电动化先行者

2008年北京奥运会时,500余辆新能源车身披祥云涂装穿梭于鸟巢、水立方之间,成为中国新能源汽车面向世界的展示舞台,也拉开了电动车大规模试点的序幕。而2012年国务院印发了《节能与新能源汽车产业发展规划(2012—2020)》,大力支持电动车发展,让中国新能源车市场从此进入了快车道。

在这个市场中,一直以来唱主角的都是中国品牌,包括北汽新能源、比亚迪、吉利等在内,几乎垄断了新能源车销量榜单。而合资品牌的新能源汽车路线则更多的只存在于PPT和新闻稿中,即便到了2018年,大部分合资品牌车企仍未有纯电动车上市,更多仅仅是在插电混动汽车市场的试水。

大众汽车计划于2020年在中国市场销售40万辆新能源汽车。

丰田的首款纯电动汽车将于2020年推出。

上汽通用将在2020年前投产10款新能源车。

但东风日产的首款纯电动车轩逸·纯电已经在2018年9月上市。

相比于竞争者们,东风日产成为第一个在纯电动车领域推出主流产品的

二、外资品牌篇

合资品牌,与一些合资品牌借合资自主之名试水纯电动市场不同,东风日产的首款产品便是基于聆风电动车技术和轩逸平台进行开发。

日产聆风电动车在2010年底于日本上市,在2018年第二代车型推出前,就已经超越特斯拉成为全球最畅销的新能源车,至今累计销量达36.5万辆。相比初代车型,第二代聆风拥有更大马力的电动机、更高密度的电池和更多技术升级。

日产轩逸对于中国消费者而言则更为熟知,2006年首次推出至今,一直都是国内车市的常青树,在轿车销量排行榜中常年位居三甲,2018年月均销量3.8万辆,甚至超越大众朗逸。

聆风与轩逸的结合,是成熟技术与畅销车型的结合,东风汽车有限公司副总裁、东风日产乘用车公司总经理埃尔顿·谷硕向媒体解释了为何选择轩逸作为第一款技术导入车型:"轩逸在中国拥有庞大的用户基数和良好的口碑,轩逸在市场上的知名度非常高。此外,轩逸所处的紧凑级家轿市场也是规模最大的细分市场之一。"

东风日产希望在纯电动车市场的第一款产品可以借助轩逸成功的品牌,复制轩逸在燃油车市场的成功,这也同样意味着,轩逸·纯电在品质和市场表现方面不容有失。

而在2018年热销的新能源汽车中,北汽EC、奇瑞eQ、江淮iEV6E等都是价格较低的入门级车型,即便与轩逸同级别的吉利帝豪EV系列、北汽EU系列,整体价格也相较轩逸要低得多。

在某种程度上可以视作合资品牌的腾势,上市8年以来销量才刚刚突破1万辆。在政策导向下的新能源汽车市场,代步、占牌依然是很多消费者购车的首要原因。对于合资品牌车企的先行者而言,如何打入被自主品牌车企深耕已久的新能源汽车市场、说服消费者花更多钱为品质买单,从而实现销量和市场占有率的提升,并不是一件简单的事情。

如果说腾势还可以用品牌认知和产品定位作为销量不佳的挡箭牌,那么对于东风日产而言,便没有任何失败的借口。好在,轩逸·纯电的开端还不错。

2018年11月26日，东风日产完成了2018年第100万辆车的交付，而车主正是购买了一辆轩逸·纯电。从9月底上市后近两个月的时间里，作为合资品牌电动车先行者的轩逸·纯电收到超过8000个有效订单，在上市第一个月产量超过2000辆。

上市初期，轩逸·纯电的电池、电机等部分仍然依赖进口，但从12月起便实现电池、电机的国产化，日产汽车公司高级副总裁、东风汽车有限公司总裁内田诚在接受采访时表示，将电动汽车关键部件实现本地化是新中期事业计划中重要的一环。东风汽车有限公司执行副总裁周先鹏也说："未来小型车和A级车可能会完全实现电动化，东风日产、东风启辰和其他分公司都已具备新能源产能，未来也会相互协同，可以更快地推出新产品布局中国市场。"

在轩逸·纯电之后，日产也将于未来5年内在中国市场投放超过20款新能源汽车、引入e-POWER技术、未来3年实现关键电动化零部件100%国产化，最终实现电动化产品销量占全部销量30%的目标。

周先鹏认为，要赢得中国新能源车市场，成本和时间都非常重要，国产化是增强竞争力的关键。作为先行者的东风日产，在时间上已经占得先机，但问题和困难也同样在等待解决，第一个吃螃蟹的人，需要勇气和决心。

从"居家"到"智能"

2004年，国产第一代天籁在东风日产花都工厂下线，这代车型外观设计非常饱满、厚重，内饰则大量使用实木装饰，非常温馨、舒适。这也使得天籁给人们留下了"居家"的印象，甚至被称为是"移动的大沙发"，更有意思的是，在日产官方的宣传海报中，沙发元素也同样出现在其中。

作为东风日产成立后首批国产车型之一，天籁不仅让舒适、居家形象深入人心，也在一定程度上将这种形象烙印在了日产品牌上，之后的骐达、轩逸，也都带着天籁的影子。即便日产自己的品牌口号叫作"技术日产、人、车、生活",但对于大多数人来说,对后四个字的印象显然更为深刻。相比丰田的混合动力、本田的地球梦科技和马自达的创驰蓝天,日产似乎在技术方面少了些看家本领。

但日产将"技术日产"四个字放在前面,并非徒有虚名:GT-R在超跑中的地位可以媲美法拉利、兰博基尼;日产VQ系列发动机连续14年入选沃德十佳发动机,不仅动力充沛而且平顺耐用。在2018年,日产更是推出了全球首款量产可变压缩比涡轮增压发动机,在技术含量上不输本田与马自达。在混合动力技术方面,日产也拥有独家的e-POWER技术。

在中国市场,2018年最为火热的配置则当数"智能网联系统",几乎成为所有新车宣传广告中的标配。8月底的成都车展上,从中国品牌到合资品牌的厂家领导,无一不在谈论自己产品语音识别有多智能、机器学习有多聪明。诸如吉利DKUI、上汽斑马智行、比亚迪D-LINK等智能车机的名字,也被更多消费者所熟知。

相比中国品牌的"激进",众多合资车企的脚步却慢得多,中控屏幕的扩展功能十分有限,对移动互联网的支持也存在不足,在跨国企业的全球框架下,缺少适应中国本土市场的灵活性。对于很多车型而言,支持CarPlay功能便已经是智能化的全部了。

东风日产在2018年6月发布了"智行+"车联系统并推出首款搭载该系统的车型——劲客智联版。这套系统是中国主流合资车企首个拥有自主知识产权的智能网联系统,通过与中国联通、高德地图、科大讯飞、考拉FM等企业合作,实现远程车辆控制、智能语音操作、实时地图导航以及在线娱乐等功能,东风日产亦拥有11项国家专利。

在满足用户日常用车和娱乐需求的同时,东风日产也希望通过车联网的开发，搭建起企业与用户之间的桥梁。以往在车辆交付车主后，车企便失去了与车主主动沟通的机会，只能依靠车主返厂保养、投诉等渠道，被动获取车主用车情况和产品问题。但通过车联网系统，车企可以更加及时和精准地把握车辆状态，车主也可以第一时间将需求和问题反馈至车企，车企与车主之间的沟通互动会变得更加及时高效。

但在这套系统诞生的背后，作为一家合资车企，在"NISSAN"品牌车型上搭载自主研发的系统并非易事，东风日产乘用车公司副总经理陈昊曾这样说过："在Nissan品牌车型上搭载合资公司自主研发的智能网联系统，背后不仅需要有强大的技术研发实力，同时必须通过Nissan全球统一的严苛测试。我们利用中国互联网的快速发展优势，依托日产全球研发实力，吸收国内外先进技术，重拳布局智能互联，最终得到日产汽车的采用，非常难得。"

陈昊还说："在车联网领域，中国品牌拥有更多的自主决定权，市场响应更加灵敏迅速。但东风日产同样具有快速响应的优势，我们的研发团队也拥有技术实力来做这件事。"在智能网联系统上，东风日产既拥有中国品牌的快速响应能力，同时也背靠跨国车企的技术品质优势。

而作为"智行科技"的另外两个组成部分——智能动力和智能驾驶，东风日产也在2018年持续布局。随着第七代天籁在2018年年底的上市，业内首款量产可变压缩比涡轮增压发动机正式搭载在国产日产车型上，同时其配备的ProPILOT辅助驾驶系统，也使得天籁成为国内合资中级车中首款实现L2级别自动驾驶的车型。

可变压缩比发动机，是所有发动机工程师都希望实现的目标，日产高级工程师茂木克也为了这台VC-TURBO发动机，潜心研究20年。通过8∶1至14∶1的压缩比变化，可变压缩比发动机可以满足不同工况下对动力性能和燃油经济性的双重要求，实现高性能与低油耗的平衡。

相比混合动力更加复杂的技术门槛以及额外的电池、电机成本，纯电动汽车续驶里程限制和电池衰减问题，日产用技术证明内燃机依然有着巨大的发展潜力，未来甚至可以实现50%的热效率。

对于未来智能驾驶技术的引入，内田诚曾表示，在 2019 年东风日产会加速导入"日产智行科技"技术，包括更多搭载 ProPILOT 辅助驾驶系统的车型。以往那个舒适、可靠、实用的日产不会消失，随着"智行科技"的加持，或许未来驾驶日产汽车会是一个更加舒适、轻松的事情。

沙发还在，但变得更加智能。

应对波动的"阻尼器"

在中国第一高楼上海中心大厦的 126 层，安装了一个重达 1000t 的"上海慧眼"阻尼器质量块，这是世界上最重的摆式阻尼器质量块。和上海中心大厦一样，很多摩天大楼都会在高层安装阻尼器，以减少强风对大楼的影响，保持高楼层的稳定。

对于车企而言，在 2018 年如"寒流"一般的车市中，也渴望拥有这样的"阻尼器"。雷诺–日产联盟在 2017 年销量达到 1060 万辆，其中日产汽车销量为 582 万辆，占联盟销量的 55%，而全球销量第一的新能源汽车聆风也同样来自日产。

在中国，尽管 2018 年狭义乘用车销量下滑，但东风日产的销量却同比增长 3.9%，轩逸在 2018 年 12 月销量突破 6 万辆。轩逸、奇骏以及逍客等主销车型的稳定，保证了东风日产整体销量在车市动荡中的平稳；占据全球销量超过五分之一的中国市场的稳定，也保证了日产的增长，从而在雷诺–日产联盟中拥有更多话语权。

东风日产是日产的"阻尼器"，日产也在一定程度上成长为雷诺–日产–三菱联盟的"阻尼器"。在卡洛斯·戈恩去职董事长之后，雷诺、日产和三菱 3 家企业高管的首次会晤上，日产首席执行官西川广人就表示："我们 3 家公司的首席执行官在大方向上完全一致。这是一次很好的会议，确定了我们 3 人将共同领导联盟。"显示出联盟依然具有存在的价值，而日产也将在联盟中获取更多的权力。※

北京现代：品牌向上的 N 种可能

■ 文 / 李欢欢

如果说品牌力是北京现代的"软肋"，2018 年，昂希诺、菲斯塔等"N"系列高性能产品上市，正为这家大病初愈的企业铸造"铠甲"。

对于北京现代而言，这场寒冬有点长。

自从 2013 年站上年销百万辆高峰之后，连续 4 年稳超百万销量，彼时的北京现代如日中天。2017 年，因萨德事件引发大危机，北京现代骤然失速，全年销量仅 82 万辆，同比下跌近 30%。最难的时候，北京现代甚至无法支付货款，供应商停止供货，现代汽车工厂被迫停产。

经过一年努力，尽管北京现代还未完全走出寒冬，却已经显露出几丝暖意。2018 年，北京现代以 79 万辆的总销量重回销量排行榜前十。

2018 年 10 月，北京现代重磅车型菲斯塔上市之时，北京现代副总经理樊京涛说过，"所谓才华不过是长久的努力，聚光灯照不到的地方是辛苦的付出与汗水。"

正如樊京涛所说，逆水行舟，是北京现代 2018 年的真实写照。

"摩比斯"之争

有人说，北京现代的危机始于萨德事件。但是，明眼人都知道，这桩政治纠纷只是导火索，北京现代的积弊才是症结所在。"多代同堂"策略、缺乏有竞争力的新车型导入、供应链体系存隐患等诸多因素，都是压倒骆驼的一根根稻草。

北京现代也明白问题所在。在寒冬到来之前，它们已经开始自救。

对于北京现代来说，首先要解决的就是"体制束缚"，根源其实是中韩双方关于零部件的利益博弈。

2017年，北京现代施行降本增效的策略，以求从泥潭中脱身。当时，中方向北京现代供应商提出了降低零部件采购价格的要求，但因为这些供应商大部分是现代起亚集团的关联企业，仗着这层和总部的特殊关系，他们不但拒绝了中方的降价要求，并且以"断供"威胁中方。

其中，以现代摩比斯最为典型。摩比斯是现代起亚集团的三大主力业务之一，与现代起亚汽车互相交叉持股、利益分享，其在北京现代零部件采购总金额中的占比接近50%。

当竞争对手都在实行全球采购，同时寻找质优价廉的本土供应商时，北京现代只能和摩比斯们捆绑在一起，以致在市场竞争中非常被动。要知道，成本优势曾是北京现代的"重要武器"。

这一次，北京现代的态度非常坚决。时任北京现代常务副总经理陈桂祥就曾表示，无论如何，也要进一步深化北京现代本土产业链体系能力。

经过一番博弈，北京现代将本土配套企业扩增至218家，本土化采购率高达96%以上。挣脱了"体制束缚"后的北京现代，在采购上变得更加灵活。不过，北京现代的自救远不止这些。

从高性价比到高性能

2018年4月，北京现代在上海发布了全球战略车型昂希诺。官方给这款全新车型的定位为"高性能时尚酷跑SUV"，没错，这是现代汽车重点研发的"N"系列高性能产品之一。

现代汽车还特意为该系列组建了"高性能事业部",专门负责高性能阵容"N"系列品牌车与赛车项目。

昂希诺,正是该系列引入中国市场的首款车型。凭借超越同级产品的动力性能和丰富的智能科技配置,再加上北京现代素来擅长的外形设计,昂希诺上市当月便斩获 4000 多辆订单。

不过,颇具戏剧性的是,昂希诺随后几个月的销量急转直下。有分析认为,与海外版本相比,国内版昂希诺减少了美国 KRELL 音响、抬头显示、换档拨片和后多连杆独立悬架等配置,这令不少被昂希诺圈粉的消费者大失所望。

试图摆脱"高性价比"标签,通过高性能产品重塑品牌形象的北京现代,很快开始了更为彻底的变革。

2018 年 10 月,北京现代高性能车系第二款车型菲斯塔上市,这是针对中国市场专门研发的首款车型,也是现代汽车烟台研发中心投入使用后的首款产品。北京现代再度从产品层面发力。

这一次,菲斯塔维持了一款高性能车应有的水准,没有以低价取悦消费者。比如,将菲斯塔 280 TGDi 智速版与竞品思域 220TURBO CVT 豪华版对比,二者的定价分别为 14.08 万元、13.99 万元,售价区间高度重合。而在配置上,菲斯塔提供并线辅助系统、自动感应电动行李舱、主副驾驶座椅电动调节、前排座椅加热等配置,以官方说法,远超过思域。

据了解,在两款主销车型的定价上,菲斯塔还以分别超过同级别竞品 5000 元、1.7 万元的增配加持。

北京现代的"气质革命",不仅体现在昂希诺、菲斯塔这样的高性能产品上,就连基础车型,也都充斥着性能的荷尔蒙。

一直以来,北京现代产品战略贯彻"三纵三横"的大主题。所谓三纵三横:纵向是以新一代 ix35 和途胜为代表的基础车型,以昂希诺、菲斯塔为代表的高性能车系,及以索纳塔插电混动为代表的新能源车系;横向则代表智能化、电动化、网联化,所有的产品在这个矩阵中都有各自的位置、各自的定位。

11 月 23 日,北京现代第四代途胜在三亚正式上市。虽然途胜并非高性能系列产品,但北京现代仍然为途胜塑造了不凡的气质。

第四代途胜在外观上"大变脸",放弃了现款车型上帅气的"欧巴"式前脸,改为略带硬汉特征的霸气设计。全新的进气格栅与分体式 LED 前照灯融为一体,跟菲斯塔的进气格栅有一定相似度。不仅如此,第四代途胜高配车型将首次引用捷恩斯的 HTRAC 智能四驱控制系统。

北京现代汽车有限公司总经理尹梦铉在接受媒体采访时表示,过去现代集团可能会优先在美国市场或者韩国国内市场投放新技术,看其反响后,再决定是否要用到北京现代的车型上;为了应对中国市场的快速变化,现在顺序必须得反过来,现代集团的高精尖技术,北京现代的车型会优先得到搭载,以满足中国用户对新技术的需求。

重启品牌向上

2018 年对于汽车市场而言,是"众生皆苦"的一年,不仅上半年增速放缓,甚至在传统的"金九银十"也出现同比下滑。

在这样的背景下,北京现代艰难地重启品牌向上之路,其难度可想而知。

为此,北京现代中韩两方主要领导都经历了人事变动。2018 年 7 月,曾在北京现代担任销售本部南区事业部部长一职的刘宇,时隔 10 年之后重返北京现代,担任北京现代常任副总经理。

仅一个月之后,北京现代迎来新一任总经理尹梦铉。刘宇透露,尹梦铉到任后,与他保持着基本每天沟通两次的探讨频率,他们讨论的重点是,如何精准把握中国市场,以及"如何让现代汽车强大的研发能量在中国市场迅速释放"。

北京现代向来以时尚的外形设计以及高性价比取胜,比日系车更低的价格,却又比自主品牌汽车更强的合资产品力,这使得它能在中国汽车市场的激烈竞争中抢得自己的一席之地。目前,北京现代品牌在中国人心目中刻画了"经济实惠、特别适合家用"的形象,但实际上,这种认知或许和北京现

穿越寒冬：
2018 中国车市故事

▲ 北京现代总经理尹梦铉（右）和北京现代常任副总经理刘宇（左）

代该有的形象存在不小落差。

  尹梦铉对媒体说，在海外市场，以现代汽车为代表的韩系车在品牌力、售价两方面，与日系车之间的差距要远远小于二者在中国的落差。在新能源汽车领域，现代汽车排名全球前列，2017 年其新能源汽车销量 24 万辆，在韩国市场排名第一，在欧洲排名第二，北美排名第三。另外，奥迪跟现代也达成了战略合作协议，奥迪多项氢燃料汽车技术专利，都要依靠现代集团。这是一个技术方面的传播缺陷，北京现代最大的营销决心，便是要自我反省，要完善品牌形象的缺口，并打破现有的营销方式，将现代品牌在海外的影响力及品牌力，无遗漏地传达给中国消费者，打造一个以"质量与技术"为品牌气质的汽车企业形象。

  "韩国研发人员对现代汽车的技术实力非常自豪，这是我多次探访南阳研发中心的最大感受。可惜，我们还没做到让中国消费者真正了解现代汽车的技术实力。"刘宇感慨道。

消除这种落差,是尹梦铉和刘宇的使命,也是中韩双方母公司最为关切的问题。

北汽集团董事长徐和谊就曾表示,年轻消费者对于汽车智能化和网联化的需求正不断提升,北京现代依托现代汽车中国大数据中心,加强消费者消费习惯的数据采集,以便更精准地把握消费者的喜好和需求。另一方面,北京现代也在构建本土化高效研发体系,加强与互联网科技公司的跨界合作,加快智能网联技术和产品导入与应用。

2018年7月,现代汽车和百度达成了车联网方面的全方位合作,双方将联手推进人工智能技术在车联网领域的应用。这些研发成果将搭载在北京现代产品上,比如,在2018年百度AI开发者大会中,新一代ix35概念车展示了百度最新研发的Apollo车联网系统,可以实现更高程度的人车结合。

在菲斯塔身上,北京现代在智能化领域的更多研究成果也在落地。菲斯塔集成了9项智能科技,分别是驾驶人疲劳提醒、车道保持稳定系统、车道偏离警示系统、自适应巡航系统、盲区监测系统、预警制动系统、后方防碰撞系统、后影像监视系统、远光调节系统,其智能化程度远超目前现有车型。

此外,北京现代还将打造Hyundai Smart Sense"智心合一"系统,也计划联手多家高科技公司推动智能驾驶领域技术发展。

据报道,为了能在智能网联方面立于不败之地,现代汽车副会长郑义宣曾经带领现代汽车在一天之内收购了7家人工智能公司。

刘宇对此解读说,"我们的品牌力的确有提升的空间,但品牌溢价能力唯有通过企业提升自身技术水平,高度满足消费者需求才能实现。销量、利润、新技术投放要呈现螺旋递进式增长,才能良性提升品牌力,这其中,任何一个方面都是不能放弃的。"※

偏执狂马自达

■ 文 / 董楠

马自达的偏执，超出你的想象。
但这份偏执，源于对车的热爱。

"丰田研究世界，大众研究中国，马自达研究车。"
"没钱的时候就卖车，有钱的时候就搞转子发动机，钱用完了再去卖车。"
这两句话形象地描绘了马自达在一心钻研发动机技术上的痴狂。

坚持我的坚持

在 2018 年 5 月举行的 Zoom-Zoom 可持续发展战略 2030 发布会上，马自达再次将偏执狂的一面表现得淋漓尽致。

与其他车企发布未来 5~10 年的转型及在新能源市场的战略规划不同，马自达发布的是内燃机技术愿景。

马自达不仅在发布会上展示了全新一代汽油发动机"SKYACTIV-X（创驰蓝天-X）"，马自达汽车株式会社专务执行董事藤原清志甚至表示，"只要这个世界上还存在搭载发动机的车辆，我们对内燃机的改进就不停歇。"

马自达虽然在这场战略发布会上公布了 2020 年将推出新能源汽车的信息，但是，整场发布会的高潮部分集中在马自达公布的最新自然吸气发动机技术上。

在马自达看来,"SKYACTIV-X"发动机的行驶性能、燃油经济性和驾驶愉悦不仅相比上一代"SKYACTIV-G"有大幅提升,最大可降低20%~30%的油耗,提升燃油经济性,同时,马自达汽车株式会社常务执行董事人见光夫还认为,马自达的发动机技术在环保性能方面已经可以媲美电动车。

"换算成综合二氧化碳排放量,电动车是128g/km,而搭载创驰蓝天发动机的马自达车是142g/km。我们只需实现10%左右的改善,即可达到与电动车(EV)相媲美的环保标准。我想马自达新一代发动机可以实现这一目标。如果电动汽车的电力来源是通过煤炭发电、石油发电产生的电力时,则马自达汽车的环保性能已经超越电动车。"人见光夫在沟通中显示出对新一代内燃机技术的自信。

就在2018年11月的洛杉矶车展上,搭载了SKYACTIV-X发动机的马自达3亮相,这款车型百公里综合油耗仅为3.3L,而大多数混动车型的百公里油耗在4L以上。

这就是马自达,当其他跨国车企在中国电动车市场已经摩拳擦掌之时,马自达仍然在展示其在内燃机上的实力,技术派对所谓的"趋势"的不屑,显示出其偏执的一面。

这款最新的发动机2019年进入中国后将会搭载在哪款车型上,马自达并没有透露。

新能源叛逆者

进入中国十余年,2017年,马自达在中国的销量达到顶峰,实现32.2万辆销量,使马自达在中国的市场份额与其最大单一市场北美市场并肩。因此,马自达必须学着适应这一市场。

而且,马自达面临的问题已经逼近眼前。

2019年,《乘用车企业平均燃料消耗量与新能源汽车积分并行管理办

穿越寒冬：
2018 中国车市故事

法》，也就是俗称的双积分政策将正式实施，其中新能源车型比例要达到产量的 10%。按照规划，马自达在 2019 年将不会在中国市场投放新能源车型。

关于 2019 年如何获得新能源汽车积分，无论是马自达中国，还是两家合资公司都没有明确回答。

按照政策规定，乘用车企业 2019 年度产生的新能源汽车负积分，可以使用 2020 年度产生的新能源汽车正积分进行抵偿，或者购买其他企业的新能源汽车正积分。或许马自达对 2020 年获得更多的新能源汽车积分有信心，抑或已经做好购买积分的准备。

马自达拿出的新能源车型时间表显示，2020 年将在中国市场投放专门针对中国研发的新能源车型。

事实上，一心专注于研究内燃机技术的马自达，在电动化、网联化方面更青睐以结盟的方式共同开发。

2017 年 8 月，丰田与马自达采取交叉持股 5% 的方式，深化双方在电动车、自动驾驶领域的合作；2018 年 11 月，双方宣布在美国联合建厂。二者宣布其合作领域还包括：联合开发技术用于电动汽车，联合开发车载互联技术，联合开发先进安全技术，扩大互补产品阵容。

这也让马自达发动机技术与丰田混动技术的合体有了更多想象空间。

不向价格战妥协

在中国汽车销量下滑的 2018 年，马自达在中国市场的表现也不可避免地出现波动。

2018 年，马自达品牌在中国市场的销售业绩（零售），累计销量为 27 万辆，较 2017 年同比减少 12%。两大销售渠道 2018 年的销量情况分别为：一汽马自达销量为 10.9 万辆，同比减少 12.3%；长安马自达销量为 16.3 万辆，同比减少 11.8%。

但是，2018 年马自达在华销量仍然创造了历史第二高的成绩。

二、外资品牌篇

虽然在中国拥有两家合资公司——一汽马自达、长安马自达，但是到2018年11月，两家合资公司仅有4款国产车型，产品线仍然单一。

在营销上，两家公司都保持一致，坚持粉丝营销，并且在2018年车市终端价格不断下探的情况，一汽马自达与长安马自达都坚持不搞价格战。

"区别于其他品牌冷冰冰的价格战，一汽马自达始终致力于与用户的感性沟通，通过发现、创造和传递价值，提供超越用户期望的产品和价值服务，建立持久的信任关系。"一汽马自达汽车销售有限公司常务副总经理兼党委书记郭德强在一汽马自达一次粉丝营销活动中表示。

2018年一汽马自达与长安马自达针对各自的粉丝群体打造了不同主题的体验营销活动。

一汽马自达开启"品质生活提高计划"，围绕着全生命周期的体验和服务整体的提升来搭建各种平台和各种活动。

长安马自达则为粉丝量身打造了"星·生活之旅"，以星座文化为基础，实现与粉丝产生共鸣的体验活动。

无论是一汽马自达坚持的价值营销，还是长安马自达坚持的特色精品战略，其核心都是在产品序列有限的情况，将客户群体做实，让客户感受到马自达品牌的"小而美"，马自达在中国市场的营销理念就是：保持个性但不失温度。

在产品上，与包括本田、丰田在内的日系品牌在中国市场坚持双车战略不同，马自达两家合资公司在中国的产品线各自独立。

在2016年时，马自达对中国产品线进行了一次调整。

一汽马自达砍掉包括马自达6在内的老款产品，尽管马自达6曾经将马自达带入过一段辉煌的阶段，但最终因为产品老化、多代同堂的问题退市。一汽马自达保留了中级轿车阿特兹，并导入全新SUV车型CX-4。

长安马自达则一直销售A级轿车昂克赛拉和紧凑型SUV CX-5。

这四款车型在2018年前十个月均有小幅下滑，但是保证了稳定的价格体系及经销商盈利。

长安马自达汽车有限公司副总裁付远洪向汽车产经网表示,在中国汽车市场如此严峻的形势下,长安马自达在市场整体下滑中保持稳定的价格体系已经是一种成功。

这与马自达(中国)企业管理有限公司董事长渡部宣彦的观点不谋而合。不搞价格战的马自达,其在华销量仅次于 2017 年的历史最高值,在渡部宣彦看来,这种表现已经非常不错。

CX-8 开启马自达"轻奢"路

一直以来,马自达产品序列过少,也造成一个困扰:马自达精心维系的粉丝群体,在消费升级过程中难以置换到一辆更能满足其消费升级需求的马自达车辆。

于是,马自达拿出了 CX-8。

此次马自达不仅要扩充产品线,同时要拉升品牌力,CX-8 开启了马自达品牌的一个新定位:轻奢。

这种介于豪华品牌与合资品牌之间的定位,或许才是马自达该有的品牌调性。在马自达品牌中,CX-8 的产品定位最高,是具备马自达核心 DNA 的

◀ 马自达 CX-8

二、外资品牌篇

旗舰之作。

CX-8同样没有效仿丰田、大众等跨国车企的双车战略,而是将其引入长安马自达,与已有的CX-5、昂克赛拉组成长安马自达的特色精品战略。

中国7座SUV市场早有前人开路,并且随着中国二胎政策放开,更受市场青睐。在这一细分市场中,CX-8面对的竞争对手不仅包括同为日系的汉兰达、冠道等车型,也包括福特锐界等美系7座SUV。

CX-8并没有采取低价竞争策略,25.88万~33.08万元的价格高于汉兰达、冠道及锐界。

CX-8上市之前,长安马自达在研究了这一细分市场后,提出一个新的概念:7座SUV 2.0时代。这一细分市场经历了对大空间、硬派风格的1.0时代后,产品需求开始向情感需求转移。在2.0时代,空间、颜值、驾驶乐趣都不可或缺。

对于长安马自达来说,CX-8必须要成为一款走量的车型。长安马自达是否能够精准地抓住7座SUV市场,它的小众与轻奢是否能够唤起新一波消费?这些都将在2019年得到验证。

在长安马自达布局3款车型后,一汽马自达却迟迟没能迎来新的国产车型消息。目前马自达也没有公布接下来的产品规划。

铃木退出中国市场后,有人猜测,下一个退出中国市场的日系品牌可能会是马自达,原因不外乎马自达在中国一直比较小众,且国产车型较少。的确,马自达在中国市场从来都不是主流,但它"小而美",有生命力。

2018年的车市下滑或许将持续到2019年甚至更远,所有汽车品牌都如履薄冰。很多车企更青睐于相信:低迷的车市是对实力的检验。

马自达已经为2019年车市准备了其最新技术成果:"SKYACTIV-X"发动机。这款实力之作,与扩大后的产品阵容,能够帮助马自达升级打怪成功吗?

车市寒冬,留下来的终究是有实力的企业。技术派、轻奢,皑皑白雪中,马自达留下的脚印依然是独特的。※

三菱:"铁婚"六年甜蜜蜜

■ 文/黄持

> 1972年便进入中国市场的三菱可以说是"起个大早赶个晚集",在混乱与动荡中潜行多年的三菱决心"从头再来"。在牵手广汽6年之后,全新战略车型奕歌上市、研发及零部件产业布局逐渐成形,一切都在回归正轨。

2018年刚刚就任广汽三菱执行副总经理的李曲明谈及自己就任后感受时说:"最大的感受就是整个厂子的节奏非常快,员工工作的热情和激情非常高,再就是,广汽三菱'好事连连',发展的动力非常足。"

成立6年的广汽三菱在2018年实现了长沙发动机工厂投产、研发中心和零部件产业园开工,并且推出了全新战略车型三菱奕歌。进入21世纪以来历经动荡与波折的三菱,在与广汽牵手的日子里,过得越来越甜蜜。

2017年,广汽三菱成立5周年的庆典上,三菱汽车CEO益子修曾感慨:"广汽三菱如果早5年出现,会比现在发展得更好。"从1972年中日恢复邦交正常化,就开始向中国市场出口载货汽车算起,至今40余年时间里,三菱与柳州汽车厂合作生产过微型面包车、与福汽合资成立东南汽车、入股长丰、在北京吉普生产欧蓝德、建立两家发动机合资公司⋯⋯但却迟迟没有找到自己的"Mr.Right",直到遇见广汽。

好事连连的 2018

2018年10月,在广汽三菱研发中心和零部件产业园项目开工动员仪式上,湖南省委书记、省人大常委会主任杜家毫,湖南省委常委、长沙市委书记胡衡华,湖南省副省长陈飞,长沙市市长胡忠雄等政府领导,广汽集团董事长曾庆洪,广汽集团董事、广汽三菱董事长陈茂善等广汽三菱股东方领导共同出席,足以见得这场活动的级别之高。

随着挖掘机的轰鸣,这片雨后有些泥泞的土地即将变身现代化的研发中心,未来规划了包括新能源汽车实验室、智能网联中心、造型中心等研发机构,以及综合试车场地。

仪式现场的展板上描绘了这个项目未来的愿景:研发中心建成后,广汽三菱将建立起涵盖车型改款研发、技术创新在内的产业体系,在造型设计能力方面突破现有水平,提升广汽三菱自主研发的综合实力。同时,研发中心的建立还有助于提升广汽三菱现代化车型的研发能力,为广汽三菱匹配三菱汽车新车型开发工作奠定基础,同时也对湖南省汽车行业技术进步具有积极意义。

从规划方向可以看出,未来广汽三菱在新能源、智能网联方面的发展值得期待,而更多基于中国市场需求的新车或许也会从这里诞生。

广汽三菱奕歌 ▶

穿越寒冬：
2018 中国车市故事

194

2018 年，广汽三菱累计销售 144018 辆新车，同比增长 23%，单月销量也连续 16 个月超过万辆。在欧蓝德取得成功的基础上，三菱的另一款战略车型奕歌也正式上市，作为三菱新百年的首款战略车型、广汽三菱首款全球同步车型，奕歌被广汽三菱寄予了"爆款"的希望。

奕歌在日本上市后的第一个月便跃居乘用车销量榜的第三名，成为三菱品牌最为畅销的车型。而在国内市场，尽管 2018 年 SUV 整体增速放缓，份额下滑，但低端车型销量的下滑，使得竞争力更强的高品质合资 SUV 反而获得了消费者更多的关注。

日产逍客 10 月销量同比增长 17.6%、丰田 C-HR 与奕泽双车销量近万、XR-V 销量同比近乎翻番，这些奕歌潜在竞争者的销量表现证明了市场需求依然存在，需要的只是实力。

可以靠脸吃饭的奕歌，也有实力。这款瞄准了年轻消费市场的紧凑型 SUV，在设计上采用了三菱最新的 Dynamic Shield 设计语言，通过线条和曲面的变化，营造出时尚、动感的外观。车尾则采用了贯穿式尾灯设计，同时使用了独特的分体式后风窗，既满足空间和视野的实用需求，同时也保证了外观的流畅和个性。

年轻消费者耳熟能详的 ACC 自适应巡航、CarLife 车载互联系统、HUD 抬头显示、LED 大灯、并线辅助等科技配置同样没有缺席。动力方面，延续了三菱运动基因的代号为 4B40 的 1.5T 双喷射涡轮增压发动机和"S-AWC 超级全轮控制系统"，让奕歌不仅动力充沛，也充满了驾驶乐趣。

11 月 6 日上市当天，奕歌 1000 辆优先提车权在 18s 内被抢购一空，也证明了市场的接受度。

三菱的新百年，看起来有了一个不错的开始。

三菱，不易

纵观车坛，如今历史超过百年的汽车品牌并不算少，既有劳斯莱斯、阿斯顿·马丁这样的超豪华品牌，也有被誉为"汽车发明者"的奔驰，还有像标致、菲亚特这样的"大众化"品牌。但在很多媒体的盘点文章中，却见不到三菱的身影。

其实，由19世纪70年代一家轮船公司发展起来的三菱集团，造车历史可以追溯到1917年，三菱重工的汽车制造部门在那年推出了Model A车型，成为日本首款批量生产的轿车。

20世纪的三菱曾有一段辉煌的历史。尽管在第二次世界大战中受到了巨大的冲击，但随着战后日本经济的腾飞，私家车市场需求快速增加，1960年初三菱500面世，成为日本首款"国民汽车"，而引入Jeep技术生产的越野车，则成为帕杰罗的鼻祖。

1982年三菱的传奇车型帕杰罗在日本上市，次年亮相达喀尔拉力赛。这个被称为世界上最艰苦的拉力赛，也成为成就三菱的舞台。至2009年最后一次参赛前，三菱车队总共26次征战达喀尔，12次夺冠，在2001—2007年曾获得七连冠的好成绩。

在达喀尔拉力赛上，帕杰罗证明了自己出色的性能和可靠性。改革开放后，大量日系车进入中国市场，帕杰罗也是其中之一。在那个时代，帕杰罗是比丰田普拉多和日产途乐能见度更高的越野车，长丰汽车也引入第二代帕杰罗国产并命名为猎豹，进一步提升了这代车型在国内市场的认知度。

而在另一个比达喀尔拉力赛更为著名的赛场上，三菱也同样有着出色的表现。1987年，出于安全考虑，国际汽联取消了世界拉力锦标赛（WRC）无限制改装的B组比赛，而引入了A组赛事，要求参赛车辆必须以量产超过2500辆的原型车为基础，因此三菱便在家轿Lancer的基础上生产了2500辆高性能版Lancer Evolution以满足要求。

令人意外的是，首批生产的2500辆Lancer Evolution被抢购一空，三菱便追加生产了2500辆。随着三菱在WRC赛场不断取得佳绩，量产版EVO也成为无数车迷心中的"街霸"传奇。而在赛场上，1996年马基宁驾驶Lancer Evolution III赛车摘得车手总冠军，三菱不仅首次圆梦WRC总冠军，而且从此开启了四连冠的辉煌。

但所有美好的故事都终止于千禧年，随着 2000 年"刹车门"事件的爆发，三菱受到了巨大打击。V31 和 V33 两款帕杰罗车型因为设计缺陷导致后制动油管容易受到磨损而破裂，被全面召回并且禁止在中国市场销售，使得帕杰罗的口碑和销量从此一蹶不振，再也无法与丰田普拉多相提并论。

在海外市场，三菱也被不断爆出质量问题，2001 年召回 76 万辆汽车，2002 年一台三菱货车因质量问题轮胎飞脱，造成一名带孩子的女子死亡，2004 年，当时的戴姆勒－克莱斯勒公司无法忍受严重亏损，结束了与三菱的合作。

2016 年，三菱又被爆出燃油数据造假，引发股价大跌，一天之内蒸发 12 亿美元，最终被日产收购 34% 股权，成为雷诺－日产联盟的一部分。到了 2017 年，三菱宣布停产 Lancer 系列车型，并且要逐步放弃轿车业务，曾经辉煌的 EVO 也宣告落幕。

从"多面下注"到"一心一意"

在中国市场，三菱不是一个迟到者，但却是"起个大早赶个晚集"。三菱的产品曾在中国遍地开花，有前文提到的帕杰罗，也有曾与金杯分庭抗礼的东南得利卡、热销的哈飞赛马，以及至今仍在东风风行生产的菱智。而来自两家发动机合资公司的 4G6 和 4G1 系列发动机，更是成为无数中国品牌最初搭载的"心脏"。

三菱用技术奠定了中国品牌汽车的成长基石，却没能卖好自己品牌的汽车。从最早的长丰汽车，到后来的北汽、东南，直到与广汽合资前，三菱从未在合资公司中占据过 50% 的股份，反而受制于各方利益，无法稳定发展。2003 年时，三菱在中国市场销量达到 14.52 万辆，位居日系品牌第一位，但随着与戴姆勒－克莱斯勒的分手，2005 年三菱销量跌到仅 1.7 万辆。而东南三菱尽管相继引入了翼神、戈蓝这些三菱主流轿车，但后续新车引进缓慢，市场定位失准，让这家企业一直也没能把握住市场的节奏。

只顾眼前利益又三心二意的三菱得到的是混乱和动荡，最终只得"从头再来"，在广汽完成对长丰的并购后，三菱终于实现了成立50∶50合资企业的愿望。而借助中国SUV市场爆发的时机，广汽三菱逐步走入正轨，销量稳步提升，日本人终于反应过来，因为自己曾经的三心二意而错失了多少机会。

未来对三菱而言依然充满变数，卡洛斯·戈恩被免职后的雷诺–日产–三菱联盟何去何从？中国SUV市场在2018年遭遇"天花板"，未来的增长红利还有多少？在海外市场停产轿车的三菱，又如何在中国完善产品线？

尽管错过了很多，但2018年广汽三菱的变化，可以证明，好事不怕晚，只要合资双方齐心协力，未来依然可期。※

三、自主品牌篇

吉利汽车：高筑墙　亦开放

■ 文 / 任娅斐

面对前方的对手大众、通用，吉利不但要高筑技术的城墙，锻造体系力，还要以开放的心态，迎接汽车新四化的变革。

要说 2018 年汽车圈最令人期待的和解，莫过于吉利和长城。

10 月份闹得沸沸扬扬的"黑公关事件"，在两方发布联合声明后，于 11 月 15 日风波落幕。

而在当日举行的 2019 易车年度汽车盛典上，吉利控股集团总裁，吉利汽车集团总裁、CEO 安聪慧和长城汽车总裁王凤英的握手言和，更是被"传为佳话"。

撇去"黑公关事件"不谈，浙江吉利控股集团获得"2018 中国汽车年度

▶ 安聪慧与王凤英握手

穿越寒冬：
2018 中国车市故事

企业"也是实至名归。

20 年前，李书福用全部积蓄买来一辆奔驰，拆解之后，依葫芦画瓢造出了第一辆汽车。20 年后，他入股戴姆勒成为最大单一股东。

8 年前，吉利买下沃尔沃时，很多人都等着看他的笑话。8 年后，沃尔沃汽车集团全年销量达 60 万辆，没有人再质疑他的眼光。

李书福让沃尔沃重生，沃尔沃也反哺吉利，无论是品牌还是产品，吉利都有了质的飞跃。

而最值得李书福骄傲的是，2018 年吉利总销量突破 150 万辆，仅次于南北大众和上汽通用，吉利单品牌销量仅次于大众。距离 2020 年销量突破 200 万辆，进入全球车企排名前 10 的目标，李书福又近了一步。

即便成绩斐然，安聪慧却依然不敢放松，面对媒体，他甚至表示："我们每天都在想着怎么活下去。每一天都如履薄冰。"

与其说这是一种害怕，倒不如说是对市场的敬畏之心。特别是在一家企业年销量达到 150 万辆以后，任何细小的错误都会被放大延伸，为企业的健康发展埋下祸根。只有始终保持一种谨慎态度，少犯甚至不犯错误，才能保证吉利这艘巨轮平稳驶向远方。

"高筑墙，广积粮"

2017 年 5 月，吉利发布了面向未来的"iNTEC"技术品牌，涵盖动力（G-POWER）、安全（G-SAFETY）、智能驾驶（G-PILOT）、健康生态（G-BLUE）、智能互联（G-NETLINK）五大核心技术，着力打造"人性化的智驾科技"，这一年也成为吉利品牌智能化的元年。

仅仅一年时间，吉利已将 iNTEC 人性化智驾科技技术品牌变成现实。

2018 年 3 月 15 日，在 2018 款博越上市发布会上，吉利公布了其与百度、阿里、腾讯、京东、高德地图等互联网科技企业联合打造的"GKUI 吉客智能生态系统"。

从 G-NETLINK 智能互联系统到 GKUI 吉客智能生态系统，吉利汽车智能互联再次升级，成为车载互联网优质内容集成平台。安聪慧现场激动地表示："今年是吉利从高速发展转向高质量发展的关键之年，我们将以技术引领品牌，以创新驱动发展，实现从制造向创造转变。摘掉'传统车企'的帽子，成为真正意义上的互联网和新能源企业。"

而除了在智能车机系统方面取得的成果，在新能源汽车动力系统方面，吉利也在全面推进中。

2018 年 5 月 28 日，吉利汽车正式发布新能源汽车动力系统"智擎"，作为吉利"iNTEC 人性化智驾科技"的重要组成部分，"智擎"涵盖纯电、混动、替代燃料以及氢燃料电池四大技术路线。首款搭载智擎·混动的旗舰车型——博瑞 GE 也于当日正式上市。

根据吉利此前规划，计划到 2020 年产销量达到 200 万辆，其中新能源汽车产品占比达到 90%。在当时来看，这无疑是一个非常大胆的战略。随着"智擎"发布，博瑞 GE 上市，吉利正式开启了它的新能源时代。

"2018 年是吉利汽车全面迈入新能源汽车时代的元年。以博瑞 GE 为开端，未来吉利的全新产品都将全面实现电气化，3 年内将有 30 多款新能源和节能车型推向市场。"安聪慧表示。

而在渠道方面，吉利的传统产品销售网络已有 G 网、L 网，加上新能源的 E 网，形成 G+L+E 的组合。吉利汽车国内销售公司副总经理、吉利品牌销售公司总经理宋军介绍，因为新能源汽车的售后服务和传统燃油车有区别，吉利会根据服务能力选择当地城市最优秀的经销商，先来服务吉利汽车新能源产品。

在新能源和智能化正在重塑全球汽车产业格局的背景下，汽车行业的竞争，已经演变成一场"技术战"。在这场"技术战"中，安聪慧强调，吉利汽车立志于做智能和新能源领域的"行动派"，而不是"理论家"。

吉利 icon Concept 概念车亮相北京车展 ▶

自主研发造车"魔方"

汽车圈流传甚广的一个段子是,大众汽车只有一款车:高尔夫。拉长就是帕萨特,改名就叫迈腾,减掉一个后座就是 CC,再拉长就叫辉腾,拍成方的就是途安,加 3 个后座就是夏朗,加高底盘就是途观,再撑大点就是途锐,拍扁就是尚酷,加个屁股就是速腾,缩短点是 POLO。

段子背后,是大众集团的平台优势。与大众类似,丰田的 TNGA、宝马的 UKL/CLAR 等,都是平台中的佼佼者。然而,在这一需要长期投入研发,更专注于技术沉淀的领域,中国品牌多年来鲜有建树。为了攻克这一难关,吉利耗费 8 年,每年都会投入将近 100 亿元用于研发。

2010 年,因看重沃尔沃的技术优势,吉利豪掷 18 亿美元从福特手中买下沃尔沃汽车。

2011 年,吉利投资 110 亿美元,用于 SPA 平台研发和在中国建立工厂。此后陆续推出的大型产品,如 XC90、S90、V90 就建立在这个平台之上,这也让几乎陷入绝境的沃尔沃"起死回生"。

2013年,吉利与沃尔沃联合成立欧洲研发中心,共同打造紧凑型模块化基础架构CMA,研发小型发动机。3年后,沃尔沃以两款概念车的首发亮相宣告了CMA整车平台架构的出炉。

2017年8月,吉利与沃尔沃成立技术合资公司,通过相互授权的方式,实现沃尔沃SPA平台和四缸发动机,以及吉利CMA基础模块架构等最新技术的共享。

2018年7月,吉利发布历时4年,完全自主研发的BMA基础模块化架构,并在此基础上,正式推出了首款A级SUV缤越。

得益于BMA先进的模块化架构,未来吉利新车研发时间缩短至18~24个月,相比传统平台研发速度提升近一倍,同时可实现规模效应、降低成本,满足新时代消费者的全面需求。

至此,吉利集团已经形成了4大全球基础模块化架构:BMA、CMA、SPA以及全新一代电动汽车专属架构,为实现吉利汽车"20200战略目标"夯实基础。

领克背后,吉利的野心

作为吉利汽车与沃尔沃汽车联合打造的高端合资品牌,领克01自2017年4月在上海车展亮相发布后,就备受关注,上市一年,交付量就突破了8万辆。

而领克品牌自诞生之日起,就上演了一系列不走寻常路的营销活动。精心打造领克新媒体阵地,线下玩个性品牌发布会、举办线上网购活动、与时装周跨界合作,以及官网自媒体的运营,使得领克自带潮流、时尚与运动属性,不断与年轻用户产生互动。

如今,领克中心、领克空间以及领克商城已经成为领克汽车的重要标志。作为领克品牌"三位一体"渠道模式中的重要一环,领克中心在传统汽车4S

服务体系之上,创新性地提出了"6S 服务模式",融入社交(Social)和分享(Share)的社交理念,并在此基础上,正式推出领克"Co 客领地",进一步践行着"不止于车"的品牌理念。

根据数据显示,截至 2018 年,有 2000 多家经销商申请加盟领克,已批准超过 300 家,在建 113 家,领克中心和领克空间正式运营 185 家,覆盖超过了 220 个城市。官方俱乐部 Co:Club 的粉丝达 40 万人,各地"Co 客领地"数量已达 70 个,覆盖近 2 万人。

正如吉利汽车集团副总裁、吉利汽车销售公司总经理、领克品牌销售公司总经理林杰所说:"领克品牌就是要踏踏实实做好新时代的高端品牌。打造高端,不仅是产品,更是一个体系的体现,包括品牌、营销、渠道、服务标准等等。"

2018 年,领克销量突破 12 万辆,领克 02、领克 03 也已相继量产发布。在 2019 年领克除了会推出油电混动 HEV 车型,领克 02 和领克 03 的 HEV、PHEV 和 MHEV 车型也会陆续推出。

但领克的"野心"绝不会止步于此,它不仅要叫板主流合资品牌,更要在全球市场与其他跨国品牌一争高下。

事实上,早在 2018 年 3 月 26 日,领克 02 在荷兰阿姆斯特丹全球首发,就已经能看出领克全球布局计划的雄心。

林杰
吉利汽车集团副总裁、
国内销售公司总经理

当时，领克宣布，第一家欧洲线下门店将于 2019 年在阿姆斯特丹开业，并逐步向欧洲主要城市扩展。领克 01 PHEV 也将于 2019 年在比利时根特工厂投产，2020 年上半年正式在欧洲市场上市销售。

7 个月后，领克 03 在日本富士国际赛道正式上市，也被业界视为是一次直接挑战丰田和其他日系品牌的大胆行动。

在安聪慧看来，领克既然定位"生而全球"，势必要参与全球汽车行业的竞争。而中国品牌车企想要取得长足发展，绝对不能满足在国内市场称王称霸，也要有魄力与一线国际品牌车企正面对决。

吉利"活下去"？

虽然形势一片大好，但安聪慧却多次表示："我们每天都在想着怎么活下去。每一天都如履薄冰。"

在变革的大背景下，李书福曾预测未来世界传统汽车行业只有 2~3 家企业能活下来。这几家企业中会有吉利吗？

显然，以李书福和安聪慧为代表的吉利高层，对于未来汽车市场以及行业的走向都不无担忧，特别是在吉利年销量达到百万辆规模之后，这种压力已经不单单体现在产品层面的竞争，进而转化为技术研发、营销渠道、品牌传播、售后服务等全方位体系力的竞争。

2018 年前 9 个月，吉利一直保持着高速增长，但进入 10 月份，增速仅为 3%，11 月份，同比增幅进一步缩窄至 0.3%。吉利旗下多款车型也出现了同比下滑，博越、帝豪 GS、新帝豪、远景 SUV 四款车型的下滑幅度更是超过了 20%，而从累计销量来看，博越、新帝豪以及远景 SUV 的表现已经低于 2017 年同期。

曾被吉利冠以"最美 SUV"的博越，继 10 月份销量出现 4 连降后，11 月份再次大幅下滑，销量仅为 1.9 万辆，同比大跌 36.6%。

与此形成巨大反差的是，在刚问世的 2016 年，博越销量一路高歌猛进，月销连破 3 万辆，一度将对手压得喘不过气。

而博越的下滑，吉利销量增幅收窄，或许都只是吉利进击的一次考验。相比于吉利进入全球车企前 10 所面临的大考，这只是一次小测验。

2017 年，吉利控股全球销售 182 万辆汽车，全球排名第 13 位。李书福希望 2020 年，吉利控股销量能到 300 万辆，进入前 10 名。

目前来看，这一差距仍然很大。从公布的最新数据显示，吉利汽车（包括领克）累计销售 150 万辆，沃尔沃全球销售 64.2 万辆，宝腾全年销量约 6 万辆，而路特斯销量只有 1000 辆左右。

这就意味着吉利要想冲击 300 万辆的目标，需要在接下来的两年内最少实现约 80 万辆车的销售增量。

2018 年，吉利创业 32 周年，也是立志造车的第 21 个年头。

三十而立，对于吉利来说，这是一次伟大的冒险，吉利既要站稳 150 万辆大关，又要全速驶向 2020 年 200 万辆的目标（即"吉利汽车 20200 战略目标"），在全球汽车新"四化"的变革中占得一个 VIP 席位。※

长城汽车：野蛮生长　久炼成钢

■ 文 / 吴静

从当年搅局的鲶鱼，到如今成为自主品牌的引领者，历经政策洗礼、市场竞争和对手考验的长城汽车，"野蛮生长"数十年之后，手中捧着的那个"瓷饭碗"，在遭遇车市寒冬的 2018 年，好像已经久炼成"钢"。

"不是汽车产业不行，也不是这个行业不行，是你不行。"

"你压力大，他比你压力更大。"

"一个企业不死三次，长不大。"

"越低迷越聚焦越得坚持，任何一个产业都是最后坚持下来的那个活下来。"

"压力对我们来讲是巨大的价值，它转变了我们的理念，改变了我们的认知、机制、做事方式，且增强了我们的定位。这是一个非常好的时期，将会锻炼一个有价值、有理念的汽车公司。"

12 月 10 日，在 WEY 品牌两周年的媒体沟通会上，面对媒体的系列发问和质疑，长城汽车董事长魏建军现场随性发挥了不少金句。这些带有明显"魏氏风格"的语言，幽默之余，不仅能让人对这个市场保持一份清醒，更多的则是对长城汽车实力和底气及自信的诠释。

可以看出，经历过政策洗礼、市场竞争和对手考验的长城汽车，如今面

穿越寒冬：
2018 中国车市故事

▲长城汽车董事长魏建军

对残酷的市场环境，已练就一份从容与淡定的心态。

"搞自主的只有拼，自主品牌像捧着一个瓷饭碗一样。一摔，啪，就碎了。"

曾经，魏建军用这样一段话来形容自己的自主品牌汽车事业。如果说过去的长城汽车是在野蛮生长，那 2018 年作为一个分水岭，则是长城汽车久炼成钢之后"汽车帝国"雏形初显的一年。

WEY 品牌迎来两周年、"联姻"宝马成立光束汽车、新能源汽车欧拉品牌出世、哈弗 F 系诞生、长城皮卡独立、入股全球最大的加氢站运营商 H2M 布局氢能源……不得不说，在遭遇车市寒冬的 2018 年，长城汽车的蜕变，似乎出乎了外界的意料。

两周岁 WEY 的"小目标"

"WEY 是旗杆，更是标杆；WEY 的品牌取自我的姓氏，我希望，它是名字，更是'铭志'，而我的志向就是：从'走上去'到'走出去'，把触手可及的豪华带给中国人，把中式当代豪华带到全世界。"

那一个中国的豪华汽车品牌要走向世界，还要等多久？

在 WEY 品牌的两周岁"生日会"上，魏建军给大家的答案是：2021 年。按照品牌计划，也就是在 WEY 品牌诞生的第六年，它将正式出征海外，进军北美与德国市场。

而在新能源汽车方面，目前，在德国慕尼黑的研发中心和保定的国家级氢能创新中心，长城汽车已组建了一支 600 人的世界级氢能技术研发团队。预计在 2022 年，WEY 品牌将推出首款氢燃料电池量产车型。这也意味着，WEY 将成为全面探索插电混动、纯电动和氢能源技术路线的中国豪华 SUV 品牌。预计到 2030 年，WEY 的新能源汽车占比将达到 50%。

以上，是 WEY 品牌在它两周年之际树立的"小目标"。

回顾 WEY 诞生的第二年。数据显示，2018 年，WEY 品牌销量突破 13 万辆，位列 15 万 ~20 万元区间中国豪华汽车品牌第一名，与此同时，WEY 也成为第一个累计拥有 20 万用户的中国豪华汽车品牌，初步实现了"终结合资品牌暴利时代"的品牌使命，并在中高端 SUV 市场为中国品牌赢得了一席之地。

遗憾的是，在 2018 年市场下行的大背景之下，WEY 依旧没有达到年初定下的 25 万辆销量目标。但是，品牌建立非一日之功，更不应该急功近利唯销量论。以更远的未来、更大的视野、更长的预期去打造和沉淀品牌，WEY 应该已经意识到，这必须是一场持久战。

不谋全局者，不足以谋一域。幸运的是，魏建军已经有了充分的应战策略，并为 WEY 品牌冲击高端打造更坚实的地基。长城汽车，已经将自己放置于更开阔的"斗兽场"之内。

"汽车帝国"雏形初显

与宝马合资，无论如何都算得上是长城汽车历史上浓墨重彩的一笔。

7 月 10 日，长城汽车与宝马集团在中国总理李克强和德国总理默克尔的

> 穿越寒冬：
> 2018 中国车市故事

见证下，正式签署了合资合作协议。双方各持股 50% 建立合资公司，命名为光束汽车有限公司。

其实，早在 2016 年 4 月 18 日，双方便已签署了合作保密协议。魏建军曾表示："我们有点像自由恋爱，先搬到一起住，7 月 10 日则是双方订婚日。"然而在魏建军眼中，长城与宝马的合资是中国汽车历史上首个真正意义上的民营企业合资，也是最有质量的合资。

在德国签约后，7 月 11 日，风尘仆仆的魏建军刚一回国就召开了新闻发布会。在发布会现场，有一个细节颇值得玩味。

"在很多人看来，长城汽车是个纪律严明、充满斗志，个人色彩浓厚的车企，但在全球化的今天，显得似乎有些保守封闭，未来长城汽车如何变得更加开放？"在媒体沟通会现场一位媒体人如是问道。

魏建军拿起话筒，加大分贝："长城汽车本来就很开放，谈不上更开放。"这句话似乎在魏建军心里，憋了好久。

魏建军表示，拿合资这件事情来说，很多人以为长城保守封闭，不愿意合资，其实是轮不到长城。之前的合资项目都是到了央企、国企、地方国企那边，这一次，终于轮到民营企业了。

无论怎么说，此前与跨国车企的无缘，都让魏建军失去了深入理解一个国际车企现代化运营、品牌打造的绝好机会。如今，汽车产业正在发生深刻

▶ 哈弗 SUV 累计销量突破五百万辆

的变革，全球化、新四化的浪潮席卷而来，在消费升级和市场分化的背景下，长城汽车选择在此刻合资，也着实不失为一个蛰伏而出的好时机。

如果说，合资宝马是让外界见识到了长城汽车在技术方面的实力，那哈弗在2018年成都车展前夕刮起的一场"青春风暴"，便是其更潮更智能的体现。

成都车展前夕，一场"无嗨不Fans"的主题活动，正式宣告哈弗红蓝标战略的谢幕，而哈弗F系也正式诞生。当晚，长城汽车销售公司副总经理文飞来到长城汽车的"首秀"，哼着RAP开场的方式着实惊艳了不少的观众。而当长城汽车股份公司副总裁兼销售公司总经理李瑞峰着一件T恤走上舞台，宣布哈弗F系"双子星"哈弗F5、F7全面开启预售，其实种种细节让人感受到的都是一个更潮、更会玩的长城汽车。

企业领导这样的着装在长城汽车以往的活动中几乎看不到，所以，长城汽车的目的非常明确，就是要一场彻头彻尾的青春盛宴，诠释哈弗全新F系的品牌思考。

汽车消费的趋势在变化、升级和迭代，现在的消费者已经是80后、85后，同时，90后的消费者正在崛起，占整个比例的20%，这个数据预计在2020年会超过40%。"如果说H系创造了这一代SUV的巅峰，那么F系将定义的便是下一代SUV的未来。"哈弗F系"头号产品经理"文飞表示。

为品牌灌注新鲜活力，延长或恢复品牌的"青春期"，让品牌可以一直活跃在时代主力消费人群的面前，不至于被消费者和市场遗忘。这一次的哈弗，做对了很多事情。

在新能源汽车领域默默耕耘了近10年，致力于成为电动小车的领导者——欧拉，也在2018年顺势而出。

在新能源汽车产品上，魏建军也有自己的想法："我们不做大的，因为我们觉得做大电动车成本太高。我们是按理性定义的，和造车新势力完全是相反的理念。"在这一思路的指导下，欧拉明确了自己的品牌定位——以创新的力量致力于成为电动小车的领导者。

找准定位决胜未来

依靠皮卡起家的长城汽车，9月28日，在保定召开了皮卡新战略发布会，并宣布长城皮卡将正式成为独立品类品牌。

"中国只有两种皮卡，一种是长城，一种是其他。"是长城汽车在发布会上喊出的口号。

自长城皮卡诞生以来，至今已连续21年国内销量位列第一，拥有高达33%的国内市场份额，远销全球100多个国家，更是国内唯一一家年销量超10万辆、销售额过百亿元的皮卡品牌。显然，这是长城汽车找准市场定位的结果。

放弃轿车项目，哈弗品牌冲高战败。一路走来，长城汽车不是没有走过弯路，但也正是这些惨痛的教训让长城汽车开始逐渐清晰并找准自己的位置。

"我们做过MPV、轿车，但实事求是地说，轿车不是很成功。我们的轿车可以盈利，但盈利水平没有SUV那么好。假如我们更早地认识到聚焦的价值、更早地聚焦，可能我们的产品会更好，会有更强的竞争力，占有消费者心智的时间会更短。当然也会更单一、生命力更长。"魏建军在回望过去时谈道。

"聚焦得不够彻底"，是魏建军从此前的失败中总结出来的教训。

如今，左手光束，右手欧拉；前有皮卡，后有哈弗，WEY也已经站稳脚跟。从1990年走进长城汽车至今，魏建军执掌长城汽车已经28年。纵观中国汽车发展史，多年来长城汽车的发展不仅是中国民族企业转型升级的缩影，更是中国车企挑战国外车企艰苦奋斗、自强不息的范本。

都说2018年是中国车市艰难的一年。但是，对那些能聚焦、有核心竞争力、有执行力、有决心的企业来说，或许，最好的时代才刚刚到来。

三、自主品牌篇

附：
WEY 品牌两周年 魏建军专访实录（部分）：
12月10日 北京

媒体：两年前在广州发布 WEY 品牌，到现在整整两年的时间，您给 WEY 这两年的表现打几分？未来两年，WEY 品牌会取得怎样的成绩？

魏建军：这两年来，对产品和运营而言，我们自己还是比较满意的，不满意的是没有管理好舆论。

为什么没有管理好呢？是因为公关做得不好。中国的汽车内讧现象从上个月之后明显地改善了，大家都在寻求合作。之前，对于我们来说，管理不好是存在的，但也有社会的舆论和不正常的媒体报道的问题。

在产品运营方面，我是非常满意的，我们现在的这代车也在不断地升级，在智能网联等方面都是比较领先。

关于未来两年的发展，一个成立刚两年的企业确确实实还是一个初创企业、幼稚企业。哪怕是生产一个家电，没有10年时间是做不成一个有价值的品牌的。所以我们必须要坚持，必须要国际化，这是我们未来两年需要重点突破的工作。

媒体：今年看到长城很多的变化，也引入了很多职业经理人。在未来，您觉得哪些是应该坚持的，哪些是应该用更开放的心态去改变的。长城的变与不变应该是什么？

魏建军：我们和媒体沟通比较少，我相信长城是一个非常优秀的企业。我们挖人肯定不去三流公司，我们现在在保定工作的外籍专家有400多人，来自五六十个国家。我们招的人才一定是有好的背景。

至于我们有哪些需要改善，我认为我们这个体系建设造就了我们必须要有一定的纪律。汽车产业不像IT产业，汽车产业比IT产业还要复杂，既是需要人才、技术、资金，又需要高科技，而且是高度密集型的。

大家传播的纪律方面，实际上，我们是一个创新者。比方说我们打击腐败，打击腐败，国家在这么做，BAT 也在这么做。我们是一个追求公平的组织，一旦有一个部门不断地受贿、贪污，别人还干不干了？我们一直在追求公平，企业内部的公平以及企业的开放性、包容性是非常好的，不像外面传的那样。我们要是那样的话，我们能干到今天吗？我们早死在

穿越寒冬：
2018中国车市故事

214

十年之前了。（之前有媒体）还问我开放的问题，长城早已经开放了十几年了。我们有很强大的技术能力，在国外拥有多个技术中心，只是目前阶段我需要搞市场营销的人才，不是不开放，只不过我们和媒体沟通得少。如果不开放，像我们这样的公司，宝马能跟我们谈吗？

另外，很多企业在做技术共享、平台共享、资源共享、资源互换、资源互相捆绑去整合，我们也做了这方面的很多工作。我们也是希望更开放的，所以也在扩大交流。

当然，我们也有需要改善的地方。比如我们在激励方面不够精准，这是我们确实存在的问题。尤其是在研发体系、营销体系方面，一些考核方案，一些KPI指标都在建立。

媒体：关于渠道方面，长城是区域中心代理制。WEY品牌一周年时有70多家经销商，现在两周年发展到280多家。我们实地走访过哈弗和WEY的经销商，可能因为是同一批投资人，WEY品牌的经销商没有运营豪华品牌的经验，所以感觉豪华的内涵不能很好地传递给消费者。想请问，WEY品牌将来是否打算引入外部投资人，在渠道这块，您认为长城可以在哪些方面优化？

魏建军：还有一部分不是区域的代理，实际上我们也有综合的经销商，他们也代理着宝马、法系车，长城是它很主要的一个客户。这可能是我们WEY品牌的调性可能不够年轻，实际上，现在不是我们装修不豪华，也不是我们的店不豪华，可能是店里面的场景、接待、氛围显得有点过于豪华，就是传统豪华的氛围太浓，如果是更偏向时尚性的豪华则更好一些，因为我们现在主要面对年轻消费者。大品牌给人一种传统豪华的感觉，我们更希望未来打造现代的年轻豪华，现在是缺乏一些氛围，我们正在不断改善。

媒体：长城在新能源汽车领域布局一直非常多，包括之前还投资过锂矿、H2M德国加氢站的运营商。长城在氢燃料电池上这方面似乎比其他企业更积极主动一些，这是为什么？

魏建军：这个问题确实是目前的状况，这个首先要保持定力。最核心的还是要以安全为前提。当然这个是国家新能源导向，促使大家拼命地搞里程，实际上最终搞的里程都不是理想的。因为所有的技术并不是绝对正确的，只有政策导向是绝对的正确。因为你不那么干，你就活不下去，所以导致现在这种快速上量，大家都是为了拿到补贴。

长城当然也是政策导向型的，全世界的汽车产业都是这样。长城之所以做燃料电池，是因为我们认为燃料电池和发动机是一个制造类型，就像做发动机一样。

实际上，燃料电池未来的发展更适合用于紧凑型车型，我说的是紧凑型SUV那么大的车，

三、自主品牌篇

更适合燃料电池。我们的定位是A级车一定是做电动的,紧凑型以上的就要用燃料电池。因为A级车在低速运行下续驶里程特别容易保障。我们是这样认识的,我觉得这个方向性一定会在未来体现出来。

再一个,做燃料电池,我们不是给自己用的,我们的定位是燃料电池及系统的供应商,我们也是动力电池的供应商。今后,这会改变长城垂直整合的模式,一起步就是供应商。也就是资本多元化、市场多元化,完全不是以前的模式。

媒体: 在SUV下滑幅度比较大的情况下,您怎么看之前选择聚焦SUV的战略决策。另外,今年包括福特、通用裁员很厉害,大家都认为传统汽车行业是不是走到关键的转折点,长城怎么看国际车企发生的变化,会做哪些应对?

魏建军: 首先,越是低迷越聚焦越得坚持,任何一个产业都是最后坚持下来的那个活下来。坚持不下来就倒了,就这么简单。当然,我认为长城的战斗力是非常强的,虽然我们没有外援帮助,但是我们自己很努力,我们肯定是能坚持下来的那里面的其中之一。

其次,在传统汽车行业里面,丰田为什么还这么好呢?其实,丰田新能源汽车占比并不高。你再看斯巴鲁、马自达这样的公司,利润率也不低。不是汽车产业不行,也不是这个行业不行,是你不行。当然有可能受全球经济的影响,这个影响可能来自于中美贸易战,使得信心不足。

关于明年的车市,现在看感觉压力是很大的。但你得记住,你压力大,别人压力更大。不管是自主品牌还是外资品牌都在承受同样的压力。这个时候我们更应该加强自主品牌车企间的合作,一致共同向上。这个压力对我们来讲是巨大的价值,它转变了我们的理念,改变了我们的认知、机制、做事方式,且增强了我们的定位。有企业家说,企业不死三次,长不大。

经历这个压力是非常有价值的一件事情。这是一个非常好的时期,将来会锻炼出一个有价值或者有理念的汽车公司。※

穿越寒冬：
2018中国车市故事

红旗：大干一场

■ 文 / 吴静

> 2018年的红旗，终于卸下了历史包袱，俯身趴在地上，开始倾听市场的声音。没有太过顾虑的红旗单刀直入，准备大干一场。

2018年，是红旗汽车品牌诞生的60周年，也是徐留平掌舵一汽集团的第二年。走过了2017年的变革之年，2018年的红旗汽车可以说已经步入了发展的"快车道"。"建立现代的企业制度""致力于未来战略的清晰化"……2018年，红旗汽车的各个方面，都在以看得见的速度不断改观。

年初，红旗汽车定下的3万辆销量目标已经实现。与过去仅数千辆的年销量相比，2018年，红旗汽车实现了其品牌历史上从未有过的销量。对于其他品牌来说，这或许是一个比较普通的数字，但对红旗汽车来说，却称得上是里程碑式的自我证明。

产品布局、渠道扩张、品牌建设、技术研发……不可否认，销量增长的背后，也让我们看到了红旗汽车品牌不断加快革新的步伐。纵然阶段性成果开始显现，但对于红旗汽车品牌的复兴来说，这还仅仅只是一个开始。

甲子之年再出发

2018年，是红旗汽车品牌实现全面复兴的第一个阶段。当走过雷霆变革的2017年，2018年承前启后，地位举足轻重。

三、自主品牌篇

六十甲子是轮回，也是新的开始。在激烈的市场竞争下，一切都是超常规速度，徐留平知道，按部就班不会让红旗汽车实现复兴。所以，新年伊始，以"新红旗汽车 让梦想成真"为主题的中国一汽红旗汽车品牌战略发布会便在北京人民大会堂正式举行。

2018年1月8日，对于红旗汽车而言，可以说是一个具有里程碑意义的日子。作为"共和国长子"——一汽集团的掌门人徐留平宣布：红旗汽车的目标是打造中国第一和世界著名的新高尚汽车品牌，集合已经形成的"三国五地"的研发体系，打造四大系列产品，并赋予新红旗汽车新能源和互联网的翅膀，提出2035年销50万辆的宏伟目标。这标志着，有着60年曲折发展历史的红旗汽车品牌，将以一个全新的面貌踏上品牌发展的新阶段。

而在4月25日开幕的2018年北京国际车展，对一汽红旗汽车来说，也是非比寻常的一届车展。因为这是一汽红旗汽车家族首次面向公众的全新亮相，也是红旗汽车有史以来首次独立参加车展。在车展发布会后的专访环节中，谈到红旗汽车的这次特殊参展，徐留平说，"是恰逢其时，是1月8日战略的自然体现和延伸。"

车展上，红旗汽车展出了包含概念车、全新量产车、全新电动SUV、智能驾驶舱等共7款车型及技术展品。而发布会的重中之重，便是作为红旗汽车新品牌战略后的首款重磅车型红旗汽车H5。作为红旗汽车复兴的"排头兵"，H5以14.98万~19.58万元的价格上市，可以说被寄予了厚望。

此外，这次车展上，红旗汽车展台的另一个亮点便是首次展出的红旗汽车智能驾驶舱。它拥有全场景Face ID识别、AR合影体验、MR混合现实体验等"黑科技"本领，还能实现全语音人机无障碍交互，甚至能根据参加者衣着变化推荐不同音乐。徐留平在介绍时，称它是"有情商的智能"。

红旗汽车也玩"黑科技"了，似乎有点猝不及防。但其实，红旗汽车变化不止于此。

以电动化和智能化为切入点

红旗汽车将电动化和智能化作为品牌复苏的关键，首次在2018北京车展

穿越寒冬：
2018中国车市故事

上发布的红旗汽车E-HS3则是此规划的践行。

"我们将会以纯电为主，为什么呢？既然传统车都已经这样了，那对红旗汽车来说，我们就单刀直入，在这里面大干一场。"在徐留平看来，红旗汽车作为一个有历史积淀和国家形象的品牌，不能放弃传承。但他同样更加清醒地认识到，要想做到赶超，一定要打破束缚，另辟蹊径。智能电动车，是中国汽车品牌高端化换道抢跑的好机会。

根据规划，红旗汽车旗下首款EV纯电动车在2018年前后正式推出。2019年，红旗汽车的燃料电池车开始示范运行，2020年FME平台首款电动车上市，续驶里程可达600km。到2025年红旗汽车品牌全系将推出15款电动车，占17款全新车型中的90%。

在火热的智能网联领域，红旗汽车也制定了详细的规划。2019年，红旗汽车将推出L3级自动驾驶产品，2020年实现L4级自动驾驶技术，到2025年，红旗汽车将实现L5级完全自动驾驶技术。

2018年10月30日，红旗汽车品牌发布技术品牌，命名为R.Flag"阩旗"计划，并首次阐述红旗汽车品牌在未来的技术发展规划。作为新红旗汽车品牌战略的关键举措，它重点围绕电动化、智能网联化、体验化、共享化四大方向，并不断拓展新技术品牌下的四大技术内涵的架构。

紧接着，在11月1日百度世界大会上，中国一汽与百度共同发布了L4级别自动驾驶乘用车量产计划。据悉，这款L4级自动驾驶SUV将在2019年底进行小批量生产，最终在2020年大规模上市。值得关注的是，该车将在

◀ 红旗概念车亮相北京车展

北京和长春率先投放。徐留平表示，这款车的亮点，在于红旗汽车新发布的技术平台"R.FLAG"与百度 Apollo 的结合。

值得一提的是，在此之前，还有一条爆炸性消息引起了业内人士的广泛关注：10月24日，中国一汽获得16家银行超1万亿元的意向性授信。这笔授信将用于融资业务、现金管理、国际金融业务、新能源汽车和智能网联等新业态领域及红旗汽车品牌。

对于这笔授信，有媒体如此评价道：一汽是目前整个东三省唯一入围世界500强榜单的企业，复兴红旗汽车之于一汽的意义，正如振兴一汽之于东北。

"市场化尝试"初见成效

一直以来，红旗汽车背负"共和国长子"的光环走得气喘吁吁。肩负使命并定位中高端豪华，但是产品跟不上时代，直接的结果就是销量上不去。最终，一汽自己也不愿意公布销量数字。

但2018年6月份，红旗汽车官方首次对外公布了自己5月的销量数字，一方面可以看出，红旗汽车在徐留平带领下取得了一个值得肯定的阶段性战果，另一方面，这个战果确实拿得出手。

2018年5月份，红旗汽车品牌实现批售销量2906辆，终端零售为2477辆。其中，红旗汽车H5批售2106辆，零售1651辆；红旗汽车H7终端零售也有826辆。

而6月份，红旗汽车的销量继续维持涨势。1—6月份，红旗汽车品牌实现累计批售9363辆、零售6945辆的成绩，分别同比增长472%和239%。2018年全年，红旗汽车最终实现了3万辆的销量目标。

数字的增长背后，更多的还是红旗汽车以市场为导向，以用户为中心的体现。毫无疑问，渠道的建设和"红旗汽车心服务"有力地支撑了红旗汽车销量的增长。

从2017年4月红旗汽车完成首批21家4S店的签约，到2017年6月开始的第二期16个城市的4S店招募，再到2018年发布品牌新战略后仅106天，62家红旗汽车体验店落成，按照计划，2018年红旗汽车体验店数量将达到

穿越寒冬：
2018 中国车市故事

100 家，到 2020 年，这个数字将变成 170 家。

而"红旗汽车心服务"，其核心就在于为用户提供"三终身一保值"服务，所谓"三终身"，是指红旗汽车品牌将提供"终身免费保修""终身免费救援""终身免费取送"三项超级服务。而"一保值"，是指为把"红旗汽车车打造成中国最保值的豪华车"，红旗汽车率先推出的"+1 二手车保值计划"，加入此计划的车主，就可以尊享"红旗汽车品牌在同级别豪华车最高保值率基础上再加 1 元"回购车辆的超级优惠政策。

"之前都在建渠道做内功，现在渠道建立起来了，体系竞争力也逐渐上来了。"一些红旗汽车经销商和内部人士对汽车产经网如此表示。但红旗汽车的步伐和对未来的谋划其实还远远不止这些。

8 月 1 日，红旗汽车 60 周年当天，徐留平在吉林长春正式宣布启动"红旗汽车小镇"的建设，这个主打"绿色智能"的小镇，由吉林省、长春市与一汽政企合作共建的新城，将会是中国汽车发展史上第一个由品牌打造的未来模式新城。

它将以红旗汽车品牌悠久文化的复兴为战略支点，搭建起民族品牌创新创业发展平台，以红旗汽车智能工厂、文化体验、新型产业为重点，以历史保护建筑为特色，以优化文博为内涵，围绕"尚、致、意"的理念进行规划，充分融入红旗汽车的品牌要素，打造长春新红旗汽车生产基地、建立工业旅游引领区。

按照徐留平的设想，实现红旗汽车品牌的复兴需要经历四个阶段：

第一阶段（2018 年）——战略转型基点期，承前启后，举足轻重。

第二阶段（2019—2020 年）——战略调整转型期，基本完成主要和重大调整。

第三阶段（2021—2025 年）——战略增长期，结构调整的成果快速展现，增长速度明显提高。

第四阶段（2026—2030 年）——战略成熟期，努力成为世界一流汽车。

2018 年，是红旗汽车的 60 周年，也是它真正"重回赛道"的第一年。它背负质疑，也取得了从未有过的成绩，但不可否认的是，它的复兴征途才刚刚开始。※

东风大自主：以差异寻求突破

■ 文/李欢欢

> 危机之下，没有人能高枕无忧，自主品牌尤其是。以东风为代表，一幕央企自主品牌的求生大戏已经开场。

2018年，在合资车企股比限制放开的大背景下，宝马率先成为受益者，紧接着戴姆勒欲增持北京奔驰的传闻不胫而走。这给所有国内大型汽车集团敲响了一记警钟，如果合资企业的利润被大幅压缩，这些大集团的生存状况，可能会面临巨大危机。

发展自主品牌的重要性再次凸显。

2018年4月，长安汽车公布了最新的品牌矩阵，在品牌向上的战略下优化现有品牌架构，形成了长安乘用车、新建中高端乘用车、欧尚汽车、凯程汽车四大品牌。

2018年10月，奔腾发布全新品牌战略，进一步明确了"物联网汽车创领者"品牌定位。此前，一汽成立奔腾事业本部，将奔腾、一汽吉林、天津一汽自主业务统一整合，产品归于"大奔腾"品牌旗下。而一汽红旗继续打造"新高尚品牌"，走高端路线。

作为第一梯队的大型汽车集团，东风汽车集团也不能落于人后。2018年4月23日，东风品牌战略发布会确立了以"品质、智慧、和悦"为品牌核心价值。东风汽车集团有限公司董事长、党委书记竺延风将东风自主业务重新

穿越寒冬：
2018 中国车市故事

梳理，为四大板块制定了新的定位与规划。

经汽车产经网梳理，东风风神向更高端体系发展；东风风行主攻区域性市场；东风风光将秉持好玩好用的理念主打四五线城市；东风启辰致力于成为中国主流市场的高价值商品提供者。梳理之后，东风大自主体系形成了"两高两低"差异化产品矩阵。

在这样的矩阵之下，竺延风笃信，"东风自主板块将在多维度实现突破与超越。"

在全新的自主品牌框架下，东风为自己制订了新的发展目标，到 2025 年实现全球销量倍增，达到 230 万辆，推动东风集团自主品牌整体销量规模进入全球前十。

在四大自主品牌形成差异化矩阵之后，东风的"小目标"有了更清晰的前行路径。定位虽不同，却可形成合力。竺延风始终认为，协同是东风最大的优势。

风神：到了拼品质的时候

东风风神一直被视为东风自主体系中的"嫡长子"，2018 年月均销量 7000 辆左右，占东风集团自主乘用车总销量 14.7%。在东风集团新的战略中，东风风神肩负着品牌高端化的重任。

如何带领品牌向高端化进发？东风风神的思路是聚焦一切资源，从打造明星产品开始。"聚焦"也被确立为东风风神 2018 年全年关键词。2018 年初，东风风神发布了 3 年振兴计划，包括以下 4 个方面。

第一，始终保持新 AX7 最高优先级的战略地位，未来 3 年 AX7 整体销量达到 30 万辆；快速提升 AX4 的市场影响力；促进 E70 产品升级。将这 3 款产品打造成 2+1 明星战略产品。

第二，聚焦重点区域。聚焦 20 个重点城市，发挥重点城市的辐射作用，以点带面带动东风风神整体发展。

第三，聚焦渠道能力提升。对重点城市、重点县域市场网络进行填空、补强、下沉。预计到 2020 年，一网达到 400 家，城市覆盖率达到 75%；二网达到 1000 家，县域市场覆盖率达到 100%。并通过 6 项全新举措，全面提升经销商运营能力。

第四，聚焦提升客户体验。东风风神将回归原点，聚焦客户体验弱项及经销商痛点，提升客户与经销商满意度。

如何聚焦打造明星产品？嫡长子要怎样成为顶梁柱？东风公司党委常委、副总经理、东风乘用车公司总经理张祖同说，东风风神到了拼品质的时候。

在张祖同看来，上一轮自主品牌 SUV 的竞争已经结束，自主品牌车企曾经一味追求速度，看重销量数字，却忽略了品质。现在，自主品牌产品要实现从量变到质变的跨越，在这一阶段，应该讲质量，拼品质。

2018 年 8 月 10 日，东风风神全新一代 AX7 首秀上，张祖同介绍，在品质方面，新 AX7 投入了很多资源。

比如，新 AX7 对 NVH 进行了大幅优化，不仅对标自主品牌汽车，还可比肩合资品牌汽车，经过不断对标和改进，噪声控制已经达到同级别合资车型水平。

新 AX7 车身所采用的高强度钢比例达到 67%，有消息称，同级别产品中，最热销的车型哈弗 H6 的高强度钢比例仅为 65%。此外，新 AX7 所使用的激光焊接及热成型技术曾多用于豪华品牌。

在新 AX7 正式上市之前，东风风神还进行了 192 万千米的极端拉力测试，13 天行驶里程达到 13000km 里，最长曾连续行驶 55h。

张祖同说，东风风神在保证品质方面下了很大决心，"哪怕延迟上市，也要把品质做好。"

▼东风风神全新一代 AX7 上市

除了产品品质方面的大幅提升，新 AX7 的另一个亮点就是其搭载的 WindLink3.0 智能系统。

这套系统曾在 2018 年 4 月 23 日东风品牌战略发布会上发布，通过百度 DuerOS 赋能，拥有数十万台服务器和国内最大的集群计算能力，其系统运行速度可比肩智能手机，能达到秒级语音识别及响应速度。此外，该系统还会通过自我学习实现识别指令不断生长，越用越聪明。

当下智能化配置已经成为新车标配，在产品同质化的时代，如何打造差异化优势？ WindLink3.0 系统的答案是用心体现在细节处。

比如，WindLink3.0 系统支持自定义唤醒词，拥有 24 个全局免唤醒指令，无需每次都说："XX，你好。"

此外，针对不同使用场景，WindLink3.0 系统为车主提供宝宝模式、浪漫模式、停车模式、雨雪模式等多种智能选择。当选择宝宝模式时，车辆空调会自动开启花粉过滤功能，温度、出风量以及出风模式自动设定为适合宝宝的模式，同时还会自动降低音响音量。这样的细节处理以往在自主品牌车型上并不多见。

在 2018 年 11 月广州车展上，东风风神全新 AX3 以及 E70 500 两款新车上同样搭载了这套智能系统。

风行：放大细分市场优势

相比于风神，风行的历史更久远。

东风风行是东风柳汽旗下乘用车品牌。东风柳汽前身为"柳州农业机械厂"，创建于 1954 年 10 月 6 日，最早以生产载货汽车为主，1989 年开始研发轻型乘用车，2007 年推出风行景逸正式进军家用车市场，开启商转乘之路。

进入乘用车市场后，东风风行以 SUV 与 MPV 产品为主，2018 年，东风风行月均销量 1.1 万辆，占东风集团自主乘用车总销量 20.8%。经过 11 年发展，东风风行成为东风自主业务中销量比重第二的品牌。

穿越寒冬：
2018 中国车市故事

按照竺延风的规划，东风风行的任务是在自己的强势领域进一步扩大优势。

2018 年，虽然整体车市进入下行阶段，东风柳州汽车有限公司乘用车销售公司副总经理伍雪峰认为，在区域和细分市场仍然存在增长机会，"在 MPV 领域，风行起步比较早，一直处于领先地位，这是我们的优势。"

如何保持并进一步扩大这种优势？东风风行的答案是不断提升产品力。

2018 年 12 月 13 日，针对中、高端商务车市场的改款升级产品——风行 M6、M7 迎来上市。除了全新的设计语言、更大的车内空间、轻量化发动机等升级，这两款新车还带来许多贴心的细节设计。

比如，全新风行 M6 采用更柔软的内饰提升乘坐舒适度，设计了豪华窗中窗满足乘客的隐私需求，配备了同级独有的一键起动／无钥匙进入功能。

除了 MPV，东风风行也在深度拓展 SUV 市场。

东风柳州汽车有限公司副总经理姚利文表示，面对市场环境的变化，东风风行将进一步打造优质产品和品牌，"未来，风行产品将拥有更高颜值、更高品质，变得更智能化。"

带着这样的思路，2018 年 9 月 16 日，定位为"智能社交 SUV"的东风风行 T5 在深圳正式上市，这款车被视作东风风行 3.0 时代的开山之作。从定位来看，突出智能化的同时，东风风行充分捕捉到年轻消费者对社交功能的需求。

社交功能体现在哪里呢？风行 T5 全系标配"FutureLink3.0"车联网系统，采用腾讯车联 AI in Car 全方案。车主上车后与车机之间不需要身份识别，可实现腾讯账号无障碍打通，便捷到"上车不用钥匙、开车不用手机、支付不用钱包"。同时，在腾讯生态大数据的支持下，这套车联网系统还可实现在线升级。

东风柳州汽车有限公司乘用车销售公司总经理助理文征透露，风行 T5 上市之前仅上海区域就收到 218 辆订单。

姚利文形容 2018 年为东风风行的产品大年，除了燃油车产品，在新能源汽车领域，东风风行也有新动作。

2018年10月14日，新款风行S50 EV和风行菱智M5 EV上市，对旧款进行了迭代升级，最大综合工况续驶里程达到了410km和353km。2019年，东风风行还将推出一款纯电动小型SUV产品。

姚利文还曾透露，未来将成立单独的新能源汽车事业部，为电动车打造专属的制造平台，这在目前的自主品牌车企中还是很少见的。

风光：智能轿跑SUV开启品牌向上

与东风风行类似，东风风光也是东风小康实施商转乘战略推出的乘用车品牌。自2013年诞生以来，凭借在商用车领域积累的广泛消费群体基础，2018年，东风风光月均销量达到1.8万辆，已经成为东风自主业务当之无愧的销量支柱。

不过，也正因如此，东风风光在大多数消费者心目中形成了农用车、面包车制造商的固有形象，东风风光的棘手任务是淡化商用车形象。

品牌如何破局而上？东风小康汽车有限公司副总经理、销售公司总经理张正源认为，要以用户为中心，打造消费者真正需要的产品。"85后、90后年轻一代正渐渐成为消费主力，他们喜欢轿跑的颜值、速度与操控，也偏爱SUV的高通过性，对汽车智能化需求很高，我们便针对这些消费需求打造产品。"

2018年10月31日，智能轿跑新SUV风光ix5上市，"这款车展示了东风风光智能化、电动化、年轻化品牌跃升之路"，也正契合了在东风大自主新的品牌战略中，东风风光"好玩好用"的品牌定位。

进入2018年，SUV市场已经告别了井喷式增长的黄金时代，但并不意味着SUV失去了发展空间，相反，一些新的增长点已经崭露头角。

张正源表示，"我们发现，2017年轿跑SUV增长率高达224%，远高于全球市场同期58%的增速。预计到2020年，轿跑SUV的增长率将保持在 50% 以上，市场前景广阔。这是我们推出风光 ix5 的原因。"

除了看好轿跑 SUV 细分品类的发展前景，东风风光还强调了汽车"智能化"卖点。

不只风光 ix5，2018 年东风风光推出的每款车都强调了"智能化标签"，比如新款风光 S560、升级版风光 580。

张正源认为，"身处汽车产业互联化时代，车企通过'互联网+'实现转型升级是必经之路。"据了解，东风风光已联手百度，加速布局智能出行产业。

秉承着这样的战略，到 2022 年，东风风光的智能汽车销量占比，将突破 80%。届时，东风风光还将实现高度智能驾驶功能。

启辰：品牌升级

在东风大自主矩阵中，东风启辰算一个有故事的品牌。出身于合资企业，2017 年 2 月脱离东风日产后，东风启辰正式归入东风自主体系。独立元年（即 2017 年）销量便突破 14 万辆，同比增长 22.7%，刷新了启辰品牌的历史纪录。

2018 年是东风启辰独立的第二年，不巧的是，这一年车市遭遇销量寒冬，东风启辰的月均销量只有 1.1 万辆，同比出现小幅下滑，在东风集团销量功劳簿上，并不是最出色的。

不过，对于东风汽车来说，东风启辰依然为大自主体系注入了一股全新的力量。相比其他"嫡出"兄弟品牌，东风启辰更像一个学成归来的游子。

虽然与东风日产已经"分家"，但是，日产技术仍然是东风启辰的核心竞争力，这是东风启辰学有所成的"底气"。东风启辰汽车公司总经理马磊表示，"在研发、制造、供应链环节，启辰与日产还是属于同一个体系，商品企划、市场营销等领域是分开的。"

独立的同时意味着第二次创业，踏入再创业第二年，品牌升级成为东风启辰最重要的事。

而品牌升级之路，由外形设计层面的革新开启。

2018年4月，东风启辰位于上海的造型中心正式投入使用，该造型中心主导设计的首款概念车于2018年北京车展正式亮相。东风启辰汽车公司市场部副部长熊发明表示，今后在东风启辰的产品造型中，都能看到这款概念车的影子。

"从2017年底上市的D60，到2018年北京车展上市的升级版T90，以及2018年9月发布的T60上可以看到，东风启辰在产品造型环节已经形成了延续性，与过去完全不一样。"比如，3款车型都贯穿了东风启辰的"风雕美学"前脸设计，以及愈加年轻化的外形，熊发明表示，无论在产品外形还是内饰方面，未来都能看到更惊喜的地方。

虽然在技术、零部件供应链方面与日产共享资源，但是在外形设计层面，东风启辰正努力活出自己的样子。

马磊强调，东风启辰希望尽快形成自己的产品开发体系。"在未来的开发体系中，东风启辰将提高效率，以更短时间完成产品迭代，并形成可推广的经验，之后向其他板块输出。"马磊希望，与东风日产共享研发体系之下，东风启辰作为一个特殊的板块，能够向外输出自己的能量。

2018年，在启辰身上，我们看到了东风自主年轻、灵活的身段。未来，启辰如何找准自己的节奏持续增长，与东风其他自主品牌合力向前，是留给启辰和整个东风的考题。※

长安汽车：坚韧的创业者

■ 文 / 梁秋梦

> 对于一个坚韧的创业者来说，如果路选对了，成功也只是时间的问题。

以往提起自动驾驶，我们的目光都会望向特斯拉、谷歌这样有互联网科技基础的企业，但 2018 年，如果你稍稍关注一下无人车或者自动驾驶技术，会发现国内一个自主品牌——长安汽车正逐渐成为自动驾驶圈里的一匹黑马。

11 月 28 日这一天，位于重庆垫江试验场内的一段封闭式高速公路上，55 辆自动驾驶车摆成"一字长龙阵"，浩浩荡荡地行驶完 3.2km 路程。在好莱坞电影里才会出现的炫酷情节，这天下午被长安汽车演绎得淋漓尽致。凭借"最大规模的自动驾驶车巡游"，长安汽车成为全球首个成功创造该纪录的汽车品牌，被写入吉尼斯世界纪录。

有人说，2018 年对于长安汽车来讲，是值得被载入史册的"颠覆"的一年。这个"颠覆"，不只是无人车或其他技术的进步，更重要的是，长安汽车不再靠性价比来"掰手腕"，它决定以一个"创业者"的身份，归零重整，朝着精品拔高期奋进。而这段"品牌向上期"，也被长安汽车称为"第三次创新创业"。

第三次创新创业

2018 年初的一个演讲上，著名主持人张泉灵说了一句刷屏的金句："时

三、自主品牌篇

朱华荣
长安汽车总裁▶

代抛弃你的时候,连一声招呼都不会打。"无独有偶,在长安汽车"第三次创新创业"战略发布会上,长安汽车集团董事长张宝林亲自站台,喊出了同样意味的"时代淘汰你,与你无关"。话中隐含的强烈的危机意识,使其成为当下汽车圈最热门的语录。

在这场"素颜"的发布会上,没有明星主持人,也没有常规表演,张宝林用30min讲完了92页PPT。内容包含以创新为驱动,将效率打造成为核心竞争力,推动用户、品牌、产品、服务模式四方面的转型。

最明显的改变是,长安汽车将原有品牌裂变成四个独立业务品牌:以主流乘用车为核心业务的长安汽车品牌、由长安汽车商用转型而来的"欧尚汽车"、定位为智慧物流商用品牌为短途专业物流运输单位和中小业主个体用户等提供产品和服务的"凯程汽车"及主打中高端的新品牌。

发布会虽然简单,但外界已经充分感受到了长安汽车雷霆变革的决心。

当然,作为汽车厂商来说,最终的竞争还是产品的竞争。长安汽车总裁朱华荣表示,为了实质性推进"第三次创新创业",公司设立了"军令状"一样的产品跟投机制。"什么叫跟投机制呢?就是产品总监开发一款车,公司会有相应的销量和利润目标。公司为这款车投入10亿,产品总监也要投入10万、20万,如果达到目标,公司会加倍返还你,如果达不到,对不起,你的10万、20万就没了。"朱华荣解释道。

除了跟投机制,长安汽车还设立了利润分享机制、人岗考核机制,共三大效益机制，以期把效益打造为长安汽车的核心竞争力。把公司利益和个人利益捆绑在一起，是为了让员工切实地感受到创业的紧迫性。

其实，经受变革、重新创业对长安汽车来说早已不陌生。改革开放以来，长安汽车就已经经历了两次大的创业：第一次创业，1984年从"兵工厂"转型到民用汽车行业，成为当前唯一一家"军转民"至汽车产业并存活的央企；第二次创业，2003年以来，长安汽车进军乘用车市场，十年苦行使得长安汽车跻身中国四大车企。

长安汽车之所以每一次创业都能取得成功，很大程度上得益于长安汽车的创业开荒精神。有人说，长安汽车大本营所在的山城重庆，全是高低起伏的坡形道路，地理环境锻造了重庆人的坚韧。若说与实干精神最契合的城市，重庆当之无愧。汽车产经网在走访厂家时，从长安汽车的员工口中不止一次听到"我们都是创业者"这样的描述。战略发布以来，无论是研发团队还是营销团队，长安汽车新增了大量80后及90后的"创业者"。

长安汽车这种归零苦干、重新出发的姿态，在张宝林口中有另一个说法，他说："我们企业是一家经历百年风雨、出自军工企业的百年老店，一直以来我们都有艰苦创业的精神，这个实干精神在我们父辈就有。"

转型阵痛，波动期的长安汽车

转型之路对于任何一家企业来说，都伴随着阵痛。2018年是长安汽车进入转型的关键一年，也是痛苦的一年。乘联会的数据显示，2018年长安汽车的销量为85.9万辆，同比下滑19.1%。

回想当年，作为一个自主品牌汽车的"老大哥"，长安汽车曾在2015年、2016年两度夺得自主品牌汽车年度销量冠军，一时间笑傲群雄。

至今提起长安汽车这个品牌，不少消费者最先想到的还是"爆款"CS75。它于2014年投入市场，在SUV产品还比较匮乏的那几年，曾连续7个月销量破2万辆。可以说，CS75与其他CS系列产品一同铸造了长安汽车的销量巅峰。2015年，长安汽车乘用车以111万辆的成绩突破百万辆大关，成为中国第一个年销百万辆的自主乘用车品牌。2016年销量为115万辆，长安汽车依旧稳坐第一。直到2017年销量减至106万辆,才被吉利汽车挤下了销量冠军之位。

在2018广州车展上,谈到近两年销量下滑的原因,朱华荣坦言过去的长安汽车太倚靠性价比来取得销量增长,现在的长安汽车正在向高质量增长转型。朱华荣称:"今年长安汽车一系列产品结构的调整是巨大亮点,它带来的问题可能是销量的下降,但实际上这是我们主动选择淘汰的结果。"接下来长安汽车还会有一系列的动作,调整原则就是:当季能不能为长安汽车获得利润,长远来讲是不是长安汽车的战略。长安汽车三四季度环比在持续地正增长,可以看出,砍掉低端产品线已经开始带来明显的积极影响。

不能忽视的是,2018年3月的25万辆CS75召回事件,一定程度上抑制了长安汽车销量的提升。召回事件发生后,CS75退出到SUV销量的前十名开外。2018年长安汽车的总体销量"头牌"也从CS75交接给了"新兵"CS55。好在,长安汽车也很快形成了技术解决方案,快速解决了"机油增多"问题。之后,CS75逐渐恢复了销量,根据官方的数据,CS75在12月又重新成为长安汽车销量第一的产品,销量达到1.7万辆。

除了CS75,经典产品CS35也在接受考验:月均销量1.1万辆,同比降幅高达13.1%。另外,历经多次改脸的CS95销量一直在三位数徘徊,但它将在2019年上半年迎来改款,继续扮演长安汽车旗舰SUV的角色。

轿车方面,经过升级的第二代逸动,2018年凭借网络综艺《这就是灌篮》刷了一波销量。乘联会的数据显示,逸动系列2018年售出12.6万辆,同比增长36%。新推的睿骋CC实际产品力不错,但销量却一直达不到预期,自上市首月后月销量一直在3000辆左右,要知道长安汽车最初给它定下了年销10万+的目标。

2018年的长安汽车销量是在波动期中前进,但长安汽车深知:销量上的牺牲,是向高质量增长转型路上必然要经历的痛苦。"长安汽车的转型刚刚开始,恰恰市场遇冷。长安汽车的产品品质在不断上升,再加上一系列的技术升级,价格相对坚挺的长安汽车遇到了2018年遇冷期的价格竞争,消费者对长安汽车产品品质的感知也就一定程度延缓了。"长安汽车副总裁、乘用车营销事业部总经理叶沛在接受汽车产经采访时这样说道。

广交好友，长安汽车的野心

创业转型之路漫漫，有牺牲，当然也会有成绩。

在第三次创新创业战略中，从传统产品向智能化与新能源汽车产品转型是其重中之重。2018年，长安汽车在这两个板块的自身建设可谓是动作频频。若仔细看它结交的"好友大咖"，会发现长安汽车对未来的野心已经是非常明显。

新能源汽车方面，自2017年10月香格里拉计划启动以来，长安汽车已建成两大新能源汽车研发基地以及15个试验室，拥有系统设计、整车集成、零部件开发等技术团队；关于生产基地，长安汽车已形成重庆、北京等七个新能源汽车生产基地，并在重庆建立了电池系统集成生产基地。据了解，原来长安汽车在新能源汽车方面的资产现在也被打包进新成立的长安汽车新能源科技公司。香格里拉的目标之一是，2025年开始全面停售传统燃油车。目前，长安汽车拥有逸动PHEV、CS15EV、新逸动EV300、CS75 PHEV、新逸动EV460等多款新能源车型，2018年新能源汽车销量为8.68万辆。

宁德时代、比亚迪等电池企业都被长安汽车纳进深度联盟的行列，以提升其"三电"技术。如今，长安汽车无线充电技术的系统效率、一体化热管理系统、App远程控制均处于行业领先地位。可以预见，在未来的新能源市场上，绝对少不了这个"新创业者"的一杯羹。

智能化方面，长安汽车于2018年8月24日正式发布"北斗天枢计划"，明确2020年后不再生产非联网车辆。而后成立的"北斗天枢联盟"中覆盖了车联网、自动驾驶等所有汽车领域的黑科技和出行生态布局。

在智能驾驶生态领域，长安汽车与博世、德尔福、英特尔、华为、高德、北斗星通、千寻位置、地平线等公司合作，计划在超级计算平台、人工智能、操作系统、芯片等多领域共研共建。在智能网联生态领域，长安汽车与IBM、移动、联通、科大讯飞、博泰等公司合作，致力在车联网、大数据、云计算等领域打造面向行业的开放平台。值得一提的是，长安汽车还专门与腾讯成立了一合资公司——梧桐科技，用以打造有竞争力的交互体验。因为长安汽车开放合作的心态，汽车圈也将长安汽车非正式地评为"最爱交朋友的国企"。

在 2018 长安汽车技术开放日当天，长安汽车首次对外开放商业化运营的 L4 级纯电动共享汽车无人驾驶体验，通过手机 App，可完成一键约车、远程自动取还车、远程自动泊车等情景。说到无人出租车，通用汽车预估将在 2019 年发布基于 App 的自动驾驶打车服务，戴姆勒预估在 2020 年左右部署自动驾驶电动汽车共享服务。长安汽车离这个目标还有多远，值得期待。

探索细分市场，2019 年见分晓

2018 年在广州车展，长安汽车亮相了旗下首款跨界轿跑——CS85，无论从配置还是外形，这款车似乎都是专为年轻人而来。长安汽车与腾讯合资的梧桐科技公司，其研发的"梧桐车联"首次搭载在了 CS85 身上。在腾讯全新的 TAI 汽车智能系统里面，引入了腾讯优势内容生态，比如 QQ 音乐、腾讯电台、王者荣耀等。消费者期待的车载社交能力，也在长安汽车 CS85 上升级迭代。

从外形设计来说，这款车有典型跨界 SUV 的 C 柱设计，从车顶到车尾的曲线明显下压。对于这个设计，业内多少有些疑虑的声音。虽然跨界 SUV 的风潮席卷中国市场，但这个细分市场的销量并没有想象中那么大。包括合资产品在内的诸多跨界 SUV，在销量上都没有成为爆款。

为什么要推出这样一款剑走偏锋的 SUV？叶沛说："关于 CS85，我们过去的消费者可能认为它是跨界的、小众类的产品，但是未来的消费者喜好还是跟现在一样吗？我认为不一定。未来的年轻化的消费者，他们对颜值有更高的追求。实际上，跨界未来可能会变为主流，或者是主流的一个方面。"

CS85 的制造平台也是其亮点之一，目前，长安汽车和 PSA 联合开发的平台已经在推进，CS85 正是基于 DS 品牌的严格标准打造出来的产品。不夸张地说，CS85 是对长安汽车固有格局的一次突破，一方面填补了此前在跨界 SUV 市场上的空白；另一方面，作为一个中高端车型，长安汽车在它身上寄予了"第三次创新创业"改革成果的全部想象，以至于面临媒体毫不客气的质疑时，朱华荣当即表示："CS85 没有不成功的可能。"

确实，对于一个坚韧的创业者来说，如果路选对了，成功也只是时间的问题。※

上汽乘用车：从黑马到黑豹

■ 文 / 任娅斐

> 如果说 2017 年的上汽乘用车是中国车市的一匹"黑马"，2018 年，上汽乘用车更像是一只充满战斗力的"黑豹"，像那只漫威（Marvel）作品里带着英雄主义色彩的黑豹。

4 年前，在上汽集团的股东大会上，一位投资者用一个诙谐的比喻表达自己的不满："上汽有三个孩子，两个女儿嫁人了，很争气，为家里赚了很多钱，可是儿子不争气，一直在花钱，却不赚钱。"

"两个女儿"指的是上汽大众和上汽通用，那个"不争气的儿子"说的就是上汽乘用车。

2018 年，当初那个"不争气的儿子"，用实力证明了"我，上汽乘用车，完全靠得住"。

看增量，2017 年上汽集团新增整车销量中，上汽乘用车的增量贡献占比已超过 50%，成为驱动增长的新引擎。

看销量，2018 年，上汽乘用车累计销量突破 70 万辆，同比增长 35%。新能源汽车市场上，荣威 i6 和荣威 eRX5 新能源车型拔擢而出，斩获颇丰，荣威 Marvel X 更是荣威品牌升级向上的里程碑；而名爵 ZS 纯电动车型的推出，则正式开启了上汽乘用车"国际化"的全新篇章。

新环境面前，对于曾言"做自主就要过坎"的上汽集团董事长陈虹来说，上汽乘用车已顺利跨过 50 万辆规模的第一道"坎",而现在,它正在经历成长的第二道"坎"——100 万辆。

作为上汽集团的董事长,陈虹要想在任期内让上汽集团更进一步,除呼之欲出的上汽奥迪项目外,上汽乘用车是一个必选项,重要性甚至远超任何合资板块。

陈虹的期许直接传到了王晓秋那里。2016 年,身兼上汽集团副总裁、上汽乘用车公司总经理、技术中心主任等身份的王晓秋接受媒体采访时说,留给上汽乘用车的时间只有 5 年。2018 年,这个时间只剩下不到 3 年。

荣威,上汽的"光之翼"

"因为一部车,认识一群人;因为这群人,更爱这部车。"

这句来自荣威 Marvel X 车主群的一段话,被上汽乘用车公司副总经理俞经民在多个场合提及。在他看来,这不只是体现了车主对 Marvel X 的热爱,更是荣威品牌升级向上的一个契机。

确实,这款以"光之翼"为名的荣威 Marvel X 从诞生之日起,就被上汽乘用车寄予厚望。

2017 年 4 月,在上汽举办的前瞻技术论坛上,上汽集团提出了"电动化、网联化、智能化、共享化"的"新四化"战略。

事实上,早在王晓秋、俞经民、上汽技术中心副主任 / 捷能公司总经理朱军上任之初,上汽乘用车便开始酝酿其新四化的旗舰车荣威 Marvel X。

2018 年 4 月 23 日举办的第二届汽车创行者大会上,上汽荣威正式发布了"全球第一款量产智能汽车"——荣威光之翼 Marvel X。

作为上汽集团"新四化"高端智能示范车型,荣威 Marvel X 凝结了上汽在新能源汽车、互联网、智能驾驶领域的最前沿技术,拥有"三大硬实力":保留了概念车 90% 的设计,4s 破百,0.29 同级最低风阻系数。同时它还是全球第一台实现无线充电和最后一公里自动泊车的纯电动车。

穿越寒冬：
2018 中国车市故事

238

在创行者大会现场，王晓秋难掩心中的激动："荣威 Marvel X 是荣威实践'新四化'的又一次突破，也是荣威品牌升级向上的里程碑。它的面世标志着荣威的智能网联化战略进入'3.0 高阶'。"

4 个月后，成都车展前夜，这款被上汽定义为"电动智能超跑 SUV"的荣威光之翼 Marvel X 正式上市。

"我们就是希望能通过这款车来抢夺入门豪华车的用户。这是我们做荣威光之翼 Marvel X 的初衷。"王晓秋充满了自信。

荣威 Marvel X 的诞生不是一蹴而就，它来自上汽技术创新的持续突破与积淀，同时也有和外部力量的联合。2016 年 7 月 6 日，上汽与阿里跨界合作两年后，"全球首款量产互联网汽车"荣威 RX5 上市。

当初的"新物种"已引发如今的出行大潮流，荣威 RX5 用户已超过 50 万，同时带动上汽互联网汽车整体销量超过 70 万辆，成为全球互联网汽车销量最多、占比最高的车企。

继荣威 RX5 之后，上汽乘用车又推出了荣威 RX3，车型定位于"全能 SUV 大神"；而荣威 RX8，则被标榜为"全领域大七座智联网豪华 SUV"。

而在新能源汽车领域，除了荣威 Marvel X，荣威已经连续推出 e/ERX5、ei6、Ei5 多款车型，在新能源汽车方面的布局和进阶可以说相当扎实。

可以说，如今的荣威互联网汽车已形成完备的产品体系。从轿车到 SUV、休旅车；从传统动力到新能源车型；从 A 级车到 B 级车，产品矩阵不断扩张。

事实也证明如此。数据显示，上汽乘用车 2018 年总销量累计 70 万辆，同比增长 35%。其中，荣威品牌总销量突破 46 万辆。

从第一款互联网汽车 RX5，到如今的 Marvel X，创新的每一步，都是上汽"新四化"发展战略下掷地有声的行动。有消息称，未来 Marvel Y、Marvel Z 也会陆续集结，带领荣威迈向全新境界。

"放眼未来，汽车工业正迎来新一轮的变革，未知远远大于已知，汽车产品的终极形态是什么，汽车业态如何从产业链向生态圈转型，等等，还有很多的未知等待着我们去发现、去破解。"陈虹表示。

名爵，在泰国"放倒"丰田

2018年4月，王晓秋接受采访时表示，2018年不仅是上汽乘用车的国际化元年，也将成为其出口元年。

事实上，2018年，上汽已经悄悄将当初"新四化"的内容调整为"电动化、智能网联化、共享化、国际化"。国际化的位置，被上汽提到了战略高度。

王晓秋和上汽的自信来自名爵ZS。

据了解，2018年名爵ZS进入泰国仅仅4个月，单月销量就达到了1139辆，荣登泰国B级SUV销量第一，超过此前长期占据泰国市场的日系品牌本田。2017年总销量突破12000辆，跻身泰国乘用车十强。

继名爵6插电式混动版车型后，名爵ZS纯电动也在广州车展开启全球首秀。这款车将正式开启上汽集团在新能源领域的"国际化"之路。

"新能源汽车往全球走，是我们一个清晰的、坚定的战略，我们有胆量、有底气把我们的新能源汽车带到全球去。"在接受汽车产经网采访时，俞经民充满了自信。

事实上，早在几年前，上汽就已经与奥迪、通用等世界知名车企达成战略合作，还分别在英国、以色列、硅谷等地设立创新研发中心，在印度、泰国、印尼建立了生产基地。

而这一切的基础，都得益于上汽乘用车强大的产品竞争力和体系竞争力。

近两年，上汽集团多次蝉联国内乘用车销量第一名，合资与自主板块也都实现了快速增长。国内良好的发展势头推动上汽走出国门，进军海外市场，因此，"国际化"也变成了上汽新的努力目标。

正如王晓秋所说，"如果国内市场没做好，出口也不可能做好。我们是在国内市场做得越来越好的情况下，发力做出口。"

穿越寒冬：
2018 中国车市故事

240

数据显示，2018年，名爵品牌国内累计销量突破20万辆。另外，在全球新能源乘用车市场，今年前9个月，中国销量累计达62.5万辆。比亚迪、上汽乘用车、北汽新能源、吉利汽车等车企的新能源汽车市场份额位列全球前十名。其中，上汽乘用车增速最快，2018年前三季度占比为6%，相比2017年3.6%的占比提升了2.4个百分点，这其中名爵品牌功不可没。

All In，100万辆

2014年5月，陈虹上任上汽集团董事长不久后就表态，自主品牌汽车的发展要真枪实弹干出来。

回顾上汽乘用车这些年的发展，上汽乘用车成立至今整整10年，从最初的借鉴到如今的自主创新，可以说是实现了发展的蜕变和涅槃重生。

2006年10月，在收购罗孚核心技术知识产权的两年后，上汽发布了全新自主品牌"荣威"及首款产品荣威750。2007年1月，上汽乘用车正式成立，而在此后加入的名爵品牌，让这家背靠上汽集团，头顶"纯正英伦车"光环的企业正式迎来发展高峰期。

凭借荣威和名爵，上汽乘用车不仅在售价上和传统自主品牌拉开了差距，销量也一路高歌，特别是2009、2010两年，上汽乘用车年销量分别同比增加了188%、78%。

然而，到了2011年，上汽乘用车突然跑不动了，当年的增速仅为1.6%；2012年、2013年销量有所好转，增速分别为23%、15%；但到了2014年，下滑了21.7%。

曾经倚重的荣威550，2008年上市之后，单月销量一度从上万辆跌破2000辆，与合资事业板块形成强烈反差。

经历连续的滑铁卢，陈虹立下军令状，到2020年以前，自主品牌和新能源汽车要达到中国第一阵营。在过去，国有车企，搞合资挣钱还行，搞自主品牌没戏，这是很多人的普遍认识。

陈虹不认这个邪。上任两个月后,他便从合资板块调兵遣将,王晓秋、俞经民、邵景峰、崔卫国先后转战自主事业。"发展自主品牌,要钱给钱,要人给人,要物给物",这是陈虹给王晓秋吃下的定心丸。

正是这批人带去了成功的合资板块运作经验,包括生产、制造、营销等,托起了上汽乘用车的快速发展。

2015年,陈虹亲赴安亭,宣布王晓秋兼任乘用车公司技术主任,同时新任命三位副主任加快研发速度,改变上汽乘用车持续萎靡的状态,备战销量大考。

同年4月,上汽在上海国际汽车展览会上提出双芯战略,推出两大技术品牌——"NetBlue 蓝芯"和"NetGreen 绿芯"。其中蓝芯战略专注于传统动力,绿芯战略则专注于新能源汽车技术上的进步与突破,包括MGE系列、SGE系列以及新能源三电系统逐渐亮相。

正是有了产品、技术和经验的积累,以及冲击国内自主品牌市场的强劲势头,才有了后来与阿里的结合。

2016年7月,上汽阿里联手打造的互联网汽车"荣威RX5"在杭州云栖小镇正式上市。斑马的作品YunOS Auto操作系统首次进入汽车,成为车的数据引擎。

上市后的荣威RX5首月订单便超过2.5万辆,此后更是连续数月销量突

▲ 荣威Ei5与国内主流电动车比拼续驶里程

破 2 万。上汽乘用车自此开始摆脱长达 10 年以上的沉默，开启这一轮的高速增长。当年上汽乘用车累计销量首次突破 30 万辆，同比大涨 89%。

紧接着 2017 年，名爵品牌先后推出 ZS、新 MG6，与全速前进的荣威品牌将上汽乘用车推上 52 万辆新高度，同比大涨 62%。

2018 年，市场遭遇凄风冷雨之际，荣威品牌与名爵品牌砥砺前行。荣威仅用 10 个月便完成 2017 年全年 38 万辆销量，名爵品牌也跨过 20 万辆门槛。

折戟沉浮 12 年后，上汽乘用车终于一改逆势，迎来高光时刻。

上汽乘用车曾用 11 年跨过成长的第一道"坎"。现在，他们遇到的第二道"坎"考验着上汽乘用车的产品技术底蕴与品牌实力。

陈虹曾言，上汽自主品牌从高端切入的策略虽然艰难，但只要过了这个"坎"，就会有更大的发展空间。

可以想象到的是，这道"坎"跨过去，便是远方；跨不过去，便是苟且。

我们有理由相信上汽乘用车，毕竟如果连集齐天时、地利、人和的上汽集团都做不到，更何况其他车企呢？ ※

广汽传祺：从独木到森林

■ 文/黄持

> 如何卖好更多车型，证明 GS4 的成功并非偶然，成为留给广汽传祺的证明题。从 GS4 到更多爆款，从独木到森林，也将是广汽传祺又一次"蝶变"。

2018 年 11 月 7 日，广汽传祺携手菲律宾 Legado 汽车公司正式登陆菲律宾市场，菲律宾总统杜特尔特亲自为传祺 GS8 揭幕："广汽传祺要在菲律宾投资是我们的荣幸，我谨代表菲律宾人民对传祺要在我国投资表示感激。我也将保证广汽传祺的事业能在菲律宾繁荣昌盛，共同促进中菲两国的经济繁荣和友好贸易往来。"作为"一带一路"建设的重要伙伴，菲律宾汽车市场正在快速发展，而布局菲律宾也是广汽传祺继柬埔寨、缅甸等市场开拓后，在东南亚地区的进一步深入。

时间回到 2015 年，第二次参加北美车展的广汽传祺发布了新车 GS4，当时或许很多人没有想到，这台车改变了广汽传祺之后的轨迹。在 2015 年上市后，传祺 GS4 的销量很快爬升到万辆级别，同时进入到了 SUV 销量榜前十名，之后两年销量也稳居三甲，占据广汽传祺销量近七成，一时间风光无限。

收获"第一桶金"的广汽传祺，接下来推出的 GS8 也成功地拉高了中国品牌的天花板，成为高端车型的代表。而依托 GS4 的新能源车型，广汽传祺还实现向合资品牌的技术输出。

穿越寒冬：
2018 中国车市故事

244

2018 年，10 岁的广汽传祺在庆典上打出了"追寻伟大"的新品牌精神。广汽乘用车总经理郁俊表示："伟大，不是跟随，不是尽力而为，而是勇敢地面对挑战，是定义标准，是全心投入与全力以赴。"

如果说过去 10 年，依靠 GS4 的催化广汽传祺实现了后来者居上的目标，并且开始加速布局海外市场。那么新的 10 年，在这代 GS4 已经进入生命中后期，SUV 市场风云突变的日子里，谁又会是下一个帮助广汽传祺实现伟大的"GS4"呢？

GS4 成就广汽传祺

在 2018 年的各大车展上，传祺 GS4 的身影悄然出现在了广汽集团合资企业的展台上。以传祺 GS4 为基础的新能源车型，包括插电混动 PHEV 和纯电动 EV 车型，先后被广汽三菱、广汽丰田等广汽集团旗下合资企业引入，未来预计还将出现在广汽菲克、广汽本田的车型目录中。

品牌	车型	补贴前价格	上市时间	纯电续驶里程	备注
广汽传祺	GS4新能源	19.68万~20.68万元	2017年6月	58km	综合油耗：1.6L/100km
广汽三菱	祺智PHEV	20.98万~21.98万元	2017年12月	60km	综合油耗：1.6L/100km
广汽菲克	悦界PHEV	未上市	--	--	--
广汽本田	世代PHEV	未上市	--	--	--
广汽丰田	广汽ix4纯电动	21.48万~22.48万元	2018年8月	270km	补贴后售价 16.38万~17.38万元

* 基于广汽传祺GS4的系列车型

三、自主品牌篇

从 1983 年北京汽车制造厂与美国汽车公司的合资经营合同成功签字至今，35 年的时间里中国汽车工业经历了翻天覆地的变化，但不变的是在合资企业中，外方品牌、技术对中方的输出。尽管随着市场的成长，越来越多合资品牌引入了"本土研发"的车型，在中国建立研发中心，中方设计和技术人员话语权也逐步提升，但这种"技术输入"的本质并没有改变。

2018 年，广汽自主版块空前地向合资版块输出技术和车型。广汽新能源汽车有限公司副总经理肖勇在接受汽车产经网采访时这样说道："新能源汽车是中国汽车行业非常大的机遇，甚至可以说是百年难得一遇的机遇。"在传统燃油车领域，尽管中国品牌车企经过这些年的发展已经取得了长足的进步，但和跨国车企相比仍然存在着差距，更难谈超越和引领。但在新能源汽车产业方面，中国品牌车企起步更早，中国市场也给了中国品牌车企更多的机会和空间，甚至在电池等领域，中国品牌车企是世界领先的。

在 2018 年广州车展上广汽新能源汽车有限公司推出了第二代纯电动车 Aion S，在被问及未来是否还会延续第一代 GS4 PHEV 和 GE3 技术输出的模式时，肖勇说："未来肯定不排除向自己的合作伙伴进行技术输出。"他认为，广汽新能源已经迈出了成功的一步，改变以往合资企业中外方输出产品、技术的固有模式，将自主研发的产品向合资企业输出，会在新能源汽车时代成为一种常态。

GS4 不仅成为广汽技术输出的"招牌"，对于广汽传祺自己而言，也同样是中流砥柱。

2018 年 6 月，改款传祺 GS4 正式上市，在上市 3 年后终于迎来了一次明显的进化。新车换装了 LED 前照灯组，前脸设计也有所变动，"L 形"日间行车灯的设计更符合如今的潮流。而车内换装了更大的液晶中控屏，同时支持腾讯车联科技、传祺 T-BOX 智能远程助手以及科大讯飞的语音识别等功能。

广汽集团和腾讯在 2017 年 9 月签署了战略合作框架协议，共同发力车联网、大数据等领域，而 GS4 便是这些合作成果的首次落地。在吉利、比亚迪、

穿越寒冬：
2018 中国车市故事

246

上汽等竞争对手纷纷推出自己的车联网系统后，广汽传祺终于跟上了时代的脚步。

而 8.98 万~15.18 万元的价格，以及 3 年 6 次免费基本保养的政策，也显示出广汽传祺对 GS4 的慎重。毕竟，进入 2018 年以后，GS4 的销量就呈现下滑趋势，6 月销量 1.4 万辆，同比下滑超过 50%。而 GS4 的销量表现，在很大程度上决定着广汽传祺的业绩。

在传祺 GS4 到来前，广汽传祺在市场中可以说是默默无闻，依托阿尔法·罗密欧 166 底盘技术研发的首款车型"传祺"在 2010 年底上市，尽管广汽传祺随后迅速接连推出了多款车型覆盖轿车和 SUV 市场，但在市场中未能激起更多的波浪。

在接连推出 4 款车型之后，广汽传祺的发展却陷入了低谷，首款车型"传祺"（后更名为 GA5）刚上市时取得过最高月销 3000 余辆的成绩，但很快便回落到几百辆；首款 SUV 车型 GS5 上市后也仅仅维持着月销四五千辆的水平，表现平平。

而相比于前辈们，2015 年上市的 GS4，尽管在产品力上并没有什么特别之处，甚至在广汽集团内部的产品评测中也不是高分车型，但却占尽了"天时地利人和"，一亮相便成爆款。那时，SUV 市场热潮刚刚兴起，而中国品牌车企里只有哈弗 H6 独树一帜，荣威 RX5、吉利博越这些后来者都还没有诞生。

作为张帆加入广汽后的作品，GS4 在设计层面相比前几款车型有了很大提升，同时广汽集团依托众多主流合资品牌的技术背景，让 GS4 各方面的性能也颇为均衡，更何况在爆发式增长的 SUV 市场中，真正的竞争对手寥寥无几。于是，GS4 的成功也就理所应当了。

而 GS4 的"走红"，对于广汽而言多少有些意外之喜，但也从此开始，广汽传祺只剩一款 GS4 可以"撑门面"。如同那个时代很多中国品牌车企一样，传祺 GS4 之于广汽、荣威 RX5 之于上汽、哈弗 H6 之于长城……一款"爆款"车型便可以改变整个企业的轨迹，但也埋藏着隐患。

三、自主品牌篇

在这样"无忧无虑"地卖了3年之后,中国品牌紧凑级SUV市场里,除去哈弗H6依然艰难地守卫着冠军位置外,荣威RX5、吉利博越、长安CS75等纷纷加入战局,竞争对手越来越多。与此同时,曾经高速增长的SUV市场第一次"熄火",不仅市场份额有所缩减,同时合资品牌也在不断收复失地。

面对冲击,传祺GS4第一次感受到了市场的残酷,尽管依然保持在SUV销量榜单的前十中,但排名却不断波动,即便在年中完成了小改款车型的上市,但1~9月的累计销量依然出现了31.5%的同比下滑。

GS4"打个喷嚏",广汽传祺就会"感冒",尽管有着从轿车到SUV再到MPV的完善产品布局,包括GS3、GS7等新车型也都取得了数倍的销量增长,但相比于2017年高达34.51%的增长,广汽传祺2018年的销量仅仅增长了5.23%,说整体车市不景气也好,SUV市场增速放缓也罢,占据广汽传祺近一半销量的GS4,第一次遇到了挑战。

广汽传祺的证明题：不光能卖好 GS4

在 GS4 上市后的很长一段时间里，广汽传祺几乎是和 GS4 画等号的，人们忘记了广汽传祺其他产品的存在，但 GS4 的成功，其实有着一些偶然。

对于年轻的中国车企而言，在前些年打造一款"爆款"车型并非难事：凭借火爆的 SUV 市场、消费者并不算高的品质要求以及性价比优势，再配合一点运气的成分，即便北汽幻速这样的产品也可以做到。

对于广汽传祺而言，也同样如此。2016 年 10 月推出的 GS8 在上市初期有着令人眼前一亮的表现，但受制于变速器供应和 7 座 SUV 市场的疲软，这款明星车型的销量始终未能更进一步；而传祺的轿车产品即便有了张帆的"加持"，也依然未能取得突破。

2017 年底上市的 GM8，延续了 GS8 的高端定位，但高端 MPV 的市场容量有限，想要成为比亚迪宋 MAX 这样的"爆款"车型，如今看来已几无可能。

纵观过往 SUV 的销量榜单，昙花一现的车型并不在少数，北汽幻速 S3、江淮瑞风 S3 以及宝骏 560 等，都曾风光无限，但如今已难觅踪迹。让"爆款"车型获得更长的生命周期，同时打造出更多"爆款"，这并非一朝一夕之功。而 SUV 市场增速的放缓，竞争的激烈，也对产品品质、口碑和售后服务提出了更高的要求。

如何卖好更多车型，证明 GS4 的成功并非偶然，成为留给广汽传祺的证明题。从 GS4 到更多爆款，从独木到森林，也将是广汽传祺又一次"蝶变"。

广汽传祺的突破口便是"体系力"。广汽乘用车总经理郁俊曾说："我在广汽 30 年的积累都是奔着自主来的。"在 2016 年任职后，郁俊就对公司内部各项标准流程和体制进行了梳理完善，健全制度，夯实基础，提升品质。郁俊认为，中国品牌车企的成功首先应以品质为先，其次是坚持正向研发和人才培养。

而广汽传祺也正是这样实践的，在供应链建设、研发和人才储备方面做

三、自主品牌篇

了诸多努力，逐步构建出完善的体系。在变速器、轮胎、排气系统、燃油系统和车身材料等方面，都与国际一线供应商建立起战略合作关系，包括爱信精机、米其林、弗吉亚、彼欧英瑞杰、海斯坦普等，不仅是简单的采购与被采购关系，同时也深度合作，共同参与新车和新技术的开发。

人才培养方面，广汽传祺在2018年招聘社会专业人才超过300名，应届大学生超过150名，其中还包括大量熟悉海外市场和语言的专业人才，为广汽传祺"走出去"布局海外市场发挥了重要作用。

而在企业内部，广汽传祺也聘请了很多日本专家，比如首席质量官就曾在本田工作多年，在质量把控方面对标合资企业。此外，广汽传祺还与牛津大学、清华大学、北京大学等高校签署长期的战略合作协议，为企业内部人才提供培训机会，开拓国际化视野，提升素养。

有了这些积累，这道证明题的答案或许很快就能得出。

走出去的广汽传祺

或许是带着南方人开阔的视野、实干的精神以及更容易接受外来事物的性格，广汽传祺带给外界的感觉也是如此，更加务实也更加灵活。

中国品牌车企高喊"走出去"已经不是这一两年的事情了，无论是吉利

▼ 广汽传祺参加北美车展

穿越寒冬：
2018 中国车市故事

250

收购沃尔沃的成功，还是上汽与双龙的恩恩怨怨；抑或是奇瑞、长安、长城、力帆等一众车企在海外建厂卖车……但面对国内市场的高速增长，其实大多数中国品牌车企的海外计划不过是"锦上添花"，所面向的市场也基本是东南亚、中东、非洲或南美地区。

但像广汽传祺这样，四度亮相北美车展，在巴黎车展推出首发新车，一上来就将目光瞄准欧美主流市场的，并不多见。毕竟，作为汽车文明最早的发源地和最成熟的市场，不仅是众多世界级品牌的"老家"，同时也有着最为严苛的准入标准。

2005 年 9 月 12 日，江铃陆风首次亮相法兰克福车展，但仅仅两天之后，德国一家电视台公布了全德汽车俱乐部（以下简称：ADAC）对陆风汽车进行的碰撞测试。ADAC 在试验评价中称，这是"过去 20 年的撞击测试历史中最糟糕的成绩"。

两年之后，同样是在 ADAC 的测试中，中华尊驰车身结构出现严重损坏，在"乘员安全"上仅获得一星评价。而那时的华晨正在信心满满地布局欧洲市场。

尽管江铃和华晨都表态不认可 ADAC 的测试结果，但欧洲市场对于来自中国的"挑战者"显然并不欢迎。

对于广汽传祺等后来者而言，这些"前辈"的经验与教训值得借鉴。广汽乘用车副总经理李灿辉在接受汽车产经网采访时表示："我们现在有一个口号是'小步稳走'，不能太冒进，毕竟国际市场不同于国内市场。比如北美市场，它的安全、环保、法规是非常苛刻的，我们连续 4 年去参加车展，也是积累人气和尝试的过程。首先让当地人看到我们的产品、知晓我们的品牌，之后再将产品和技术输出。"根据广汽传祺的规划，最初的目标是在 2019 年末实现登陆美国市场，但因为中美贸易摩擦等问题的影响，这个时间表或许将被推迟至 2020 年。

但在更多新兴市场，广汽传祺则在以最快的速度开拓。从 2013 年广汽传祺向科威特出口第一批汽车至今，目前广汽传祺已在 16 个国家进行布局。

2018年，广汽传祺"走出去"的战略得到了进一步发展，依托"一带一路"建设，自10月以来广汽传祺在中东地区和菲律宾地区接连开拓新市场，包括阿联酋、沙特阿拉伯、科威特等重要国家在内，广汽传祺已经进入8个中东国家。

在海外计划的背后，则是人才储备。2018年广汽传祺在欧洲、美国都进行了人才招聘，社会专业人才超过300名，应届大学生超过150名，其中还包括熟悉欧洲、中东和俄罗斯市场，懂得当地语言并且熟悉当地环境的专业人才，他们都成为广汽传祺"走出去"的主力军。

而这一切努力的成果如何呢？

在巴黎车展上，有经销商直接来询问什么时候可以提车销售；每年海外车展还未结束，组委会就主动邀请参加下一届车展；在中东地区和菲律宾的新车发布活动上，得到了诸多政府要员的站台……

过去10年，广汽传祺依靠一款车支撑起一个企业，但未来10年，研发实力与体系力的逐渐成熟，将帮助广汽传祺迎来更多增长点，向着世界级品牌的目标靠近。※

穿越寒冬：
2018中国车市故事

北汽：取舍中前行

■ 文 / 李欢欢

在燃油车领域苦苦挣扎的北汽决定全面向新能源汽车及智能网联进发。告别自己不擅长的领域，积极拥抱新的发展趋势。北汽，一番取舍后继续前行。

2017年12月9日，在北京市新能源汽车技术创新中心成立仪式上，北汽集团党委书记、董事长徐和谊郑重宣布北汽自主业务全面停售燃油车的计划：2020年率先在北京市全面停止自主品牌传统燃油乘用车的销售，到2025年在中国境内全面停止生产和销售自主品牌传统燃油乘用车。

既然做燃油车始终未见起色，不如彻底舍弃。

或许，亲口承认"在燃油车领域北汽没戏"，徐和谊心里会有一丝不甘。不过，为了生存与发展，这样的取舍，或许已经是最好的选择。

北汽新能源：经历后补贴时代的阵痛

在徐和谊为北汽规划的全新战略中，北汽新能源自然是其中重要一环。2017年，北汽新能源累计销量突破10万辆，以微弱优势超越特斯拉，成为全球亚军，仅次于比亚迪。旗下最热销车型EC系列以7.8万辆年销量成为

2017年全球最畅销的纯电动汽车。

北汽新能源取得的不俗成绩，给了徐和谊全面向新能源汽车产品转型的勇气与信心。

不过，高增长背后也存在隐忧。

过去很长一段时间，北汽新能源所依赖的EC系列补贴后售价仅为4.98万~6.28万元（2017年未升级时售价），这与竞争对手比亚迪主销车型相较形成鲜明对比，比亚迪e5补贴后售价12.99万~13.99万元。

过去EC系列大卖，北汽新能源难免给消费者留下低端的品牌形象。补贴新政实施后，新能源车市正式步入"后补贴时代"，失去补贴优势的EC系列销量骤降，北汽新能源同时面临销量和品牌的双重压力。

因此，加快产品迭代速度，成为刻不容缓的事。

2018年3月27日，全新EX系列重磅车型EX360上市，补贴后售价7.99万~9.89万元，综合工况续驶里程可达327km。8月31日，EC系列升级车型EC3上市，补贴后价格区间为6.58万~7.18万元，综合工况续驶里程为261km。新国民车组合全员到齐。

提升产品的同时，北汽新能源酝酿了一个更大胆的计划——将车电价值分离的换电模式从运营车辆向私人用户推行。7月5日，北汽新能源在北京蓝谷基地正式启动车电价值分离商业模式，开启了车电物理分离向车电价值分离模式的转变。

同时，北汽新能源推出首批应用车型——EU快换版，续驶里程300km。EU300市场价为12.98万元，如果消费者选择车电分离模式，北京市场对私人客户购买环节降价5万元，售价7.98万元，电池的租金为每月458元。

北汽新能源副总经理、营销公司总经理李一秀解释说，按照这个租赁价格，"消费者租赁电池10年的费用，才能抵得上这块电池的成本，租赁费用非常低。"

那么，换电是否便利？

穿越寒冬：
2018中国车市故事

李一秀透露，北汽新能源已经在北京铺设100座换电站，已开放运营50余座，其中城区39座，平均服务半径达到2.78km，2019年上半年前将全部开放已建成的100座换电站，这个数字已经像加油站一样高密度布局。

换一次电池大概需要多久？蔚来汽车创始人李斌曾经在ES8上市发布会上亲自演示过，只需要2min56s。

目前为止，只有蔚来汽车与北汽新能源向消费者推出换电服务。与注重用户体验、倡导互联网思维的新造车势力不谋而合，北汽新能源正在努力突破过去的自己。

当然，实现梦想除了毅力还需要资金，尤其是在用户规模尚未形成时大量铺设换电站这种"烧钱的傻事"。

9月27日，随着北汽蓝谷正式复牌，北汽新能源终于成功上市。

不过，上市后，资本市场先给了北汽新能源一个"下马威"。

复牌后，北汽蓝谷迅速跳水，盘中触发两次临时停牌，跌幅高达36.88%。9月28日，北汽蓝谷又开盘涨停。这样的股价过山车，着实有些吓人。

对此，时任北汽集团党委常委、北汽新能源总经理郑刚解释说："股价大跌为借壳重组的历史因素所致，并不能反映价值。"

无论如何，能够成功上市，是北汽新能源发展历程中具有里程碑意义的

◀ 北汽新能源LITE电动车

三、自主品牌篇

事情。对于北汽新能源来说,可观的资金支持意味着其在新能源汽车产业链每一环布局都有了后续发展的可能。

绅宝和 BJ 的自我救赎

作为北汽旗下一大主营自主业务,2018 年绅宝的处境略显尴尬。2018 年,北京汽车累计销量为 16.5 万辆,同比下降 25.7%。外界甚至猜测,自主品牌版块全面切换新能源的北汽,是否会将绅宝与北汽新能源整合发展。

对此,北京汽车股份有限公司党委副书记、总裁陈宏良回应称,绅宝和 BJ 品牌将以 48V 弱混、PHEV 为主要发展方向。2019~2020 年,绅宝现有车型将全部完成 48V 动力升级改造,同时完成 A 级、B 级轿车及 A 级 SUV 车型的 48V 动力升级,后续将在插混等多个方向展开布局。

而北汽新能源会坚持以纯电动车型为主。未来,两大自主板块将形成新能源"联合舰队",具体的执行时间表,以市场、消费者需求为导向。

虽然陈宏良为绅宝的中长期发展指明了大方向,不过,2018 年的绅宝也的确到了背水一战的地步。绝处如何逢生?绅宝选择先以汽车智能化作为突破口。

9 月 21 日,北京汽车首款 AI SUV 绅宝智行在北京正式上市。

以 AI 作为卖点的绅宝智行,被北汽股份副总裁、销售公司总经理吴周涛视作"绅宝品牌回归主流的新起点,将开启北京汽车借助 AI 直线超车、迈向中高端品牌的新篇章"。

绅宝智行的热度还未消退,绅宝又迫不及待推出了另一款 AI 轿车——绅宝智道,12 月 21 日,绅宝智道正式上市。

在这两款车的上市发布会上,北京汽车两次使用了"蝶变"一词,强调自我蜕变。产品智能化则是其蜕变的最大体现。

绅宝智行搭载的 AI 技术到底有多智能?吴周涛曾在发布会现场唤出人机智能语音操控系统"小绅"来亲自演示。小绅不仅承担了整场发布会的主持大任,还对绅宝智行的智能特点一一作了详细介绍。

官方资料显示,绅宝智行搭载的 AI 技术以 AI 车况管家、AI 语音助手、AI 安全卫士为三大核心功能。

用户可以对润滑、点火、供油等发动机八大系统进行实时监控;可以实时查询并通过语音反馈获取胎压、实时车速、总里程、续驶里程等车辆信息;还可以获取保养明细、一键预约保养等。

最值得一提的,是 AI 安全卫士功能,配备 360° 随动全景影像。高级驾驶辅助系统(ADAS),涵盖了盲区监测(BSD)、车道偏离预警(LDW),以及同级独有的低速物体动态识别(MOD,该功能能够识别车辆 10m 内的低速运动物体,比如小朋友、小动物等)三大功能。

虽然,竞品传祺 GS4 和长安 CS55 也都搭载了相似的智能语音系统。但是,凭借同级独有的 MOD 低速物体动态识别功能,可查看续驶里程、油耗和历次加油数据等走心服务,以及最具竞争力售价,绅宝智行应该可以在紧凑型 SUV 中占得一席之地。

在北汽自主业务板块中,与绅宝不同,BJ 系列属于独特的存在,体量虽小,却极具特色。徐和谊不止一次表态,要把 BJ 系列越野车打造成为北汽集团差异化竞争的撒手锏。

只是,大排量、高油耗,显然与国家节能减排的要求相去甚远。专注于越野 SUV 领域,很难在日常用车消费者中开拓销路。未来的路,BJ 系列该怎么走?

5 月 27 日,北京 (BJ)40 PLUS 与北京 (BJ)80·珠峰版正式上市。一个显著的转变是,BJ40 PLUS 同时融合了都市 SUV 驾控和舒适智能的特性,BJ 系列开始向舒适 SUV 越野车的细分市场拓展。

硬汉 BJ 的妥协与取舍,同时也折射出徐和谊对北汽的革新与尝试。

2017 年,徐和谊与蔚来汽车创始人李斌曾展开一场对话,面对充满活力的新造车企业,徐和谊表示,"不服,却羡慕蔚来汽车的灵活体制。"

的确,北汽作为国企,虽然坐拥集团和政策优势,却也在发展中不得不受体制束缚。一位曾在北汽集团身居要职的人士透露,上级曾给北汽制定的目标是"销量要超过一汽集团"。这份带有几分"政治意味"的任务,是上级的关心,却也体现出身处体制中的无奈。

市场和市长谁说了算,对于很多国企来说,这是一个世界难题。在市场竞争中,国企常因资源配置低效、决策机制冗长而失去先机。这不仅是北汽,更是很多国企面临的挑战。

2007年,北汽开始实施集团化战略。通过重组、设立、增发、上市等方式,北汽福田、北汽股份、北汽新能源、鹏龙股份、华夏出行、北汽瑞丽、北汽财务等企业实现了混合所有制改革。不过,从目前成效来看,似乎还未达到徐和谊想要的理想"体制"。2018年4月,有媒体爆料,北汽集团与吉利商谈股权收购事宜。虽然该消息很快被北汽和吉利双双辟谣,却在国企改革的大背景下,给了人们许多想象的空间。

在体制与市场之间如何平衡、取舍,这是一道远比发展纯电还是混电更为复杂的命题。※

穿越寒冬：
2018 中国车市故事

258

奇瑞的股改风云

■ 文 / 董楠

> 2018 年所经历的一切，也许将会成为奇瑞整个发展历程中最浓墨重彩的一笔。

2018 年 12 月 21 日，在挂牌 3 个月后，奇瑞挂在长江产权交易所的增资扩股公告显示"未成交"。

2018 年 11 月 22 日，奇瑞汽车股份有限公司（简称"奇瑞股份"）和奇瑞控股集团有限公司（简称"奇瑞控股"）挂在长江产权交易所网站上的增资扩股公告进入延长期，截止日期是 2018 年 12 月 21 日。

这场历时 3 个月、公开引入战略投资者的股改终于按下了"暂停键"，而奇瑞因此发酵的绯闻前前后后却持续了一年多。

融资 162 亿

2018 年 5 月末的那场职工代表大会上，奇瑞员工全票通过了奇瑞的股改决议。自此，奇瑞股改大幕正式拉开。

而在此前，关于奇瑞转让股权的"绯闻"就没有停止过，甚至被演绎出了奇瑞以不低于 200 亿元资金转让 51% 股权的版本，这种说法意味着，奇瑞的控股权将被新的投资者获得，其国有企业属性或许也将发生变化。

随着奇瑞挂牌，一切尘埃落定。2018 年 9 月 17 日，奇瑞股份与母公司

三、自主品牌篇

奇瑞控股挂牌交易情况

奇瑞控股正式发布增资扩股公告，拟引入符合条件的外部投资者。

增资扩股公告显示，奇瑞股份与奇瑞控股计划共同招募同一投资方，分别募集不低于 79.11 亿元和 83.32 亿元资金，合计融资预计将不低于 162.43 亿元。增资后，国有资本仍将占据主导地位。

奇瑞控股集团董事长尹同跃 2018 年 10 月一次公开采访中再次明确了奇瑞国有控股身份不会改变。他强调，奇瑞希望通过股改，在既能保护国有资产保值增值、政府又能够控制话语权的情况下，引入一部分市场机制，但奇瑞国有控股的身份不会因此改变。

在奇瑞挂牌后的两周，奇瑞汽车股份有限公司总经理陈安宁正式离职，这样的高层人事变动对于正在变革中的奇瑞，也是必须经历的一部分。自此，尹同跃重新回到前台。

股改序曲

奇瑞引进投资方的消息之所以被媒体不断捕风捉影，或许源自奇瑞在

穿越寒冬：
2018 中国车市故事

260

2017年开始的那场"大刀阔斧"的改革。

2017年，奇瑞中高层经历了一轮人事调整，原分管国内销售的副总经理高新华调整后分管产品开发；原分管国际销售的副总经理何晓庆开始分管国内销售；原分管产品开发的副总经理潘燕龙分管国际销售。

并且，奇瑞还迎来了推动营销体系变革的重要人物：此前在宝沃主管销售的贾亚权加盟奇瑞，担任奇瑞汽车副总经理以及营销公司总经理。

一系列人事调整之外，是奇瑞对旗下品牌的重新梳理。2017年12月、2018年1月，奇瑞相继完成观致、凯翼品牌的股权转让，宝能集团以16.25亿元获得奇瑞所持有的25%观致股权；宜宾市汽车产业发展投资有限责任公司与五粮液集团子公司四川省宜宾普什集团有限公司，以24.94亿元分别获得凯翼汽车50.5%、0.5%的股权。

回归一个品牌的奇瑞，在经历此番调整后，增资扩股的前奏在此时已经奏响。

奇瑞剥离资产、瘦身的背后，也将宝能、五粮液推向了奇瑞股改的投资方名单中。

奇瑞需要资金，从其2018年前三季度财报中就有最直观的体现。

尽管从销售业绩看，奇瑞在2018年的车市逆境中保持了增长势头，2018年前10个月，奇瑞销量接近60万辆、同比增长15.2%，出口累计10.73万辆、同比增长20.2%，奇瑞新能源累计销量6.99万辆、同比增长249.3%，但是前三季度的财报显示，报告期内奇瑞营收178.29亿元，同比下滑4.3%；亏损14.43亿元，2017年同期为盈利2429.8万元。此外，财报还显示，截至2018年9月30日，奇瑞负债总额达到599.90亿元，资产负债率达74.5%。

野蛮人宝能

在奇瑞股改消息正式公布前，奇瑞与宝能的绯闻就已经开始了。

2018年3月，奇瑞控股完成了一次股权变更。

奇瑞控股注册资本由33亿元增加至42.784亿元，原本的股权结构由芜湖市建设投资有限公司和瑞创投资分别持有52%和48%，此次变更增加了第三大股东华泰证券（上海）资产管理有限公司，三者的持股比例变为40.11%、37.02%和22.87%。

由于芜湖市国资委持有芜湖市建设投资有限公司100%股权，奇瑞控股实际控制人仍是芜湖市国资委。

这次变更被认为是有"幕后玩家"宝能在操纵。

从收购观致开始，对于宝能将入股奇瑞的传闻就没有停止过。

在收购观致之前，宝能就在布局汽车产能，加上观致的常熟工厂，其在杭州、昆明、常熟先后布局了110万辆的产能。

这些信息在2018年5月16日发酵，有媒体称，宝能集团拟出资250亿～270亿元，以增资扩股形式入股奇瑞股份，并成为第一大股东。随后，奇瑞发布官方声明表示，该传言不属实。

之后，各种与潜在投资方谈判的细节和争议点随着媒体的追逐而不断流出，但是奇瑞方面并没有确认其真实性。

捕风捉影的投资方

接下来众多潜在投资方浮出水面。

最初的意向投资方包括宝能集团、华夏幸福、五粮液、正道集团和普拓资本。随着奇瑞增资扩股进入延长期，又传出7家公司联合出资的消息。对于这些传闻，奇瑞都没有回应，而媒体的捕风捉影，则为奇瑞混改添加了更加神秘的色彩。

关于此次股改是否是混改，尹同跃也在媒体采访中曾明确说明，要看进入的投资者是否是国有企业，尹同跃强调，国有企业进来依然是国企，只是资本相对分散了，分散可能会对管理层的授权和连续性产生一些变化。

在最终投资者确定之前,奇瑞的这次增资扩股被称为股改更加合适。

对于此次股改的目的和意义,在尹同跃发布的那封公开信中表明了态度。

2018年9月17日,奇瑞增资扩股公告发布当日,奇瑞官方渠道同时发布了尹同跃写给奇瑞员工的一封公开信:

在"奇瑞2025战略"规划中,我们在新产品、新技术、新能源、智能互联+无人驾驶、品牌建设、高端国际市场等方面进行了一系列布局,规划落地需要巨大的资金投入,需要引入战略资本;同时,响应中央"去杠杆"号召,奇瑞希望通过增资扩股降低企业成本,让国有资产保值增值,推动企业做大做强,这些是我们增资扩股的初衷。

"雄狮"崛起

这场股改所引起的关注度,吸引了太多公众注意力,以至于在2018年接近尾声的时候,很多人忽略了2018年4月奇瑞发布的那场"雄狮LION"智能化战略的进展。

尹同跃所说的通过增资扩股推进的奇瑞2025战略,其实在2018年已经初具雏形。

雄狮智能战略涉及自动驾驶、车联网、数字营销、移动出行、智能制造五个板块。整个战略涵盖了从研发、制造、营销和服务等全生命周期的数字化、智能化布局。

产品方面,瑞虎8是该战略下的首款车型。

在2018年北京车展上市的瑞虎8,到2018年底,销量已经达到4万多辆,在经历产能爬坡后,瑞虎8成为奇瑞销量最高的SUV车型,月销量过万辆。

瑞虎8重点布局10万~15万元市场。通过越级概念,瑞虎8不仅达到了同级别更大尺寸,在产品配置上,多种"同级最优"都被应用在瑞虎8上:感应式智能防夹记忆电动尾门、双区自动空调第三排独立空调、前后排座椅电加热、超大智能防夹全景天窗……

同时，奇瑞与百度联手研发打造的雄狮智云系统也首先搭载在瑞虎8上，远程控制、AR导航、互联服务及支付功能等，都能在雄狮智云系统上体验到。

2018年10月，奇瑞上市了雄狮智能化战略下的另外两款双子星车型——艾瑞泽GX、艾瑞泽EX。这两款车型覆盖了5万~11万元区间的家轿市场，并且显示出和合资品牌贴身肉搏的决心。

另外，在雄狮智能化战略之下，在产品划分上，奇瑞正在强调产品品类。

艾瑞泽系列车型的命名就是一种体现。艾瑞泽EX作为艾瑞泽5的换代车型，在命名上以字母代替了原有的数字命名方式。艾瑞泽GX中的"G"是Go-ahead的寓意，代表新车型进取领先；艾瑞泽EX中的"E"，代表Elegant。两款车上都有的"X"则主要代表了人工智能、无限可能的含义。

贾亚权执掌奇瑞营销工作以来，奇瑞品牌在营销上做了很大调整。例如，在渠道上，奇瑞通过四大战区的形式，形成了更加集中的区域作战局面，为了提升终端能力，奇瑞给予战区较大权利；在营销创新上，可以战区先做，全国跟进。战区的权利相当于小型的销售公司形式，在战区总的带领下，与市场总监、销售总监、服务总监对战区营销进行管控。这样的销售模式能够更加高效地发挥不同区域市场的能力，提高营销效果。

贾亚权的功夫没有白费。从2018年的销售业绩来看，2018年的奇瑞算得上是赢家。

尹同跃在谈到2018年经历股改时曾说过，"奇瑞的好势头刚刚开始。"

或许在股改的过程中，奇瑞还要经历很多质疑，种种不确定性让这家曾经的自主品牌车企销量"一哥"面临一次艰难的蜕变。但是如果把奇瑞的改变放在2018年的车市大环境中，可以看到，在淘汰赛加剧的2018年，奇瑞找到了节奏，在市场没有乱了阵脚。那个曾经在小草房中起家的奇瑞，经得起大风大浪。※

比亚迪的"改革"和"开放"

文 / 李欢欢

10年以来,比亚迪的新能源车销量第一次超过燃油车。其苦等10年的新能源汽车风口真的到来了吗?

2018年7月,比亚迪燃油车销量1.85万辆,新能源乘用车销量1.82万辆,仅比燃油车少300余辆。如果加上商用新能源车,7月比亚迪新能源车销量已经超过燃油车。

10年以来,比亚迪的销量结构第一次出现这样的变化。

此前有预计称,比亚迪新能源车销量超过燃油车销量将发生在2020年,现在这个时间点提前了将近两年。

有意义的拐点

对于比亚迪掌门人王传福来说,这个拐点颇有一些"念念不忘,必有回响"的意味。

2003年,拥有多年电池研发技术背景的王传福踏入汽车制造领域时,曾经宣示过自己的梦想,"我造车是因为看好电动车在未来的发展,而我所掌握的磷酸铁锂电池将会在12年后独霸江湖。"

造电动车的初心未改,但王传福的电池战略不得不改弦更张。

2018年年初，比亚迪宣布旗下包括插电式混合动力、纯电动汽车在内的几乎全系乘用车，将切换为三元锂电池。而比亚迪引以为傲的磷酸铁锂电池，将继续应用于旗下商用车产品。

如此一来，比亚迪每款车的NEDC综合工况续驶里程提升至400km以上，与此同时，其能耗也有所下降。硬币的另一面是比亚迪失去了磷酸铁锂电池领域的独家优势。

但正是这份妥协，让比亚迪的新能源汽车事业驶入了快车道。2018年4月北京车展，比亚迪亮出了最新杀器——全新e平台，这是比亚迪自主研发的全新一代纯电动架构平台。

这个平台的厉害之处在哪儿？比亚迪的工程师们将其总结为"33111"。

第一个"3"：代表驱动系统的电机、电控、变速器高度集成在一个模块中，相比传统布局模式，将大大节约布局空间并提升驱动效率。比亚迪成为继北汽新能源后第二个实现该技术的车企。

第二个"3"：表示将高压系统的DC/DC、充电器和配电箱三合一。这是目前电动车企的主流配置。

第一个"1"：是将仪表、空调、音响、智能钥匙等多种控制模块10合1，集成在一块PCB板上。这项技术的难点在于，通常汽车的零部件来自不同供应商，一般车企很难做到整合。而比亚迪采用的供应链垂直闭环模式在此处发挥了独有的优势。

其余两个"1"分别指一块搭载了DiLink的智能自动旋转大屏，以及一块长续驶、性能稳定的电池。

与e平台同时推出的还有DiLink智能网联系统和比亚迪全球首创的智能自动旋转大屏DiPad，内置海量应用，率先应用于比亚迪全新一代唐。

2018年6月，全新一代唐上市。比亚迪汽车销售有限公司总经理赵长江称其"集高颜值、智能网联、电动化三大优势于一身，代表了比亚迪最高造车水准"。这款车并没有辜负比亚迪的期望，上市后连续数月销量破万，并成功超越了七座SUV霸主汉兰达。

除了技术优势，全新一代唐的出色业绩还得益于其设计师艾格。2017年，比亚迪迎来奥迪前设计总监艾格。加盟比亚迪后艾格便参与设计了宋MAX，这款车一亮相便征服了一众"外貌协会"消费者。比亚迪多年以来因产品外形设计屡遭吐槽的黑历史终于结束了。

继全新一代唐之后，艾格还主导设计了全新秦 Pro 家族，这组新车于 2018 年 9 月 20 日在北京正式上市，被不少人誉为自主品牌汽车颜值担当。

全新一代唐与全新秦 Pro 的人气有多旺？新车在北京车展亮相时，甚至引得戴姆勒股份公司董事会主席、梅赛德斯–奔驰汽车集团全球总裁蔡澈"突袭"，悄悄现身比亚迪展台，饶有兴致地体验了这两款新车。

抛开颜值不谈，秦 Pro 的独特之处，还在于这是全球首款搭载"D++ 开放生态平台"的车型。

"疯狂"的先行者

何谓开放生态平台？

2018 年 9 月 5 日，在比亚迪全球开发者大会上，王传福宣布正式发布比亚迪 D++ 开放生态，开放比亚迪的 DiLink 平台，360 集团董事长兼 CEO 周鸿祎惊呼："王传福是疯了吧！"恐怕，这么想的不止周鸿祎一人。

为何王传福此举引来周鸿祎如此评价？因为王传福表示要一次性开放 66 项控制权和 341 个传感器，所有第三方都可以在 DiLink 平台上自由创作。王传福要打造一个智能汽车生态圈。

从商业机密和驾驶安全层面考虑，全面开放传感器和控制权是一件十分冒险的事。

一方面，传感器数据是车企的核心产权之一。在制造过程中，车企根据传感器数据匹配最优的逻辑操作，它代表着每家车企多年技术的积累，重要性无须多言。正因如此，此前车企在与技术开发商合作时，一般只会有限度地选择开放底层传感器数据。

另一方面，整车开放性越高，安全风险就越大。比如，2016年，腾讯科恩实验室"远程入侵"特斯拉，将中控大屏界面换成了该实验室LOGO，他们还可以远程解锁车辆，打开天窗，甚至实现远程制动。

要知道，汽车安全关乎消费者的生命，如果这一点出了问题，百年基业都可能毁于一旦，这也是众多车企在完全"开放"面前望而却步的重要原因。

不得不说，王传福真是够大胆，也着实够疯狂。

但在"疯狂"的背后，王传福也有自己的道理。在开发者大会上王传福透露，比亚迪的"开放"战略最初是受到手机行业智能化演变的启发。

曾经的手机业巨头诺基亚轰然倒塌，苹果、安卓后来居上，每个人都看在眼里，但比亚迪绝对是体会最深的那个。毕竟，除汽车业务，比亚迪的第二大业务就是手机组装，从以前的诺基亚、摩托罗拉，到现在的华为、三星、苹果、vivo、OPPO、小米，都是或曾经是比亚迪的客户。

诺基亚的倒下，让王传福开始思考未来的出路到底在哪里。很快，王传福作出判断，"诺基亚失败，不是品质问题，也不是管理问题，而是自身封闭所致。"

的确，苹果、谷歌、小米之所以能够取诺基亚而代之，很大程度得益于其开放战略。前些年，在苹果因抗拒开放陷入困境时，乔布斯一举打造开发者盛会"WWDC"，才成就了今日的苹果帝国，而对于安卓、小米来说，千千万万的开发者也成为其持续发展最宝贵的财富。

王传福算了一笔账：手机上十几个传感器，就产生了300多万个应用App，如果将汽车上300多个传感器同时开放，这将形成怎样量级的生态？

同样是硬件制造+软件开发，王传福要将比亚迪打造成汽车行业的"苹果"。这才是王传福推出D++开放生态背后的逻辑。

尽管开放必然伴随着极大风险，但王传福认为这是值得的，"20年或者30年后，我们回头来看，今天比亚迪的一小步，将是变革汽车行业的一大步，是颠覆智能生态的一大步，更是重塑人类生活方式的一大步。"

如果汽车智能化真的可以实现，其影响将呈放射状向外辐射。王传福认为，"汽车智能化还可以推动智慧城市的发展。"

以深圳为例，汽车保有量大约有300万辆，每辆车有300多个传感器，如果用户开放10%传感器，就相当于有上亿个感知终端。这将产生海量数据，比如PM2.5、气温、图片、路况等，这些大数据接入城市公共系统之后，将对公安、气象、环保、交通、保险、教育等行业的管理带来颠覆性变革，让城市更智慧，让生活更美好。

开放战略下的商业帝国

熟悉比亚迪的人都知道，进军汽车领域后，王传福采用了垂直整合模式，从电池、模具到座椅、刮水器、轮胎等，一辆车70%以上的零部件都自己生产。

随着开放策略成形，此前王传福坚持的供应链生态闭环理念正在发生改变。

2018年7月5日，比亚迪与佛吉亚合资公司揭牌仪式在深圳举行。合资公司主营业务为开发、生产、装配、销售涵盖汽车整椅、座椅骨架、座椅发泡、座椅面套在内的汽车座椅产品及产品开发服务等。

对于比亚迪而言,剥离座椅业务意味着可以更加聚焦核心业务,更好地实现高速发展。

不只座椅环节,比亚迪核心业务动力电池也正在剥离中。2018珠三角未来汽车供应链创新论坛上,比亚迪锂电事业部副总经理沈晞表示,剥离动力电池业务正在进行中,2022~2023年,比亚迪的动力电池公司将独立上市。

也就是说,通过裁撤、合并事业部等方式,王传福逐步将建立多年的垂直整合体系拆解,向开放供应链模式转变。

那么,是什么促使比亚迪做出改变?

以电池业务为例,当中国的新能源汽车领域进入高速发展阶段,比亚迪的电池销售却受到"车企身份的拖累"。2017年,比亚迪电池行业老大的地位被宁德时代取代,后者凭借开放的供应体系,与吉利、宝马、上汽等整车企业合作,装机量达10.4GW·h。

王传福意识到,是时候由封闭走向开放了。

2018年2月,业界传出"王传福密会徐和谊"的消息。3月31日,王传福便将"比亚迪核心零部件推介及技术交流会"开进了北汽新能源的研发大楼。此后,王传福还到访长城汽车密会魏建军,并试驾了当时魏建军尚未上市的"宝贝"——长城新能源车WEY P8。据传,魏建军对王传福来访一事非常重视,将长城汽车保定总部的保密级别提升至最高级。

不仅如此,比亚迪还实现了动力电池的第一次对外装机(在东风集团纯电动厢式运输车和纯电动货车上),并与长安汽车达成了战略合作,联合研发电驱三合一系统,2019年搭载在长安车型上。

在开放战略指引下,王传福正将比亚迪打造成一个跨越多行业、多领域的商业帝国。目前,比亚迪业务布局涵盖手机部件及组装、汽车、二次充电电池及光伏和轨道交通四大领域。从能源的获取、存储,再到应用,全方位构建零排放的新能源整体解决方案。

如今,比亚迪在深圳、银川建设的云轨项目已经正式通车,银川云轨已

比亚迪核心业务		
汽车	中央研究院	主要承担各种新型材料研发、新产品的设计、工业技术改进及产业孵化。
	汽车工程研究院	主要从事燃油动力和新能源动力两大领域内公司所有家轿、SUV、MPV等车型及平台的研发和设计工作。
手机部件及组装	电力科学研究院	主要从事电池储能、微电网、新能源（光伏）发电技术、新能源汽车充电设备、轨道牵引供电及轨道储能技术，以及电力工程设计、运行监测技术研究。
	卡车研究院	主要从事纯电动卡车及专用车整车、底盘研发与设计工作，研发车型覆盖城市商品物流、城市建筑物流、环卫、港口等专业领域。
二次充电池及光伏	客车研究院	主要从事公交、定制巴士、通勤、旅游、接待等各细分市场中6~18mK系列纯电动城市客车和C系列电动座位客车的研发和设计。
	产品规划及汽车新技术研究院	主要从事乘用车、商用车、专用车、城市轨道交通产品及其相关零部件的规划和新技术预研工作。
轨道交通	汽车智慧生态研究院	面向汽车发展的未来，主要从事开放式智慧汽车平台、智慧型客户关系、智能型汽车应用的研发工作。以人为本，以智慧技术为依托，构建开放的汽车生态。

实现全自动无人驾驶。2018年11月29日，比亚迪轨道业务总经理李慧表示，比亚迪将在湖北宜昌建设不少于100km的跨座式轨道交通线"云轨"，并投资建设轨道交通产业园。

当下，中国电动车企近百家，但是能被巴菲特盛赞为"爱迪生和比尔·盖茨结合体"的汽车行业的企业家却只有王传福一个。

乘着这一轮汽车革命的东风，王传福的商业帝国正在默默扩展。※

后记

在最好的时代记录美好

■ 文 / 白朝阳

白朝阳
汽车产经网副主编

每到岁末年初,人们总结过去一年时都习惯说,"过去一年,是极不寻常的一年。"

2018年,确实非比寻常。

有人说地球已经变成了一个村子,2018年这个村里可没见消停。保守主义势力抬头,中美贸易战、英国脱欧拉锯战、俄罗斯和乌克兰各自备战,几个大国如此密集动作,鸡飞狗跳,近年来不曾有过,更不要说中东局势、东北亚局势给世界政治经济结构带来的巨大变化。很多专家在岁末年初点评国际形势时,征引华为、中兴在大洋彼岸的"遭遇"案例,甚至将这些事件上升到"国运"的高度。

放眼经济领域,"村里"各家各户的日子都不太好过。口红销量被经济学家视为经济萧条的一大指标。2018年,全村的口红都快卖脱销了。经济学家解释说,大家囊中羞涩,强烈的购买欲望驱使人们转而购买比较廉价的物品。或许当太多人连"口红"都消费不起时,就会干脆变成法国大街上"黄背心"一样的存在。

再把视线聚焦到汽车这个小圈子里,2018年,似乎也是兵荒马乱的一年。

"柴油门"爆发后,虽然大众车辆的回购和改

穿越寒冬：
2018 中国车市故事

274

装都已完成，但全球范围内 50 多个国家和地区的官司才刚刚开始；全球车企销量排名仅次于大众的雷诺—日产—三菱联盟，其董事长卡洛斯·戈恩 (Carlos Ghosn) 竟在 2018 年被日产 CEO 西川广人"倒戈"，被日本东京地方检察特搜部逮捕；也是在 2018 年，全球第七大汽车集团菲亚特克莱斯勒汽车 (FCA) 前首席执行官塞尔吉奥·马尔乔内驾鹤西去，将业务节节败退的中国市场业务丢在了身后；与此同时，各大车企竞相裁员，通用汽车计划裁员 1.47 万人，关闭 7 座工厂，福特汽车预计会裁员 2.5 万人，北美过剩的产能也不惜引入曾经的对手大众一起消化……

作为身处其中的汽车媒体人，有时候难免因为这些问题而深陷"焦虑"。如果汽车行业大势已去，皮之不存，毛将焉附，饭碗焉在？但有时候我也试着安慰自己，即便是世界末日，诺亚方舟上应该也会为媒体保留一张船票吧。沃尔沃环球帆船赛那么严苛的环境，船员们为了减少重量，吃压缩饼干，喝净化海水，甚至连牙刷都会折掉一半，可即便如此，他们还是要随船携带一名"没用的记者"，记录船上发生的一切。

有时候想想，"汽车村"或许也没有大家说的那么不堪，只是我们习惯了将目光投向那些名门望族，太过于关注它们的浮浮沉沉，而忽略了那些汽车圈里奋斗的"中产"。如果深入研究这些"中间势力"，说不定能给人一种激昂慷慨的感觉。

长城和吉利就是例子。

2018 年年初，没有太多防备，长城和宝马达成了战略合作意向，吉利收购了戴姆勒近 10% 的股份，来自中国的两家民营车企，"高攀"上了世界上最大的两个豪华车企。这种原生版"凤凰男"励志故事，让国内媒体嗨了好一阵子。

当大家争相报道这两个偶然事件的故事进展时，却很少有人关注到事件背后的必然联系。而这些必然，或者说行业趋势，是真正值得当下汽车人兴奋的事情。

在长城和宝马合作一开始，就将目标锁定在新能源汽车方面。与此

后记

同时，二者也在加码。10月，长城入股世界领先的德国加氢站运营商H2 MOBILITY，布局加氢业务。宝马和丰田联手，要在氢燃料电池、运动跑车、轻量化技术和锂离子电池四个领域构建长期战略合作伙伴关系，而丰田已经和马自达、斯巴鲁、铃木等六家日本汽车企业组建了国家EV联盟。

吉利和戴姆勒联姻之后，吉利一大家子（含沃尔沃、宝腾、路特斯等）和戴姆勒组成了全球最大的汽车联盟之一，而联盟最大的向心力，正是当下的新能源汽车风口。从双方对外发言可以看出，两家企业将在包括新能源汽车在内的三大领域探讨合作的可能。

再结合本田和通用在燃料电池领域的合作就会发现，被撕扯了几十年的世界汽车格局，因为新能源汽车这条主线，故事脉络正变得清晰。

在这个背景下，LG、松下、宁德时代等电池企业自然备受追捧。戴姆勒、大众等巨头签电池的单子，动不动就是几百亿欧元的"聘礼"。但相比之下，电池企业又远没有入局汽车圈的芯片企业和互联网巨擘那么受人关注。

目前，英伟达已经拥有奥迪、戴姆勒、大众、丰田等多家主机厂合作伙伴，和沃尔沃、特斯拉以及蔚来汽车也有相当程度的合作。此外，博世和采埃孚两大供应商，已经联合英伟达推出了可量产的自动驾驶系统。

英伟达在人工智能和自动驾驶领域的异军突起，让处理器巨头英特尔感到了威胁。2017年3月，英特尔收购了Mobileye，推出"算法+芯片"的理念，并与包括百度、宝马和德尔福在内的一票伙伴达成合作。自动驾驶领域的团战正式进入高潮，而英伟达和英特尔正进化为这场巨变的"轴心"。

谷歌、Uber、苹果等互联网巨头，也在不遗余力地加快自动驾驶研发进程。目前，谷歌关联公司Waymo的安全行驶里程已经近2000万km，在美国科技媒体The Information的一项综合评估中，Waymo获得了接近满分的13分，位列第一，Uber以1分之差名列第二。

自动驾驶汽车日臻完善时，成熟的商业模式也是不可或缺的盈利环节。如今，几乎所有车企都在宣称向"移动出行服务提供商"转型，而不希望只做自动驾驶时代的车辆提供者。通用汽车推出了全新车辆共享服务品牌

穿越寒冬：
2018 中国车市故事

276

Maven，大众推出了 Quicar，奥迪有 Audi On Demand，吉利有曹操专车，而沃尔沃推出了移动出行服务平台 M 品牌，并宣称其自动驾驶概念车 360c 要和短途飞机一决高低……

在移动出行这条主线下，2018 年 10 月，戴姆勒与吉利宣布将在华组建合资公司，提供高端专车出行服务。11 月，欧盟反垄断机构表示，已同意戴姆勒和宝马在一定条件下合并汽车共享业务的计划，这意味着，宝马出行平台 DriveNow 和戴姆勒 Car2Go 将正式联手，联手对抗 Uber、滴滴，绞杀新兴出行平台。

除了国际上巨头的兼并重组和技术联盟，国内外成百上千的中小企业、新品牌，也在这场变革中寻找着自己的机会。

这里面有卖酒的、造空调的、造飞机的，就连靠吹风机出名的戴森都表示，正在开发一种极具创新理念的电动汽车，量产车型将于 2020 年上市销售。

2018 年，蔚来 ES8 半年不到卖出 1 万辆，和同级别的奔驰 GLE、奥迪 Q7 销量相当；上汽和阿里开发的智能操作系统，为本土传统车企打了一针互联网汽车的"鸡血"，合资品牌车企纷纷效仿；比亚迪在电池和 IGBT 两个

▲汽车产经网编著的《巨变前夜：2017 中国车市故事》

领域左右开弓，让世界对于中国的智能电动化汽车革命充满想象。

天下大势，分久必合，合久必分，当下的汽车行业，也正经历着一场从未有过的合纵连横，只是主线从过去单纯的规模和利润，变成了现在的"新四化"，即电动化、智能化、网联化和共享化。

而电动汽车的背后，可能是一场能源革命；智能网联汽车的发展可能最终成就智慧城市的崛起；出行方式的变化或将引领一场全球范围的交通巨变。对于汽车人来说，这简直是最好的时代。

与前所未有的寒冬同时出现的，是前所未有的机遇和变革。这场变革即将来临，规模之大、影响之深在汽车行业未曾有过。车市寒冬里，一些新车企"逆势生长"；同时，一些传统企业的创新"干细胞"也被激活。一个夕阳产业，因为"新四化"的到来正变得朝气蓬勃。

行业在变，汽车媒体也在蜕变，越来越多的自媒体、新媒体应运而生，与此同时，科技媒体也在向汽车跨界。有时候也确实会担心，如果有一天汽车行业的世界末日真的来临，汽车产经网是否能拿到那张诺亚方舟的船票。

或许，我们已经身处通往未来的飞船上，并认真记录。2018年，我们编著了《巨变前夜：2017中国车市故事》，和《巨变前夜：2017中国车市故事》一样，《穿越寒冬：2018中国车市故事》也是我们的随船日记。记录当下，并提醒自己，没有人欠我们一张通往未来的船票，对得住机遇，不负时光。

汽车行业一百年间，行业格局沧海桑田；新四化的大潮之下，技术革新日新月异。寒冬过后花开时，万紫千红还是春？未来如何变化，我们不得而知。

或许，多年后回首，谜底尽显，往事如风；或许，多年后回首，2018年也只是大潮中的一滴水，历史车轮下的一道痕。

但若细看，水很浑，痕很深。曾身处其中，其乐无穷。※